体育院校通用教材

运动生理学实验指导

全国体育院校教材委员会审定

人民体育出版社

图书在版编目（CIP）数据

运动生理学实验指导 / 全国体育院校教材委员会编. ——北京：人民体育出版社, 2005（2024.8重印）
 体育院校通用教材
 ISBN 978-7-5009-2848-5

Ⅰ.①运… Ⅱ.①全… Ⅲ.①运动生理—生理学—实验—高等学校—教材 Ⅳ.①G804.2-33

中国版本图书馆CIP数据核字(2005)第069580号

*

人 民 体 育 出 版 社 出 版 发 行
三河市紫恒印装有限公司印刷
新 华 书 店 经 销

*

787×1092　16开本　16印张　382千字
2005年11月第1版　2024年8月第21次印刷
印数：62,101—64,100册

*

ISBN 978-7-5009-2848-5
定价：40.00元

社址：北京市东城区体育馆路8号（天坛公园东门）
电话：67151482（发行部）　　邮编：100061
传真：67151483　　　　　　　邮购：67118491
网址：www.psphpress.com

（购买本社图书，如遇有缺损页可与邮购部联系）

编写组成员

主　　编：孙　飙

副 主 编：王瑞元　徐玉明　张国海

编写成员：（按姓氏笔画为序）

　　　　　王瑞元　教　授　　北京体育大学
　　　　　任建生　教　授　　武汉体育学院
　　　　　刘善云　教　授　　天津体育学院
　　　　　孙学川　教　授　　中国人民解放军体育学院
　　　　　孙　飙　教　授　　南京体育学院
　　　　　李秋萍　副教授　　沈阳体育学院
　　　　　苏全生　教　授　　成都体育学院
　　　　　张国海　副教授　　温州大学体育学院
　　　　　郑　陆　教　授　　山东体育学院
　　　　　郝选明　教　授　　西安体育学院
　　　　　徐玉明　副教授　　山西师范大学体育学院
　　　　　龚惠兰　教　授　　广州体育学院
　　　　　谢业琪　教　授　　沈阳体育学院
　　　　　熊开宇　副教授　　北京体育大学

前 言

本书是根据国家体育总局全国体育院校教材委员会的要求,由中国生理学会运动生理学专业委员会组织编写,经全国体育院校教材委员会审定,作为全国体育院校通用教材《运动生理学》的配套教材使用。

本书是根据目前运动生理学学科发展及教学的实际情况,在对原来生理学教学实验内容精选的基础上进行了筛选、加工、重组与改进,力求充分体现"面向现代化、面向世界、面向未来"的指导方针,注重将传授知识、掌握技能与培养思考、创新等各种能力相结合,力求培养高质量的体育专业人才,以适应竞技体育的高速发展与全民健身计划的不断需求。

与目前同类读物相比,《运动生理学实验指导》有如下特点:

1. 健全实验教材体系

所收载的实验内容丰富而全面,便于各校根据自己条件选择使用,也可作为学生开展探索性实验设计方案时的参考。

2. 纳入新仪器和新方法

由于近年来先进仪器和电脑化设备的逐步普及,本书在保留原有运动生理学主要内容的基础上,新增添了一些实验仪器方法和实验项目内容。在增加实验结果准确性的同时,大大提高教学效率,缩短了实验测试时间。

3. 注重实验的应用性

几乎每一实验均增设"运用与评价"内容,或为运动训练和全民健身服务时参考,或作为今后知识应用的基础。这一内容可增强学生学习知识的目的性,提高其学习兴趣。

4. 加强学生的能力培养

增设"思考与探索"内容,可启发学生积极思考,努力探索,从而培养其分析和创造能力。同时便于对学生开设综合开放性实验,协同实验室进行开放管理。

由于动物生命现象的复杂性以及在不同条件下,所获得的实验结果不一定完全一致,望实验者仔细观察、认真思考、善于分析、勇于探索。仍有一些新仪器设备目前未广泛使用,我们认为写入实验教材还不太成熟,但随着研究水平的不断提高,会迅速推广普及,同时也会涌现出更多的实验仪器或方法。因此,我们在遗憾之余,也充满着期待。

由于专业知识和实验能力有限,参编者虽已尽力但书中难免仍有错误和不妥之处,敬请指正。

最后,对给予本书编写工作大力支持的深圳翰翔生物医疗电子有限公司,南京美易公司和北京康比特威创体育新技术发展有限公司表示谢意。

《运动生理学实验指导》编写组
2005 年 8 月

目 录

绪 论 ………………………………………………………………………………（1）
 一、实验课的目的 ………………………………………………………………（1）
 二、实验课的要求 ………………………………………………………………（1）
 三、实验记录的要求 ……………………………………………………………（1）
 四、实验报告的要求 ……………………………………………………………（2）
 五、实验室规章制度 ……………………………………………………………（3）

第一章　主要实验仪器介绍 …………………………………………………（4）
 一、生理学实验常用仪器 ………………………………………………………（4）
  （一）刺激系统 ………………………………………………………………（4）
  （二）探测系统 ………………………………………………………………（5）
  （三）信号调节系统 …………………………………………………………（7）
  （四）记录系统 ………………………………………………………………（7）
 二、生物信号采集处理系统 ……………………………………………………（9）
  （一）工作原理 ………………………………………………………………（9）
  （二）系统组成 ………………………………………………………………（9）
  （三）MedLab 的基本操作 …………………………………………………（10）
  （四）刺激器的设置 …………………………………………………………（14）
  （五）添加实验标记 …………………………………………………………（14）
  （六）参数选择参考表 ………………………………………………………（15）
  （七）换能器的定标 …………………………………………………………（15）
  （八）MedLab 数据的采集、处理和输出 …………………………………（17）
  （九）MedLab 实验报告的导出 ……………………………………………（22）
 三、分光光度计 …………………………………………………………………（23）
  （一）仪器的工作原理 ………………………………………………………（23）
  （二）仪器的基本结构 ………………………………………………………（24）
  （三）仪器的调整校正 ………………………………………………………（25）
  （四）仪器的使用方法 ………………………………………………………（26）
  （五）使用注意事项 …………………………………………………………（26）
 四、肌电仪 ………………………………………………………………………（27）
  （一）仪器的基本结构 ………………………………………………………（27）

1

（二）仪器的使用方法 …………………………………………………………（28）
　　（三）菜单的设置及功能 ………………………………………………………（29）
　　（四）使用注意事项 ……………………………………………………………（30）
五、心电图仪 …………………………………………………………………………（31）
　　（一）仪器的基本结构 …………………………………………………………（31）
　　（二）仪器的使用方法 …………………………………………………………（31）
　　（三）使用注意事项 ……………………………………………………………（33）
六、血细胞分析仪 ……………………………………………………………………（33）
　　（一）仪器的工作原理 …………………………………………………………（34）
　　（二）血细胞分析流程 …………………………………………………………（34）
　　（三）仪器的主要参数 …………………………………………………………（34）
　　（四）常用参数的含义及参数范围 ……………………………………………（36）
七、血乳酸自动分析仪 ………………………………………………………………（36）
　　（一）仪器的基本结构 …………………………………………………………（36）
　　（二）仪器的使用方法 …………………………………………………………（38）
　　（三）使用注意事项 ……………………………………………………………（38）
八、自动心率记录仪 …………………………………………………………………（38）
　　（一）仪器的基本结构 …………………………………………………………（39）
　　（二）仪器的使用方法 …………………………………………………………（39）
　　（三）使用注意事项 ……………………………………………………………（41）
九、心阻抗仪 …………………………………………………………………………（41）
　　（一）测定的原理 ………………………………………………………………（41）
　　（二）仪器的基本结构 …………………………………………………………（43）
　　（三）仪器的使用方法 …………………………………………………………（43）
　　（四）使用注意事项 ……………………………………………………………（43）
十、超声心动仪 ………………………………………………………………………（43）
　　（一）仪器的工作原理 …………………………………………………………（44）
　　（二）仪器的基本结构 …………………………………………………………（44）
　　（三）超声心动仪分类 …………………………………………………………（45）
　　（四）仪器的使用方法 …………………………………………………………（45）
　　（五）常用的测量和计算指标 …………………………………………………（46）
十一、气体自动分析仪 ………………………………………………………………（47）
　　（一）仪器的基本结构 …………………………………………………………（47）
　　（二）仪器的使用方法 …………………………………………………………（48）
　　（三）MAX-Ⅱ运动心肺功能测试参数对照表 ………………………………（49）
　　（四）使用注意事项 ……………………………………………………………（50）
十二、运动负荷仪 ……………………………………………………………………（50）
　　（一）电动跑台 …………………………………………………………………（50）
　　（二）自行车功量计 ……………………………………………………………（52）

　　　　（三）台阶 …………………………………………………………（56）
　十三、等速肌力测试与训练系统 ………………………………………（57）
　　　　（一）仪器的基本结构 ……………………………………………（58）
　　　　（二）等速肌力测试的常用指标 …………………………………（58）
　　　　（三）等速肌力的测试方法 ………………………………………（60）
　　　　（四）使用注意事项 ………………………………………………（60）
　十四、人体成分分析仪 ……………………………………………………（60）
　　　　（一）仪器的基本结构 ……………………………………………（61）
　　　　（二）仪器的使用方法 ……………………………………………（61）
　　　　（三）测试指标 ……………………………………………………（63）
　　　　（四）使用注意事项 ………………………………………………（64）
　十五、骨密度测定仪 ………………………………………………………（64）
　　　　（一）仪器的基本结构 ……………………………………………（64）
　　　　（二）仪器的使用方法 ……………………………………………（65）
　　　　（三）测试指标 ……………………………………………………（66）
　　　　（四）使用注意事项 ………………………………………………（67）

第二章　动物实验的基本操作技术 ……………………………………（68）

　一、动物实验的方法 ………………………………………………………（68）
　二、常用实验动物的种类及特点 …………………………………………（68）
　三、常用动物的捉拿和固定方法 …………………………………………（70）
　四、动物的麻醉方法 ………………………………………………………（71）
　五、急性动物实验的操作 …………………………………………………（73）
　　　　（一）动物实验常用器械 …………………………………………（73）
　　　　（二）实验动物的取血与处死方法 ………………………………（74）
　六、常用实验动物的生理常数表 …………………………………………（75）

第三章　骨骼肌机能的测定 ……………………………………………（76）

　一、离体骨骼肌收缩特点 …………………………………………………（76）
　　　　（一）坐骨神经—腓肠肌标本制备 ………………………………（76）
　　　　（二）单收缩和强直收缩 …………………………………………（78）
　　　　（三）阈刺激、良性刺激、劣性刺激 ……………………………（82）
　　　　（四）负荷对肌肉收缩的影响 ……………………………………（84）
　　　　（五）收缩疲劳曲线 ………………………………………………（88）
　二、运用肌电图分析动作、负荷 …………………………………………（90）

第四章　血液循环机能测定 ……………………………………………（92）

　一、动物心脏功能分析 ……………………………………………………（92）
　　　　（一）心搏过程观察与描记 ………………………………………（92）

（二）心室期外收缩与代偿间歇的观察描记 …………………………………（93）
（三）兔动脉血压的测定及其影响因素的观察 …………………………………（96）
二、血液测定 ……………………………………………………………………………（99）
（一）红细胞测定 …………………………………………………………………（99）
（二）白细胞测定 ………………………………………………………………（103）
（三）血红蛋白测定 ……………………………………………………………（105）
（四）血型测定 …………………………………………………………………（109）
（五）红细胞压积测定 …………………………………………………………（111）
三、心率的测定 ………………………………………………………………………（114）
四、人体动脉血压测定 ………………………………………………………………（116）
五、心脏功能测定 ……………………………………………………………………（119）
（一）超声法 ……………………………………………………………………（119）
（二）脉搏图法 …………………………………………………………………（121）
（三）阻抗法 ……………………………………………………………………（123）
六、心电图测试 ………………………………………………………………………（125）
七、血乳酸测定 ………………………………………………………………………（128）
（一）光电比色法 ………………………………………………………………（128）
（二）酶电极法 …………………………………………………………………（130）
八、免疫测定 …………………………………………………………………………（132）
（一）免疫球蛋白的测定 ………………………………………………………（132）
（二）淋巴细胞亚群的测定 ……………………………………………………（134）
九、内分泌测定 ………………………………………………………………………（136）
（一）血清睾酮的测定 …………………………………………………………（136）
（二）血清皮质醇的测定 ………………………………………………………（138）
（三）尿儿茶酚胺荧光测定法 …………………………………………………（139）

第五章 呼吸机能的测定 …………………………………………………………（142）

一、肺通气机能测定 …………………………………………………………………（142）
（一）采用改良式肺量计测定 …………………………………………………（143）
（二）采用便携式肺功量计测定 ………………………………………………（145）
二、呼吸运动的调节 …………………………………………………………………（149）

第六章 神经系统和感觉机能的测定 ……………………………………………（152）

一、视觉机能的测定 …………………………………………………………………（152）
（一）视力测定 …………………………………………………………………（152）
（二）视野测定 …………………………………………………………………（155）
（三）视深度测定 ………………………………………………………………（157）
（四）色觉测定 …………………………………………………………………（159）
（五）视觉闪光融合频率测定 …………………………………………………（160）

二、前庭机能稳定性的测定 …………………………………………（162）
　　三、肢体本体感受器敏感性的测定 ……………………………………（166）
　　四、反射活动的观察 ……………………………………………………（168）
　　　（一）反射弧的分析 …………………………………………………（168）
　　　（二）反射时的测定 …………………………………………………（170）
　　　（三）反应时的测定 …………………………………………………（171）
　　五、支配运动功能协调活动的观察 ……………………………………（173）
　　　（一）兴奋扩散的观察 ………………………………………………（173）
　　　（二）交互抑制 ………………………………………………………（174）
　　　（三）去大脑僵直 ……………………………………………………（176）
　　六、人脑电图的测试 ……………………………………………………（178）

第七章　有氧工作能力的测定 ………………………………………（180）

　　一、最大摄氧量测定 ……………………………………………………（180）
　　　（一）最大摄氧量的直接测定法 ……………………………………（180）
　　　（二）最大摄氧量的间接推测法 ……………………………………（181）
　　二、运动时能量代谢与机械效率的测定 ………………………………（189）
　　三、无氧阈（AT）测定 …………………………………………………（192）
　　四、PWC_{170}机能测验 …………………………………………………（195）

第八章　无氧工作能力的测定 ………………………………………（199）

　　一、磷酸原代谢能力的测定 ……………………………………………（199）
　　二、糖酵解代谢能力的测定 ……………………………………………（201）

第九章　机体运动疲劳测定 …………………………………………（204）

　　一、骨骼肌系统机能判断疲劳 …………………………………………（204）
　　二、神经系统和感觉机能判断疲劳 ……………………………………（205）
　　三、心肺功能判断疲劳 …………………………………………………（207）
　　四、血液、尿液指标判断疲劳 …………………………………………（208）
　　五、主观感觉法 …………………………………………………………（210）

第十章　身体素质的测定 ……………………………………………（213）

　　一、肌肉力量测定 ………………………………………………………（213）
　　二、速度测定 ……………………………………………………………（215）
　　三、耐力测定 ……………………………………………………………（217）
　　四、柔韧性测定 …………………………………………………………（219）
　　五、灵敏测定 ……………………………………………………………（223）
　　六、平衡测定 ……………………………………………………………（227）
　　七、协调测定 ……………………………………………………………（229）

| 第十一章　身体成分的测定 | （231） |

附录 …………………………………………………………………（237）

　　附录一：度量衡对照表 ……………………………………………（237）
　　附录二：常用试剂配制 ……………………………………………（238）
　　附录三：常用麻醉药剂量表 ………………………………………（242）

主要参考书目 ……………………………………………………（243）

绪　论

一、实验课的目的

运动生理学实验课的目的在于通过实验使学生加深了解和验证生理学的基本理论和知识，初步掌握生理实验的基本操作技术，熟悉运动生理实验的基本方法、手段，在实验过程中培养学生对科学工作的严肃态度、严格要求、严密的工作方法和实事求是的工作作风。通过实验逐步培养学生能够客观地对事物进行观察、比较、分析和综合的能力以及独立思考的能力。

二、实验课的要求

1. 实验前应预习好实验指导和讲义以及有关理论，充分做好准备工作，必要时可在实验室先熟悉仪器。
2. 在使用仪器前，应详细了解其性能及使用方法。如有不明时，不可贸然开动仪器，以免损坏仪器。仪器的零件及附件，严禁拆卸。
3. 预测该实验的各个步骤应得出的结果，并估计实验中可能发生的问题。
4. 实验时听从教师指导，按实验指导进行操作。同时还要积极进行思考，理解各项操作步骤的要点及其意义。并做到专心、细心、耐心和分工明确，有条不紊。
5. 在实验过程中，观察要认真仔细。对许多现象的观察不仅要看到量的变化，而且还要看到质的变化。还要注意各种现象发生的时间关系。要认真分析反应中的因果关系，以及刺激因素和实验条件在形成某种反应中的作用。
6. 实验过程中要认真、仔细地进行实验记录。
7. 每次实验后，要整理实验记录，作出实验结论，按要求完成实验报告。

三、实验记录的要求

实验记录是科学研究工作和实验教学的一项主要内容，是分析实验结果和作出结论的依据。同时，也为下一步实验或研究工作提供资料。因此，实验记录必须做到书写清楚整洁，数据真实、确切、完整。

1. 记录实验日期、气温等事项。
2. 记录实验题目。题目要求具体、简洁、鲜明，而且能概括地表达实验内容。
3. 记录实验目的。这有助于了解实验者对本实验的目的和意义的理解程度。

4. 记录实验步骤。实验步骤要记录清楚、简明扼要。一般要求写明实验方法、实验仪器、仪器的精确程度、实验对象的性别、年龄、体重等基本情况。

5. 记录实验数据。实验数据尽量采用表格方式,数字的记录要准确完整,并注意有效数字的取舍。

6. 记录实验中的意外现象。每次实验都要做仔细观察,并将所观察到的现象加以记录。

7. 不要把有意义的现象从眼前放过去。实验过程中出现的反常现象可能是很有意义的。所以,不能遗漏实验中的反常现象。

8. 实验记录要求实事求是,不得弄虚作假。

四、实验报告的要求

1. 示教实验或自己的实验,均要每人写出报告。
2. 实验报告字迹要清楚,记录应是原始数据。
3. 要求把实验所得结果与理论相联系,分析解释结果产生的原因并得出自己的见解。
4. 按照每一实验的具体要求,认真写出实验报告。

实验报告格式要求:

注明姓名、班次、组别、日期、室温、气压。

实验号数和题目。

实验目的。

实验方法或步骤:一般作简要描述。如果实验仪器或方法临时有所变更,或因操作技术影响观察的可靠性时,也要作简短的说明。

实验结果:是实验中最重要的部分。应将实验过程所观察到的现象忠实、正确地记述。实验中的每项观察都应随时记录。实验结束后,根据记录填写实验报告,不可单凭记忆,否则容易发生错误和遗漏。实验结果的处理见前项要求。如果实验结果自动打印出来,则将打印结果直接贴在实验报告上。

讨论和结论:实验结果的讨论是根据已知的理论知识对结果进行解释和分析。要判断实验结果是否为预期的,如果出现非预期的结果,应该考虑和分析其可能的原因,还要指出实验结果的生理意义。实验结论是从实验结果中归纳出一般性、概括性的判断,也就是这一实验所能验证的概念、原则或理论的简明总结。结论中一般不要罗列具体的结果。在实验结果中未能得到充分证据的理论分析不应写结论。

实验的讨论和结论的书写是富有创造性的工作,应该严肃认真,不应盲目抄袭书本。参考课外读物,应注明出处。

实验报告的一般格式

\u3000\u3000\u3000\u3000\u3000\u3000\u3000\u3000\u3000运动生理学实验报告\u3000\u3000\u3000\u3000\u3000\u3000\u3000\u3000\u3000					
\u3000\u3000\u3000\u3000\u3000\u3000\u3000\u3000\u3000实验名称：_____\u3000\u3000\u3000\u3000\u3000\u3000\u3000\u3000\u3000					
姓 名	班 级	组 别	日 期	室 温	气 压
实验目的					
实验原理					
实验对象					
实验步骤					
实验结果					
实验讨论					
实验结论					

五、实验室规章制度

1. 自觉遵守纪律和各项规章制度，保持室内安静，注意环境卫生，不吸烟、不随地吐痰，不乱扔纸屑杂物，爱护公物。

2. 实验过程中应严肃认真，严格遵守操作规程，贵重、精密仪器的使用须在专人指导下进行。

3. 爱护实验仪器设备，仪器如有损坏应如实报告，填写登记表。凡损坏、丢失的仪器设备，均应查清原因，按仪器设备损坏、丢失赔偿制度处理。

4. 实验中对所使用的实验动物、实验药品要注意节约，防止浪费。

5. 实验物品不得随意翻动，严禁携出室外。每次实验物品的使用，须由每组组长凭学生证借领。

6. 注意实验室安全，易燃易爆品的操作应远离火源。

7. 实验结束由实验指导老师和管理人员检查清点仪器设备，学生应办好交接手续，做好清洁卫生，及时关好水、电阀门，保持实验室和仪器的清洁整齐。

第一章　主要实验仪器介绍

一、生理学实验常用仪器

生理学仪器一般由四大部分组成，即刺激系统、探测系统、信号调节系统和记录系统。为使机体或离体组织细胞兴奋，需要给予刺激，常用的刺激装置为电子刺激器。当生理现象是电信号时，探测系统可以是引导电极，包括记录单细胞电活动的玻璃微电极以及记录群细胞电活动的金属电极。当生理现象为其他某种能量形式时，如机械收缩、压力和声音等，探测系统又可以是换能器。由于生物电信号较为微弱，信号调节系统则是一种放大器或放大器的组合。经典实验中各式各样的杠杆和传动装置也起着信号调节作用。记录系统通常使用示波器或记录仪。图 1-1 表示这些仪器的配置。随着计算机技术在生理学实验中的应用，计算机生物信号采集处理系统已替代传统的刺激器、生物信号放大器、示波器和记录仪，该系统是应用大规模集成电路和计算机硬件和软件技术开发的一种集生物信号的放大、采集、显示、处理、储存和分析的机电一体化仪器，可一机多用，功能强大，被广泛用于生理学实验的生物信号检测、记录和分析。

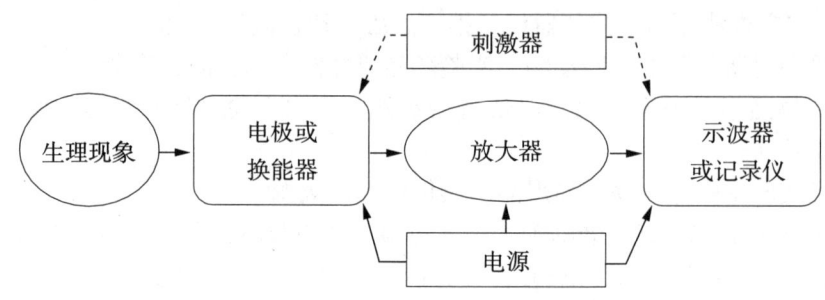

图 1-1　生理学常用仪器的配置

（一）刺激系统

1. 锌铜弓

将一个锌片和一个铜片的一端相连接，而另一端分离所制成的弓状或镊子状刺激用具称为锌铜弓（图 1-2）。当将其游离端浸在电解质溶液中时，锌片表面形成内负外正的双电层，在铜片表面形成内正外负的双电层。在锌与铜接触部，电流按铜→锌方向流动，而在溶液中电流方向为锌→铜。锌铜弓的两游离端接触表面湿润的神经或肌肉组织时，电流便沿锌→组织→铜的方向流动，在阴极下（铜片处）引起一次组织兴奋；当移开的瞬间，在阳极下（锌片）又引起一次组织兴奋。由于神经兴奋的电刺激阈值甚小，而锌铜弓接触组织时产生的电流强度较大，足以构成对神经肌肉的有效电刺激，因此，锌铜弓常被用作检验神经肌肉标本兴奋性的简便刺激装置。使用时，用任氏液湿润，其间不可夹有很多溶液，以免短路。

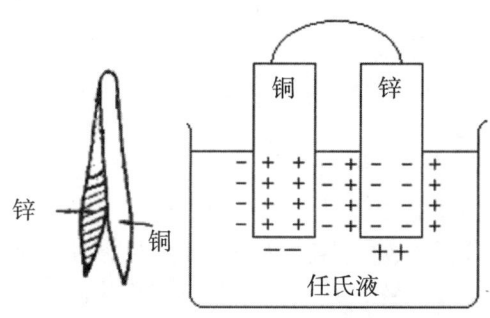

图 1-2　锌铜弓及其电极电位的产生

2. 电子刺激器

电子刺激器是一种能产生一定波形的电脉冲仪，其发出的电脉冲可以引起组织兴奋。所产生的波形大致有方波、正弦波和锯形波。其中最常用的是方波。由于电刺激在刺激强度、刺激持续时间和刺激频率方面均易精确控制，故生理实验中常用电脉冲作为刺激。在使用刺激器时，刺激器接地要良好，刺激输出线不能短路，刺激强度不可过大。

刺激强度是指方波幅度，可用电压或电流强度表示。电流强度一般从几 μA 至几十 mA，电压可在 200V 以内，刺激强度过小，不能使细胞膜静息电位降低于阈电位而引起细胞兴奋；强度过大，可引起组织内电解和热效应而使其损伤和破坏。刺激持续时间是指方波的持续时间，一般刺激器的持续时间从几十微秒至数秒。采用单向方波刺激时，刺激时间不宜过长，否则将产生损伤效应。为了减少引起组织损伤，应尽量缩短刺激时间，并采用正负双向方波刺激；还可调节刺激频率以产生连续刺激，刺激频率是刺激方波的重复频率，一般少于 1000 次/s。如刺激频率过高时，可能有一部分刺激会落于组织的不应期而无反应，使刺激与生理效应不能同步。刺激频率的选择随被刺激组织的不同而变化。一般认为，在生理学实验中，刺激频率以 60~100 次/s 为佳。

（二）探测系统

生物信号可分为电信号和非电信号两大类。电信号是指神经、肌肉等组织兴奋时其生理过程所伴随着电变化。通过电极就可以将其电变化引导出来，一般常用的有金属电极和玻璃微电极。而非电信号则是指生物体机能活动中，表现出来的呼吸、体温、血压等许多生理活动的信息，若要将其引导出来，必须通过换能装置将非电量的变化转变为电量变化，然后经过放大，才能加以显示或记录。

1. 测量电极

①金属电极：金属电极可用银、铂、不锈钢等金属制作而成。金属电极的外形，可以是针状、杆状或片状，也可以制成单极、双极和多极等类型。在运动生理学中，常用来测量肌电。

②玻璃微电极：玻璃微电极是由一根尖端外径 1 微米左右的锥形微玻管中灌充能导电的溶液（通常用 3mol/L 氯化钾溶液）而制成。玻璃微电极可做细胞外记录，如记录神经元的单位放电；也可做细胞内记录，如记录细胞的膜电位和动作电位。它广泛应用于神经细胞、骨骼肌细胞和心肌细胞等的研究。

2. 换能器（也称传感器）

在生理实验中，有一些非电物理量（如张力、压力、声音等）需要转变为电流、电压等电信号才能进行测试分析。换能器就是一种能将机械能、化学能、光能等非电量形式的能量转换为电能的器件或装置，并线性相关。在生物医学上，换能器能将人体及动物机体各系统、器官、组织直至细胞水平及分子水平的生理功能或病理变化所产生的如生物电、血压、血流量、体温、呼吸流量、脉搏、渗透压等一些非电物理量转换为电信号后，经过放大器放大，然后可传送给示波器、记录仪等电子测量仪器进行测量、显示和记录。也可经过计算机采样，将模拟信号转变为数字信号，并进行数据存储、处理等。生理实验中常用的换能器有张力换能器、压力换能器、呼吸换能器、脉搏换能器和心音换能器等。

①张力换能器

张力传感器一般采用弹性较好的金属弹性悬臂梁（可根据机械力的大小，选用不同厚度的弹性金属，即张力换能器有不同的量程）。两组应变片分别贴在悬梁臂的两侧。两组应变片和一个可变电位器以及电源组成惠斯登电桥。实验时根据测量方向，将换能器固定在合适的支架上（采用微调固定器），肌肉悬挂在梁臂的头端，然后将换能器的输出与记录仪（或生物信号采集处理系统）相接。接通电源后，先调记录仪放大部分的零平衡，描笔应在记录仪的中间，否则转动换能器的调零电位器。当肌肉收缩力作用于弹性梁使其轻微移位时，一组应变片的电阻丝被拉长，阻值增加，而另一组应变片的电阻丝缩短，阻值减少；肌肉的牵拉，改变了桥臂的电阻值，电桥失去平衡，产生电位差，即有电流输出，此电流经过记录仪的放大和记录，就能绘出肌肉收缩变化的过程。

张力传感器在使用时，要注意不能用手牵拉弹性梁和超量加载。张力换能器的弹性悬臂梁其屈服极限为规定量程的 2~3 倍，如超量加载，弹性悬臂梁将不能恢复其形状，换能器被损坏。也要防止水进入换能器内部，以免造成电路短路，损坏换能器。此外，换能器调零时，不得用力过大。换能器初次与记录仪等配合使用时，需要定标。

②压力换能器

压力换能器是将压力的变化转换成电能形式的一种换能器。原理与张力换能器一样，利用压力换能器可测量血压变化。压力传感器的应变片贴在一个弹性扁管上。传感器的头端有两个突出的小孔，其中一个接血管导管，为压力传送小孔；另一个为排气小孔。透明的封闭罩内充满了液态石蜡油。封闭罩内的残气排尽后排气小孔关闭。当压力传送小孔与血管接通时，压力通过液体传到弹性扁管，使应变片变形而造成电桥失去平衡，此时就会有电压变化。压力变化就转变为电压变化，再经记录仪本身放大后输出。

压力换能器根据测量范围有两种类型，其中 $-10\sim+10\text{kPa}$ 型可用于测量静脉压，$-10\sim+40\text{kPa}$ 型可用于测量动脉压。在实验时首先将压力传感器调至平衡状态，并将动脉套管与传感器接通，然后将其输出端同二导记录仪的血压放大器的输入端相连。这样就可进行观察与记录了。在使用时，应注意要选择合适量程的压力换能器。严禁用注射器从侧管向闭合测压管内推送液体；避免碰撞，轻拿轻放，以免断丝；初次与记录仪配合使用时，需要定标。

③呼吸换能器

呼吸换能器的原理是采用一个压电晶体，当外力作用时，压电晶体就会有电流输出，再经放大器放大后，便能记录呼吸的变化。使用时，用微力拉紧，缚于被测人体或动物的胸部。另一端与记录仪相连。

（三）信号调节系统

在生理学实验中，从探测系统获得的生物电信号不同于一般的电信号，无论是直接引导的电信号，还是经过换能器而间接得到的电信号，都是极其微弱的，信号很弱，一般都是用毫伏甚至微伏级进行计量，而且信号源内阻大，有的电位频率特性高（例如动作电位）。因此，必须选用高增益、高输入阻抗、低噪声、差分比大和稳定性好的放大器对生物电信号进行放大后，才能在示波器或记录仪上显示或记录变化的波形。

通常的生物放大器由前置放大器和功率放大器组成。前置放大器的作用是将微弱生物电信号进行初级放大，然后再传送给功率放大器。功率放大器是将前置放大器传送的信号再进行放大，并使其达到一定的功率驱动记录仪进行记录。生物放大器有多种多样，按其用途可分为电压、电流和功率放大器；依其放入的频率可分为直流（呼吸、脉搏等）、低频（动作电位等）、高频及视频放大器；按其耦合方法可分为直流耦合、阻容耦合和变压器耦合放大器等。在实验中可根据需要进行选择。在使用时应认真仔细地阅读仪器说明书。

（四）记录系统

在生理学实验中，各种生理现象均需要进行记录，以便观察和测量。常用的记录仪为二导生理记录仪（图1-3）。目前生理实验专用记录仪都带有生物放大器功能和张力、压力换能器，可以直接将生物电信号或者经换能器将非电物理量转变成为电量的变化，经过放大器放大后，通过记录笔进行记录。

1. 仪器结构

①记录系统

记录系统包括：记录笔、电磁振动装置、墨水储存输送装置和走纸速度控制装置等。记录系统的核心部件是电磁式检流计，记录笔由检流计所驱动。工作原理是与记录笔相连的线圈处于永久磁铁的两极之间，在静态时记录笔位于中间，不发生位移。当线

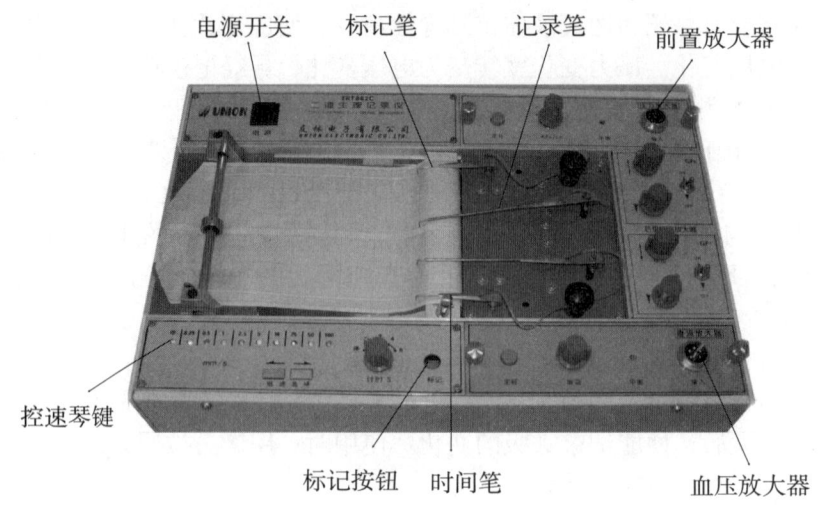

图 1-3　二导生理记录仪

圈中有电流通过时,在磁场的作用下产生力矩使线圈绕垂直轴转动,从而带动记录笔产生位移。线圈的转动幅度和流经线圈的电流强度成正比。因此可通过记录仪将电信号变化记录下来。

②传感器

二导生理记录仪配备具有不同功能的换能器。常用换能器有张力换能器(用于测量力量变化)和压力换能器(用于测量血压变化)。

③信号放大系统

放大系统包括前置放大器和功率放大器。前置放大器可连接各种换能器,功率放大器驱动记录笔。

2. 使用简介

①开机前应把所有开关置于"断开"的位置,走纸速度控制开关置于"停"的位置。安装好记录纸,并给记录笔灌注墨水。在安装记录纸灌注墨水时要仔细阅读仪器说明书。

②接通电源,接通电源开关,此时可见电源指示灯亮。

③调零。在进行记录前应先对放大系统进行平衡调试。

功率放大器的调试:将二芯插头插入输入插座,并使其短路。打开放大器开关,转动调节旋钮使记录笔处于零位(中线位置)。调试完毕后,关闭开关,拔掉二芯短路插头。

前置放大器的调试:插上前置放大器信号输入线,然后使其短路。将放大器的灵敏度位置置于最低档(200mV/cm),时间常数可调到 AC 范围内任意一档,滤波置于"10"的位置。接通前置放大器和功率放大器。调节前置放大器的调零旋钮,使记录笔居中。然后由低到高逐级转换灵敏度旋钮,记录笔均应居中线位置。如有偏差,需要调试"直流平衡",使记录笔居中。将时间常数调到 DC 档,调节直流平衡。调试完毕后,将放大器开关置于"断开"的位置。

④传感器的调试

将传感器的插头插入前置放大器。打开前置放大器和功率放大器的开关,然后进行传感器的"调零",使记录笔的位置居中。仪器调试完毕后,即可进行实验。

二、生物信号采集处理系统

传统研究生物信号时，常涉及的仪器包括：刺激器、放大器、记录仪（如记纹鼓、二导或四导生理记录仪）等，这些仪器在使用中表现出诸多的不便。随着电子计算机在生理学上的运用，近年来一些新的仪器设备的开发和使用，大大方便了生理学实验的开展，也对生物信号的采集和处理提供了便利条件。现以 MedLab-U/4C 生物信号采集处理系统为例，介绍其基本构成和使用。

（一）工作原理

Medlab 生物信号采集处理系统是根据电生理实验的特点，将传统仪器的优点与计算机的强大处理功能相结合而设计的系统，Medlab 多与 CPU 并行工作，是集信号放大、数据采集、显示、存储、处理及输出的实验系统。它由硬件与软件两大部分组成。硬件主要完成对各种生物电信号（如心电、肌电、脑电）与非电生理信号（如血压、张力、呼吸）的调理、放大，并进而对信号进行模/数（A/D）转换，使之进入计算机。软件主要完成对系统各部分进行控制和对已经数字化了的生物信号进行显示、记录、存储、处理及打印输出（图1-4）。

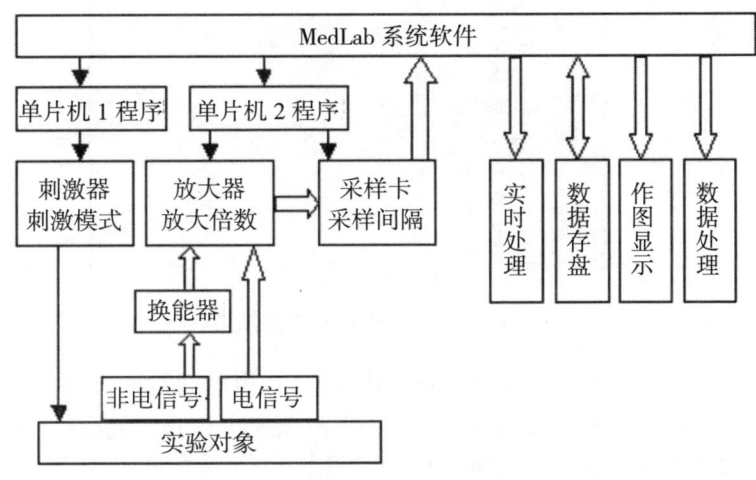

图1-4　MedLab 工作基本原理

（二）系统组成

MedLab-U 采用 USB 接口，包括 MedLab-U/4C（图1-5）和 MedLab-U 系统软件。在生理实验中，将 MedLab-U/4C 分别与引导电极和刺激电极相连，对 MedLab-U/4C 的操作设置和控制，全部通过 MedLab-U 系统软件控制。

图 1-5　MedLab-U/4c 生物信号采集处理系统

（三）MedLab 的基本操作

1. 软件操作界面有：标题栏、菜单栏、快捷工具栏、标记栏、通道采样窗、X 轴显示控制区、采样控制区、刺激器控制区、提示栏。

2. MedLab 软件菜单功能介绍

MedLab 功能的操作主要通过菜单栏完成，主要有以下部分。

①文件：包括所有的文件操作，如打开、存盘、打印、退出等（图 1-6）。

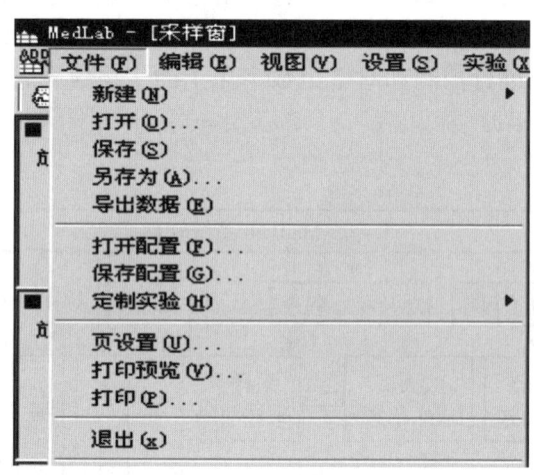

图 1-6　MedLab 软件文件菜单

新建：建立一个新的数据文件，同时清除原采样窗中的数据文件。

打开：打开已存盘数据文件（*.add），在数据窗中打开已处理结果文件（*.xls）。

保存：以当前文件名保存数据或处理结果。

另存为：以自定义文件名保存数据或处理结果。

导出数据：将数据文件转换为二进制或 ASCⅡ 格式文件。

导出实验报告：导出学生本次实验的实验报告。

自定义文件链接：链接、运行各类文件。

打开配置：打开以前保存过的配置文件（*.adc），该配置文件保存了当时仪器的配置，包括"采样条件设置"的内容（显示方式、采样间隔、刺激方式、通道数目），放大倍数，采样内容，滤波方式及参数，定标值，刺激模式及参数，X、Y 轴压缩比等。一旦打开配置文件，所有配置内容调出，即可开始实验，是简化实验配置的一种重要方法。

保存配置：以自定义配置文件名保存当前的仪器配置；包括采样条件设置的内容（显示方式、采样间隔、刺激方式、通道数目），放大倍数，采样内容，滤波方式及参数，定标值，刺激模式及参数，X、Y轴压缩比等各项配置参数。可方便将本系统随意设置成各种实验并保存配置，利用好这一功能，是简化实验配置的一种重要方法。

定制实验：在这里可按分类定制各种实验，当前的仪器配置参数保存于 MedLab.adb 中，今后就可在"实验"菜单中直接调用，方便操作（图 1–7）。

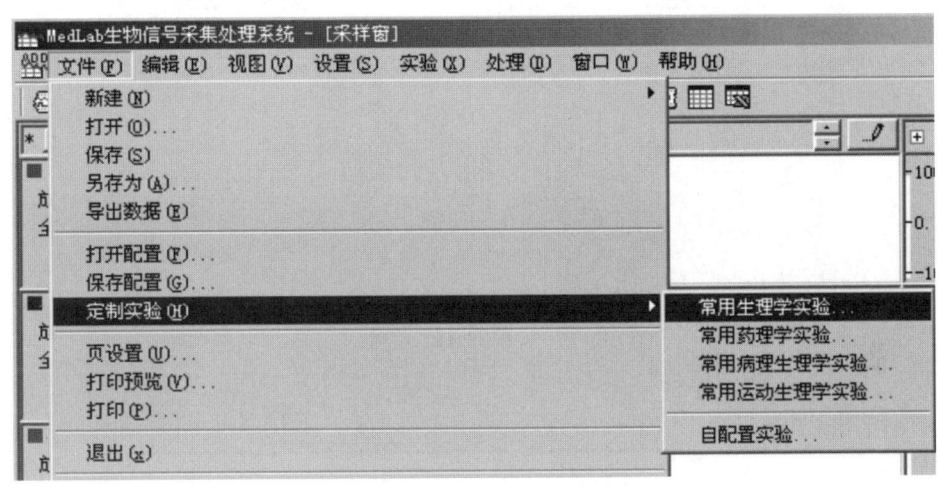

图 1–7　定制实验菜单

②设置：对系统运行有关的设置功能进行选择（图 1–8）。

工作方式：有两种方式可选择，子菜单前有"√"为当前选项，且系统只能以其中一种方式工作。

A. 信号采集：系统设置为信号采集方式（为系统默认工作方式）。
B. 演示实验：可利用它动态演示波形变化，进行实验示教演示。

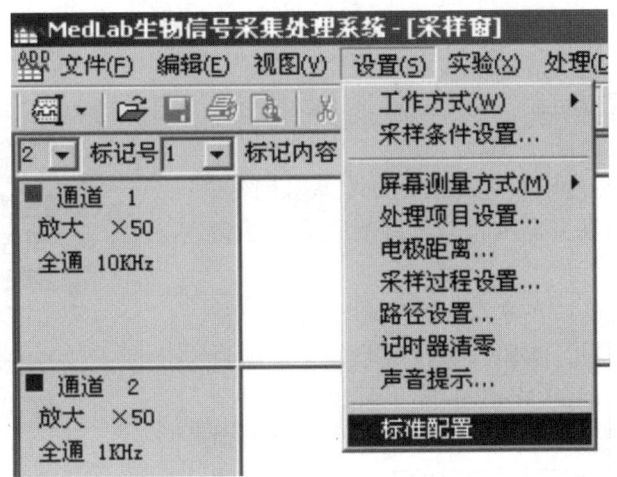

图 1–8　MedLab 软件设置菜单

采样条件设置：进入"采样条件设置"子菜单，即可打开"采样条件设置"窗，进入"采样条件设置"窗（也可点击采样条件快捷按钮进入）进行采样条件设置，是MedLab做好采样准备的重要步骤。分三个部分：通用设置、采样间隔、采样通道选择及显示通道内容设置（图1-9）。

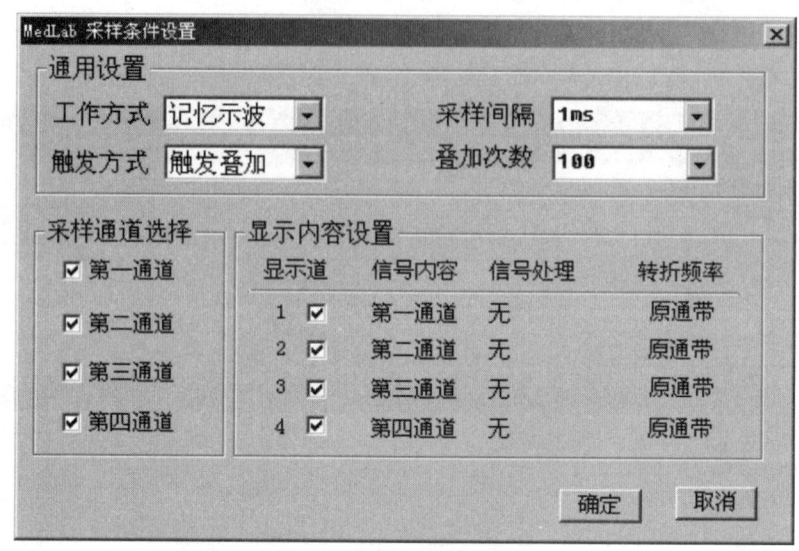

图1-9　采样条件设置

路径设置：MedLab系统的默认文件存盘路径是：C：\Program files\MedLab\data目录。为了存盘方便和使文件存盘更加灵活方便，可以使用本功能，按实验人员的要求改变存盘目录，使文件管理更加规范、有序。

标准配置：设置本功能的目的是帮助实验人员在调整MedLab通道时，一旦发生混乱，可以借助本功能恢复到标准配置，然后重新调整配置。具体操作方法是：进入"标准配置"子菜单，按系统提示按"确定"按钮，系统自动调整至标准配置。

计时器清零：MedLab系统设置了一个计时器，记录从打开MedLab开始后的相对时间。如果需要把计时器清零，从头开始计时，进入该子菜单，计时器自动清零，并从零开始计时。

③实验：对已完成定制实验配置的具体教学与科研实验项目进行选择（图1-10）。

A.通用实验向导：实验参数配置的计算机向导，用户只需按计算机的逐步提示，即可方便完成实验参数的配置。

B.六类实验子菜单：在这六大类实验子菜单下分别有多种具体实验项目，实验人员按实验分类及项目选中后，将适合该实验的MedLab配置调出，即可开始实验。所有子菜单下的实验项目，都可以重新命名，重新配置，以适应不同类学科的不同实验。具体操作方法参见"定制实验"（图1-11）。

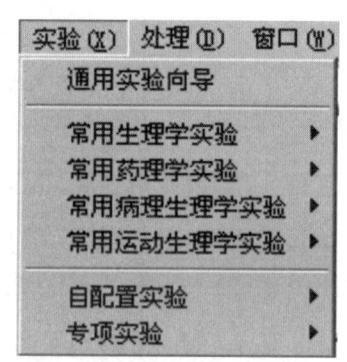

图1-10　MedLab软件实验菜单

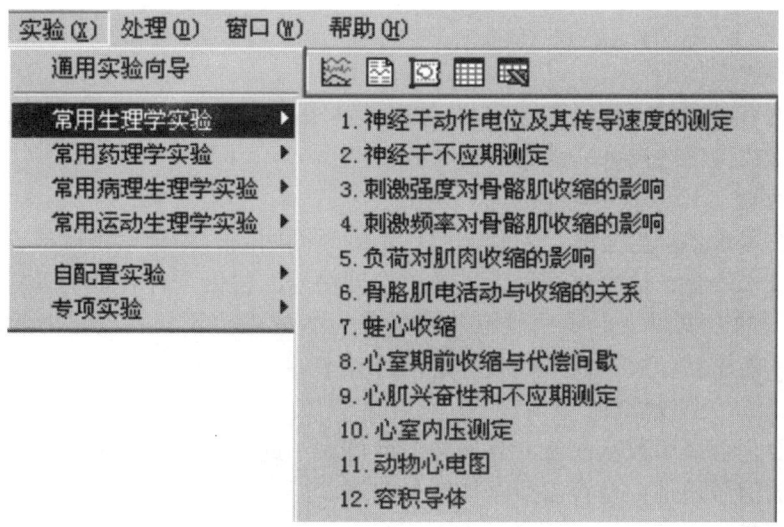

图 1-11　常用生理学实验菜单

④处理：包括所有对信号图形的采样后处理功能，如 FFT 运算、直方图、数字滤波等。本菜单下的处理操作是指采样后的处理（图 1-12）。

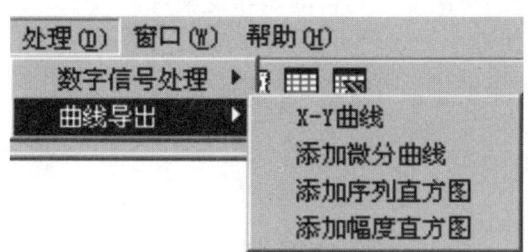

图 1-12　MedLab 软件处理菜单

3. 实验设置的一般流程

①刺激方式的选择

根据不同实验需要选择合适的刺激方式，这将简便刺激器参数的操作。有 7 种刺激方式可供选择（详见刺激器的设置）。

②生物信号

生物体信号按信号的性质大致可分为两大类：电信号（如心电、脑电、神经干动作电位、神经放电等）和非电信号（如骨骼肌张力、血压、呼吸道压力、心肌收缩力、肠肌张力等）。按信号的快慢可分为快信号（神经干动作电位、心室肌动作电位、神经放电等）和慢信号（血压、呼吸、心电、平滑肌张力等）。

③交/直流选择

一般情况下，电信号选择交流输入，非电信号经换能器转换后选择直流输入，来自另外前置放大器的输出信号采用直流方式输入（如经微电极放大器后的心室肌动作电位信号）。

④放大器放大倍数

采样卡的有效采样电压一般为±5V，根据信号的强弱选择合适的放大倍数，在不溢出的前提下，放大倍数选大一点为好。

⑤采样间隔

计算机在采集生理信号时，通常按照一定的时间间隔对生物信号取样，并将其转换为数字信号放入内存，这个过程称为采样。根据信号的快慢选择合适的采样间隔。采样间隔短，采得的数据量大，占用硬盘的空间大，后处理也不易；而采样间隔长，采样慢，快信号不能重现。故建议采样频率是信号频率的5~10倍。

⑥数字滤波、曲线添加

根据需要是否采用数字滤波，高通滤波允许大于此频率的信号通过，低通滤波允许小于此频率的信号通过；是否需要添加微分曲线。

⑦显示模式

连续记录与记忆示波可选。一般情况下，慢信号选择连续记录，快信号选择记忆示波。但MedLab解决了计算机显示作图慢的难点，快信号也可用记录仪方式来显示，只是数据量会很大。

⑧采样

按采样开始按钮，开始采样。按采样停止按钮，停止采样。MedLab将采样数据存于TempFile.ADD文件中，每次采样均自动刷新此文件。

⑨实验数据存盘、处理

MedLab可实时显示结果，也可将实验数据存盘，日后再作分析、处理。

（四）刺激器的设置

MedLab系统内置了一个由软件程控的刺激器，恒压输出。在对采样条件设置完成后，即可对刺激器进行设置。根据不同实验要求，可选择不同的刺激模式，刺激模式有如下几种（图1-13）：

（五）添加实验标记

为了在长时程实验和改变实验条件时添一些有内容的记号，方便以后分析数据，MedLab提供了动态添加实验标记的功能，利用好这一功能，对采样结束后进一步分析数据，处理结果，乃至出实验报告都有很大的帮助。

图1-13　MedLab刺激器的刺激模式

（六）参数选择参考表

表 1-1　MedLab 参数选择参考表

信号类型	记录方式	通道	输入方式	触发方式	放大倍数（1000）	采样间隔（ms）	刺激方式	脉冲特征
动脉血压	连续	1~4	DC	连续	0.1	1	自动	固定
呼吸道气压	连续	1~4	DC	连续	0.5~1	2~5	自动	固定
蛙腓肠肌收缩	连续	1~4	DC	连续	0.05~0.2	1~2	手/自	固定
蛙心肌收缩	连续	1~4	DC	连续	0.2	1~5	手动	固定
肠肌	连续	1~4	DC	连续	0.2~0.5	2~5	自动	固定
蟾蜍神经干动作电位	示波	3~4	AC	同步	0.2	0.025	自动	固定
家兔心电图	连续	3~4	AC	连续	1~2	0.05~1	自动	固定
蛙心电图	连续	3~4	AC	连续	2	1~2	自动	固定
膈肌肌电	连续	1~2	AC	连续	1	0.1	自动	固定
神经放电	连续	1~2	AC	连续	5	0.05	自动	固定
心肌动作电位	示波	1~4	DC	同步	0.05	0.1	自动	可调

（七）换能器的定标

换能器是一种将动脉血压、静脉血压、心室内压、张力等非电生物信号转变为电信号的一种装置，由于制造时采用的部件不同及相同部件参数存在误差，所以每一个换能器在转换非电生物信号时都不可能完全一样。因此，为了准确地反映实验结果，就有必要在实验前对换能器进行标准校验。

1. 压力换能器的定标

一定压力作用于换能器，换能器转换成一定的电压值，MedLab 能将此电压值数字化，定标就是将此采样数值转换成作用于换能器的压力，并确定采样数值与压力的系数，就能计算出不同采样数值时的血压值。操作步骤如下：

①压力换能器接在放大器通道上，连接好各种管路（图 1-14）。

②设置好"采样条件"，选择直流输入，选择合适的"处理名称"，开始采样。用"零点设置"将记录线调整至与零线重合（注意：如果记录线与零线偏差太大，则应调整传感器本身连接线上带的调零盒，转动内部旋钮，调整使基线与零线重合）。

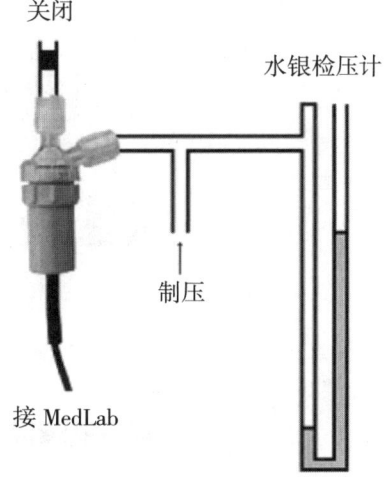

图 1-14　压力换能器定标管路连接

③在压力换能器上加一固定量值（例如：压力100mmHg、该量值最好与预计测量值相近），并保持采样一小段时间，得到一个平稳的定标值，然后停止采样。

④用鼠标在波形曲线上升后的平稳处点击一下，在此处产生一个蓝线与曲线相交（MedLab自动读到采样数值）。移动鼠标至"结果显示控制区"的处理名称处（鼠标箭头变为小手），单击鼠标右键，选中弹出菜单的"单位修正"（图1-15），进入"单位修正窗"。

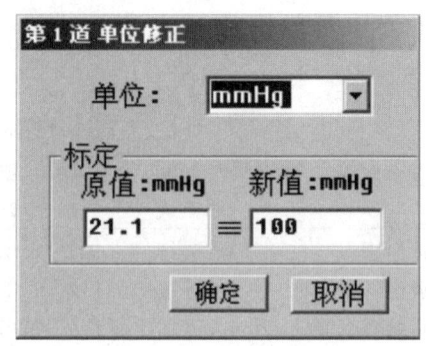

图1-15 单位修正窗

⑤"单位修正"窗口的原值下已有数值，只需在新值下输入在压力换能器上施加的固定量值数（例如：100），并选好单位。点击"确定"后退出定标窗口，Y轴显示刻度自动调整至定标刻度。定标完成后，定标值今后将跟随该通道的"处理名称"一起调用。

⑥实验结果的存盘或保存配置文件或定制实验，MedLab即记住了定标值，以后即可调用。

2. 张力换能器的定标

一定张力作用于换能器，换能器转换成一定的电压值，MedLab能将此电压值数字化，定标就是将此采样数值转换成作用于换能器的张力，并确定采样数值与张力的系数，就能计算出不同采样数值时的张力值，张力换能器定标装置如图1-16，定标砝码根据张力换能器的量程和预计测量值适当选择。MedLab操作方法与上相似。

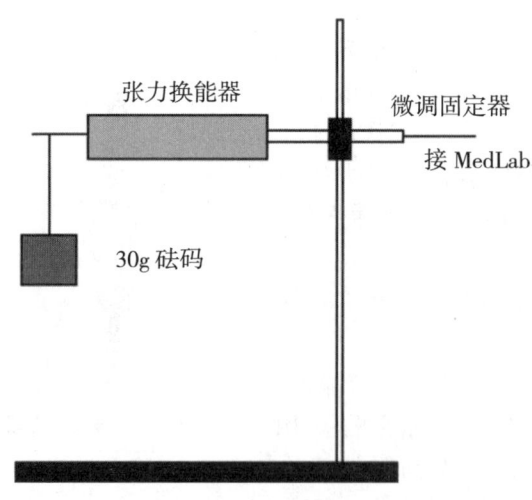

图1-16 张力换能器（50g量程）定标装置

（八）MedLab 数据的采集、处理和输出

1. 数据的采集和命名

为保证在任何情况下不丢失数据，只要启动采样（图 1-17A），系统自动在当前目录（默认为 C：\ program files \ MedLab \ data）下生成一个 Tempfile.add 的临时文件，此文件将所有"本次"（指不关闭当前界面，不进行新建文件操作）采集数据全部保留。暂停采样再次启动，数据向后接续，多采多接。结束采样后，可另存为其他文件名。当系统采样时，如果想保存以后的数据，即可按下"观察"按钮（图 1-17B），此时系统按"用户名"+"日期"+"时间"+"文件序号"自动命名数据文件，如 MedLab2004-08-24_16-9-39（10）.ADD（用户名：MedLab；日期：2004-08-24；时间：16-9-39；文件序号：10）。停止采样后，最好另存为其他文件名，便于记忆。应用好此功能，可方便数据文件的编辑。

图 1-17　MedLab 采样控制

2. 文件的打开与编辑

MedLab 系统可以在不采样时静态打开已存盘文件，浏览观察曲线，并进行编辑、测量、观察处理，方法与 Office 程序一致。打开文件：将鼠标箭头移至快捷工具栏中"打开文件"栏，单击鼠标左键打开文件对话框，选择文件名，单击打开按钮，即可打开已存文件。编辑曲线：在已打开文件的曲线中，按鼠标选中曲线操作后，即可对已选曲线段进行剪切、拷贝、粘贴，及另存为其他文件名，这有利于删除无用数据，保存有用数据，节约硬盘空间。MedLab 允许选择多段（每次限 20 段）数据，选择多段数据可按下键盘上的"CTRL"键不放开，同时多次拖动鼠标选中不同段曲线，最后另存为其他文件名，也是一种十分方便快捷的编辑曲线图形的方法。

3. 采样数据的计算处理

在科学实验研究中，如何处理所获得的大量实验数据是一个艰巨而枯燥的过程。过去，一个课题的实验结束后，往往有一大堆的记纹鼓纸、记录仪纸或示波器照片，研究人员必须花费大量的时间进行手工测量、计算，且结果不很准确。随着计算机技术的发展和生物信号处理技术的进步，给研究带来了极大的便利，同时提高了实验结果的准确性。实验结果的计算机处理包括实验数据的测量、计算、储存、统计和图表生成等方面。随着计算机和生物信号处理系统的发展，实验数据的测量、计算、储存变得更快捷和准确。MedLab 提供多种方法对实验结果的测量，MedLab 的测量方式有：在线实时测量显示、测量结果进入电子表格、"测量""观察""区段测量"等。MedLab 能按"结果处理"计算出一些必要的数据指标，例如：动脉血压的心率、收缩压、舒张压等。

①在线测量

A. 选择合适的处理名称，选择合适的在线测量间隔。

B. 在"快捷工具栏"上按下" 🖬 在线测量钮"。

C. 开始采样，此时，在"结果显示控制区"中即可显示处理结果。若想将处理结果进入 MedLab 电子表格，按一下" 🖬 处理结果入表钮"；按" 🔍 结果提示钮"，显示"结果提示窗"（图 1-18），便于远距离观察。按" 🖬 在线图表窗钮"，显示"在线图表窗"（图 1-19），自动将测量结果填入电子表格。

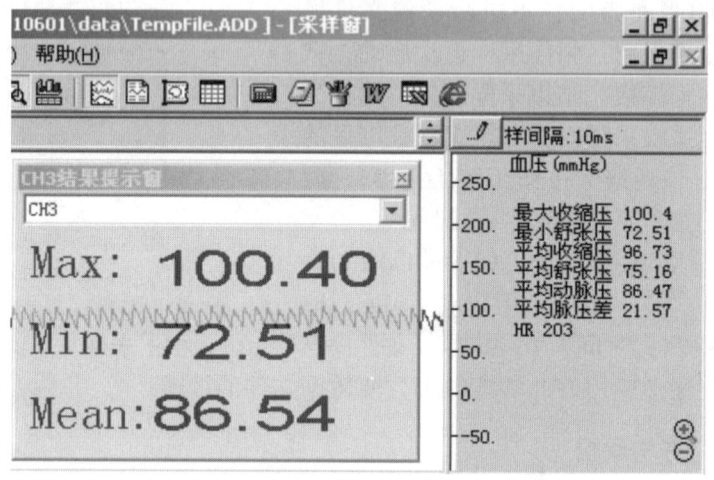

图 1-18　结果提示窗

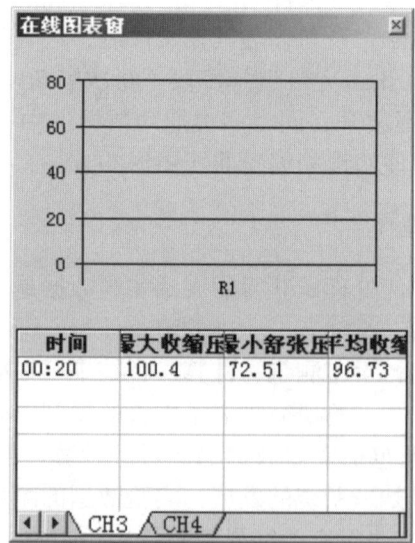

图 1-19　在线图表窗

②数据结果后处理

自动测量：

A. 打开数据文件。

B. 在"快捷工具栏"上按下" ![] 在线测量钮"。

C. 用鼠标在图形上拖动选中一段（此段图形颜色变蓝），此时，在"结果显示控制区"中即显示处理结果（图1-20）。若想将处理结果进入MedLab电子表格，在"快捷工具栏"上按下" ![] 处理结果入表钮"，查看MedLab电子表格中的内容按" ![] 数据窗钮"。按" ![] 处理窗钮"在MedLab处理窗中能查看实验曲线和处理结果（图1-21）。

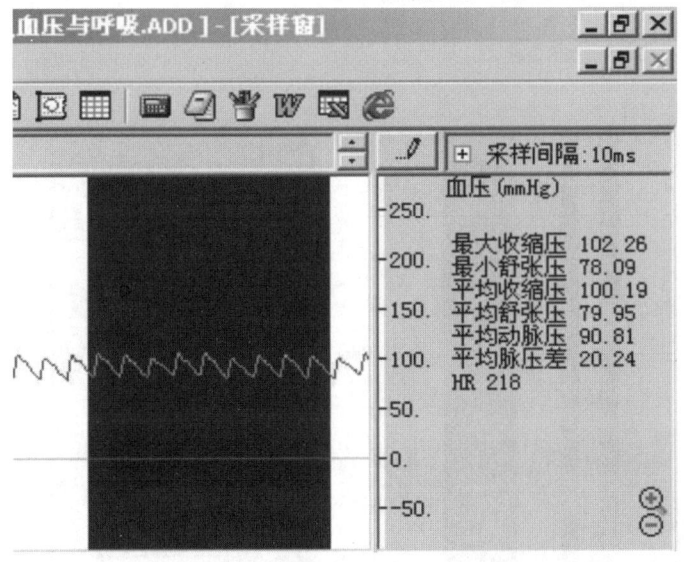

图1-20　在"结果显示控制区"中显示处理结果

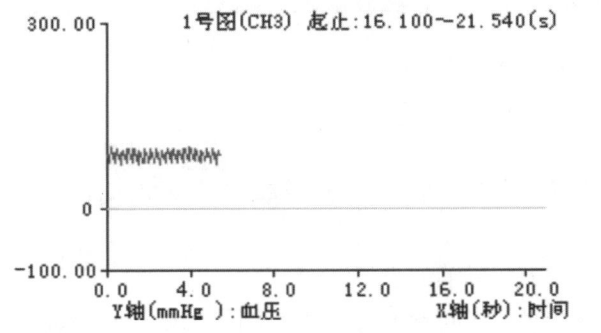

图1-21　MedLab处理窗中显示实验曲线和处理结果

手动测量：

在"快捷工具栏"上按下" ![] 测量钮"（图1-22），有多种测量方法，如测量、观察、区段测量（图1-23）和心电测量（图1-24）等。

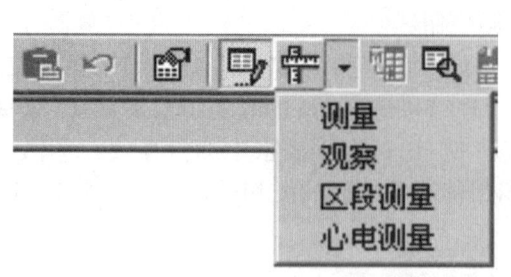
图1-22 手动测量

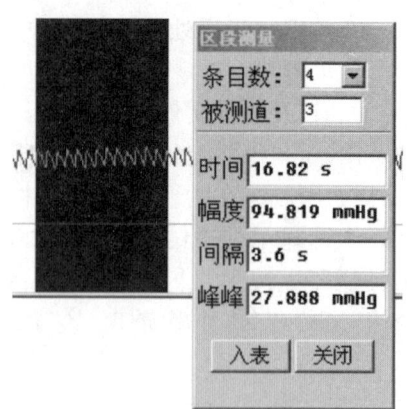
图1-23 区段测量

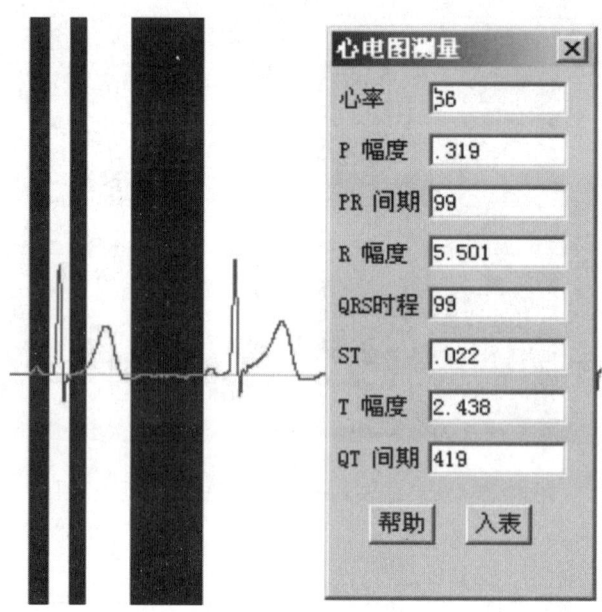
图1-24 心电测量

区段测量窗中的测量值有：

● 时间：指被选曲线段的 X 轴起、止时刻值（注意：拖动开始时时间栏中的值为 X 轴起时刻值，拖动结束后时间栏中的值则为 X 轴止时刻值）。

● 幅度：指被选曲线段右侧终止点的 Y 轴测量值。

● 间隔：指被选曲线段在 X 轴上的时间间隔值（即止时刻值至起时刻值）。

● 峰峰：指被选曲线段内 Y 轴的最大峰值到最小峰值的绝对值之和（即最大峰值至最小峰值）。

● 最大：指被选曲线段内 Y 轴最大幅度值。

● 最小：指被选曲线段内 Y 轴最小幅度值。

● 增量：指被选曲线段起、止幅度值之差（即止点幅度值至起点幅度值）。

● 频率：指以被选波形曲线段时间间隔为一个周期，计算出的频率值（即频率 =

1/周期）。

 • 平均：指被选曲线段内 Y 轴平均值；有效值：指被选曲线段起点幅度值与止点幅度值的均方根。

 • 面积：指被选曲线段下至零线的面积值（即曲线积分值）。

 • 心率：指被选波形曲线段中按每分钟计算的波动数值。

4. 处理结果的输出

①选择一段或多段（每次限 20 段）数据。

②在"快捷工具栏"上按下"[预览钮]"，显示 MedLab 预览窗（图 1-25），选择合适的参数，即可打印输出，MedLab 允许打印多份相同图形数据的功能。

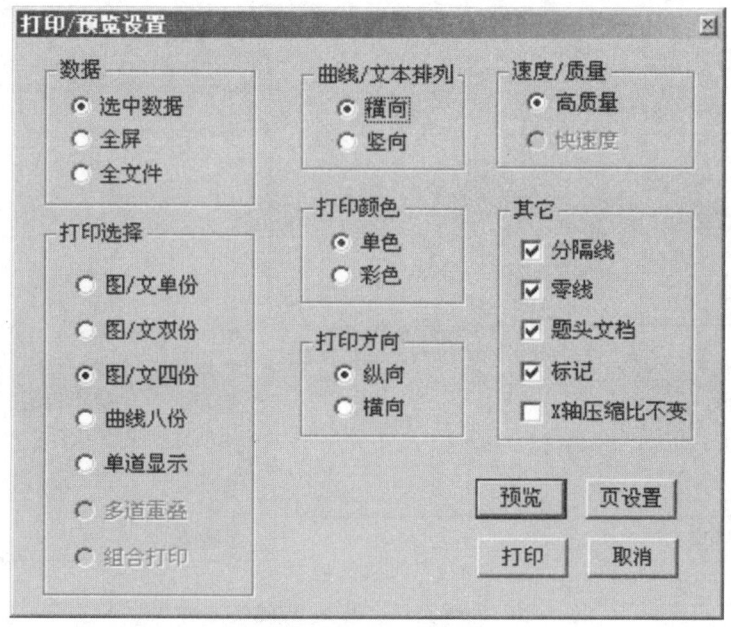

图 1-25　MedLab 预览窗

5. MedLab 实验结果的统计和分析

MedLab 能按"结果处理"计算出一些必要的数据指标，用鼠标在相应的采样时间点拖曳所需测量区域的曲线（如给药或处理前后不同时间点），系统自动地在数据窗的相应位置填写结果数据，这种方式可一次选择多段实验数据。整个实验数据的测量和计算过程可在短时间内完成，并以.xls 文件格式保存。结果数据可用 Excel 打开，由于 Excel 软件可与 SPSS、Prism、Sigma Plot & Stat 等许多著名统计和制图软件互传数据，为实验者进行实验数据的统计和制图提供了便利。在使用 Sigma Stat 统计软件对数据进行处理时，将 Excel 中的数据拷贝到 Sigma Stat 中，计算均值、标准差和标准误，对数据进行百分比的换算等，以及 t-检验等统计是非常快捷的。而 Prism 是一个极其便捷的制图软件，将 Excel 中的数据拷贝到 Prism 的数据窗中，Prism 的制图窗自动生成图表，并允许方便灵活地修改图表的参数。从此，处理所获得的大量实验数据不再是一个艰巨而枯燥的过程，实验数据的测量、结果的分析亦变得更为准确和快速，大大提高实验的效率。

（九）MedLab 实验报告的导出

为了适应教学自动化、无纸化，MedLab 能方便导出学生个人的实验报告。具体方法是：第一步：维护好每个实验的实验指导，选择菜单"编辑/编辑实验指导"（图1-26），对每个实验的实验指导进行编辑（图1-27）。第二步：从菜单"实验"中选择实验。第三步：实验结束后，选择菜单"文件/导出实验报告"（图1-28），即可导出实验指导，在此基础上，利用 Windows 的粘贴板功能，剪贴实验曲线和结果，可快速完成实验报告。

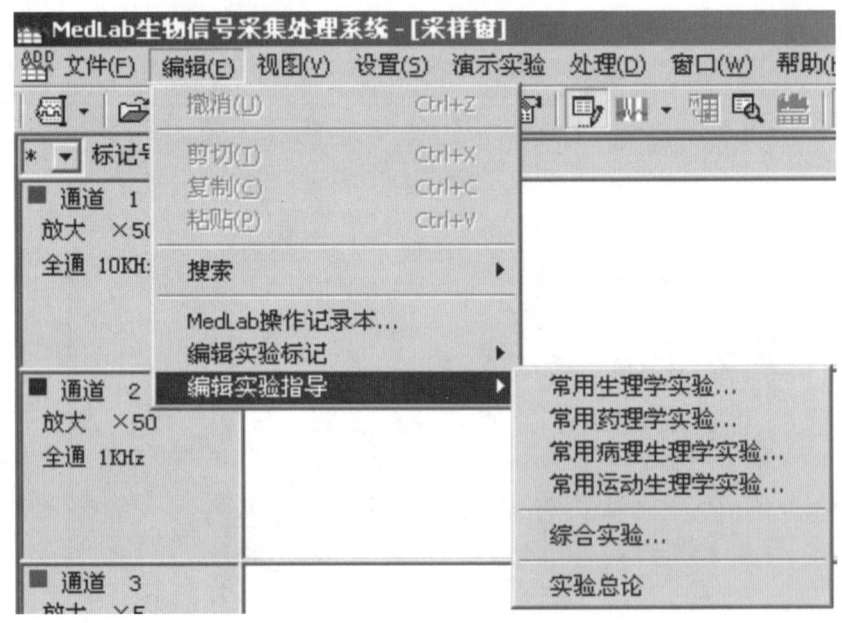

图1-26　选择菜单"编辑/编辑实验指导"

图1-27　实验指导编辑窗

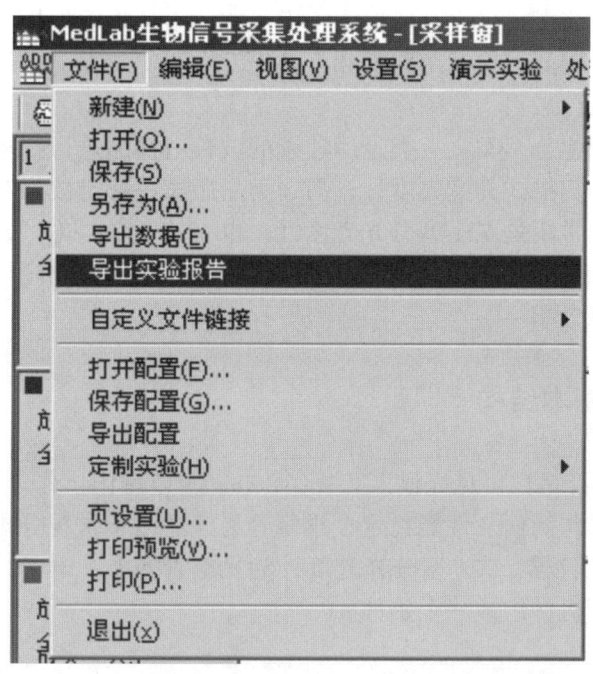

图 1-28　选择菜单"文件/导出实验报告"

三、分光光度计

分光光度计是根据物质对光的选择性吸收来测量微量物质浓度的仪器，其优点是灵敏度、准确度都较高，操作方便、快速。分光光度计在光谱分析方法中是不可缺少的仪器。随着光谱分析法在各个领域中的应用越来越广泛，分光光度计的种类也越来越多。现今的分光光度计有紫外-可见光分光光度计、红外分光光度计、原子吸收分光光度计、分光荧光计等。不同型号的分光光度计在外形、内部结构和性能上各有区别，但都是依据以下原理设计制造的。

（一）仪器的工作原理

根据光的吸收定律（朗伯-比尔定律），当入射光波长、温度和溶液的厚度一定时，吸光度与溶液的浓度成正比。一束单色光通过某吸光物质的溶液时，其光能量的被吸收与该物质浓度的关系就符合朗伯-比尔定律。

当光线穿过某种化学溶液时，总要被吸收一部分，即出射光总要小于入射光。这二者之间的比值称作吸收值。就某一溶液来说，虽然对各种波长的光都有所吸收，但其吸收值是不一样的，有其特征的吸收峰，即对某一个（或几个）波段的光吸收特别强烈。并且其吸收率与溶液中该成分的浓度成一定关系。因此，根据溶液在全波段光扫描中的特征峰，可以判断溶液中的某些组分，达到定性的目的，或者用某一特定波段的光穿透样品，根据样品对光的吸收程度，确定该组分的浓度，达到定量的目的。这就是应用分光光度计的基本原理。

许多物质的吸收峰在可见光波段以内，由于有些生化物质如蛋白、核酸等，其吸收波在紫外光波段内。因此，有时用紫外和可见光发生器安装在一台仪器中供选择。即紫外-可见光分光光度计。

分光光度计按用途分两类：一类是用连续的波长对样品进行扫描，以测定其样品的光吸收特征曲线，如扫描式分光光度计；另一类是用某一特定波长对样品进行照射，测定样品的吸收值，如常用的721型分光光度计。也有的已专门化，如核酸-蛋白分析仪，即把入射光调整到核酸蛋白的最大吸收波段，专门用于生化分析蛋白或核酸层析等用。现以721型为例加以介绍。

（二）仪器的基本结构

721型分光光度计是在可见光谱区（360~800nm）范围内供作定量比色分析的仪器。该仪器结构简单、操作简便、性能稳定、维修容易，适用于常规分析，为目前运动生理实验室中普遍使用的仪器。721型分光光度计为光电管换能，电子放大、指针真读式棱镜分光光度计，全部机件组成一个整体。

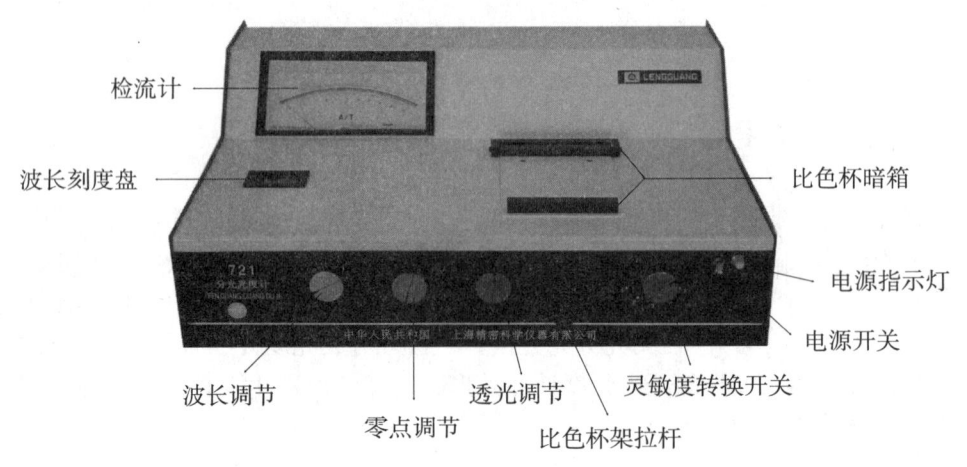

图1-29　721分光光度计各部名称

721型分光光度计外形结构如图1-29所示，前面右上为电源开关和电源指示灯，向左为灵敏度转换开关和比色架拉杆，再向左有并排三个旋钮，自右往左依次为透光调节、零点调节和波长调节旋钮。上面板左为波长观察窗，右为比色室。最高处前面板左端是指针式检流计。仪器的左侧面偏下一些的地方有个窗户，打开盖板，即可看到零点调节器和波长调节螺丝。

仪器的内部包括光路系统和电子电路系统。主要部件有光源灯、单色器、入射光与出射光调节系统、比色皿座、光电管电子放大器以及稳压电源系统。仪器的光学系统为棱镜分光器，并采用自准式光路以获得单色光束的方法。

光学系统的工作过程，光源发出的连续光由凹面镜及平面镜反射，集中于狭缝，通过聚集于准直镜，再反射于石英棱镜，复合光（混合光）遇棱镜喷涂铝的反射面而反射回来，为棱镜所色散，并形成连续光谱。再由准直镜反射至狭缝选择所需波长射入样品溶液吸光池，透过的光入射到检测器的光电管上，发生光电效应而产生光电流。再经放大，使电流计偏转，当吸光池内装有溶液时，电流会变小，该值与空白时的电流值之比为吸光值。样品溶液的吸光度值与样品溶液组分的含量或溶液成正比。因此，可以测定待测组分的溶液或含量。

（三）仪器的调整校正

1. 光源灯调整

光源灯安装不正确将影响整个光路系统，甚至使仪器无法工作。尤其是当更换光源灯泡时，必须严格调整。先将光量调节旋钮（100%）顺时针方向旋转至最大，再把波长标度盘转至580nm标度；另在比色室的通光孔处放置一张白纸，以挡住光路。然后接通电源，这时在白纸上应看到橘黄色光斑。光斑亮度均匀无杂色，边缘并无光晕，即为光源灯安装良好，否则必须调整。调整方法为，首先旋松灯头螺帽和灯架螺丝，调整灯泡及灯座，使灯丝方向和进光孔平行并处于光孔的正中，稍拧紧，然后再用螺丝刀调整光亮调节器上的螺杆，使光束正确地反射到进光狭缝，使能在比色室的白纸上看到单色光。然后将灯架螺丝固定，固定过程中如发现光斑改变，则可用手缓缓扳动灯架进行调整。

2. 零位调整

开启电源，打开比色室盖板，电表指针应指到左侧"0"位，可用零位调节器进行调节。如仍调不到"0"位，则旋开仪器左侧长方形盖板，即可看到一只粗调零位电位器。先将面板上"0"位旋钮至中间位置，再用螺丝刀缓缓转动粗调零位电位器，使指针指示"0"标度，最后旋上盖板。

3. 波长（单色光器）校正

分光光度计发出的单色光束和仪器上的波长标度应一致，若偏离超出允许范围，则应经校正后方能使用。光束应与标度一致，可先用肉眼粗略判别，其办法是在比色室的光路上放置一白纸，转动波长标度指示580nm，旋动光量调节（100%）旋钮至最大；开启电源，在比色室白纸上应看到橘黄色光斑，若光斑不是橘黄色，则说明光束波长偏离度盘，左右旋转标度盘使出现橘黄色斑，可以粗略判明偏离的程度。然后进行波长精测和校正。精测方法有多种，各实验室可根据具体条件选用。常用的方法为镨钕滤光片测试法。

镨钕滤光片是一种含有稀有金属镨和钕的玻璃片，它的光谱吸收曲线在可见光里有许多大小、宽窄不同的吸收峰，这些吸收峰的波长都是固定不变的，可以用来校对仪器波长的正确性。用标准镨钕滤光片测量529nm和808nm两个吸峰，如测出的吸收峰与名义值（刻度值）不同，即通过调节准直镜反射角度，从而使发出的单色光波长发生改变；或者通过调整刻度来进行校正。调试过程如下：

①开机，先将波长度盘指示在580nm处，用白色卡片纸观察出射光应为黄色，如

不是黄色应调节波长螺杆，使出射光为黄色。注意，调节时只能轻微旋动，其余螺杆不要任意旋动。

②将波长指示转到520nm处，调节空白透光度至100%。然后拉动拉杆使镨钕光片推入光路，测定其透明率，记下读数，例如70%。

③将滤光片退出光路，调波长至522nm处，调节空白透光度至100%，再把滤光片推入光路，观察其透光度，例如65%。

④如此逐点调试以找出最小透光度，例如48%，记录这一点的指示波长，例如是534nm，则该仪器的波长指示误差为 534 − 529 = 5nm。这时，应反时针方向调节波长调节杆，反之，误差为负值，应顺时针调节。

⑤上述微调后，再按上法检查，直到符合允许误差为止。

（四）仪器的使用方法

1. 在仪器通电前，先检查电表的指针，必须位于"0"刻线上。电表上有可供调节的校正螺丝。

2. 打开仪器电源开关，预热20分钟，再进行测量。

3. 打开比色皿暗箱盖，将蒸馏水装入2厘米的比色皿中后放入比色皿暗盒中，先选择波长420nm，灵敏度置于"1"档，调节"0"透光率旋钮，使电表指"0"，然后将比色皿暗箱盖上，使蒸馏水处于光路位置。调节"100%"透光率旋钮，使电表指向透光率100%附近。

4. 取清洁比色杯，将对照液（或空白）和测定液分别装入比色杯内，装入70%~80%的容积，并用滤纸擦干杯外液体，然后将对照和测定液装入暗箱内的小格内。

5. 测定空白管，调节"0"旋钮，使指针在"0"位。调节"100%"旋钮。使指针在"100"位。注意调"0"时打开暗箱盖，调"100%"时合上暗箱盖。

6. 拉动比色皿架拉杆，使测定液处于光路中，在420nm~800nm范围内每隔10nm测一次吸光度。在最大吸收峰附近每隔5nm测一次吸光度。注意每选定一个入射光波长都要用对照液调一次100%透光率，且不时检查一下"0"透光率，记录数据。

7. 测完以后，在坐标纸上以波长为横坐标，吸光度为纵坐标，绘制波长与吸光度关系的吸收曲线，并标出最大吸收峰的值。

（五）使用注意事项

1. 该仪器应放在干燥无腐蚀性气体的房间内，放置在坚固平稳的工作台上，严禁强烈光线照射，天热时不能用电扇直接对仪器吹风，防止灯源发光不稳。

2. 本仪器灵敏度选择共分5档，"1"档最低，"5"档最高，其选择原则是保证空白档能调到100%值情况下，尽量采用低档灵敏度档，这样稳定性好。

3. 使用时，选择好需要的单色波长，接通电源后，打开比色皿暗盒，调"0"电位器使仪器输出为0，然后将比色皿暗盒关上，比色皿座处于空白（蒸馏水）校正位置，调节"100%"电位器使仪器输出为100%左右。预热后，重新调整好"0"和"100%"，这样便可以进行测定。

4.如果大幅度改变测试波长时,重新调整"100%"后稍等片刻(因为钨灯在急剧变亮度后,需要一段热平衡时间),在仪器输出稳定后,即可工作。

5.仪器使用完毕后,必须切断电源,在停止使用期内,将仪器用塑料套罩好,并在套子内放上防潮硅胶。

四、肌电仪

肌电仪是记录人体肌肉功能活动中电变化的专用仪器,其借助引导电极置于体表或插入肌肉,当肌肉产生电活动时,由电极引导再经过放大器的放大,最后由记录仪记录而得出肌电图。这是目前普遍公认的一种研究肌肉机能的客观方法。它的主要优点是能在正常活体上,研究随意运动时所有参与作用肌肉的功能情况,包括原动肌、协同肌、对抗肌、固定肌等。在运动生理学实践中,常用表面电极进行引导而得出表面肌电图。现以芬兰 MEGA-ME6000T8 八道肌电仪为例。

(一)仪器的基本结构

ME6000T8 系统适用于户外或实验室。它的电极可直接与人体皮肤接触,并可同时测试 2~8 块肌肉(取决于测试模式)。由于肌纤维所产生的刺激非常小(约 $1\mu A$),所以需要适当的放大。利用放大技术,可将放大器与基础电极直接相连测得数据,它能非常有效地避免由运动造成的干扰。肌肉测试 ME6000T8(8 通道)系统包括以下设备:8 通道测试设备主机、4 条 USB 测试线缆、表面数据存储器、数据传输光缆、系统辅助软件、数据记忆卡(256MB 或 512M)、MEGAWIN 分析软件、固定带及测试用包(图 1-30)。

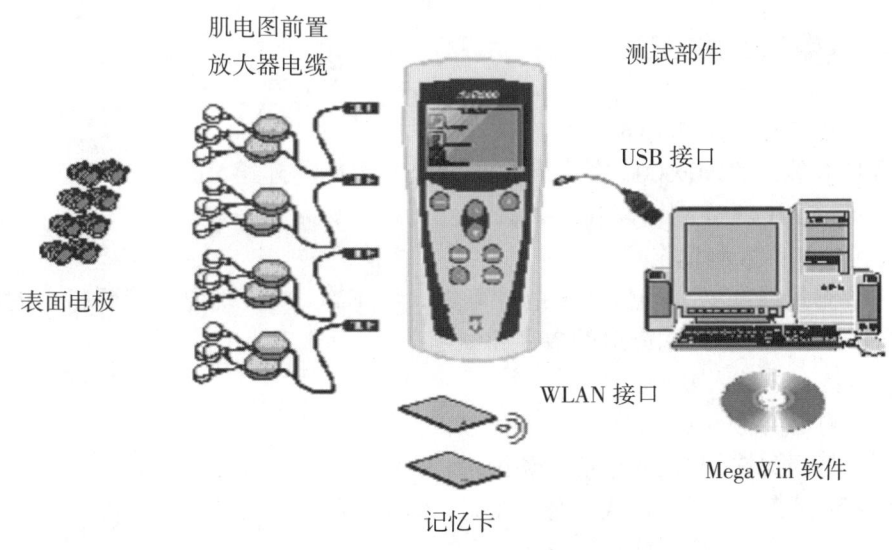

图 1-30 肌电测试仪完整系统(ME6000P8)

1. 测试主机

肌电仪的主机（图 1-31）是由一个体积不大的小盒构成，内含控制软件、各种接口、记忆卡、电池以及操作按钮。运动中可将主机固定在身上，不影响运动者的活动。

①BACK（后退）：回到上一屏幕。

②UP（向上）：主菜单中的向上键或在原始测试时选择不同频道。

③DOWN（向下）：主菜单中的向下键或在原始测试时选择不同频道。

④START（开始）：开始测量。

⑤STOP（停止）：停止测量。

⑥POWER（电源）：电源开关。

⑦MARKER（标记）：数据标记插入。

⑧MENU–SELECT–CHANGE（菜单选择变换）：按此键以确定选择或变换。

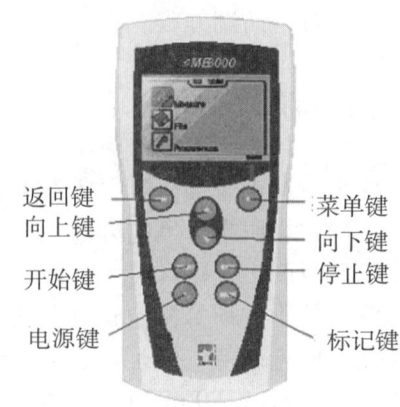

图 1-31　ME6000P8 肌电测试仪主机

2. 测试仪的接口

①USB：USB 接口连接 B 插头。

②TRIGGER IN：此接口为触发信号（TTL 输入）。

③TRIGGER OUT：由此接口接出。

④EMG-PREAMPLIFIER CABLES or OTHER SIGNAL CABLES：连接由 MEGA 电子有限公司提供的连接器的 EMG-测试线缆或其他信号线缆等。

（二）仪器的使用方法

1. 在计算机上安装 MegaWin 操作软件。

2. 用 USB 线缆将 ME6000 连接到电脑的 USB 端口。打开 MEGA 测试程序，在系统安装里选择正确的 COM 端口设置。

3. 将记忆卡插入测量仪。

4. 连接测量线缆：为确保测试的准确性，将 EMG 测量线缆连接到指定的频道插口。线缆上会贴有标签标明频道的数字和颜色。

5. 在电池仓内装入电池。

6. 设置测定仪（图 1-32）

①确定储存形式：联机储存或自动记录。

②选择测量模式：原始模式，平均模式，TURERMS 模式或综合模式。

③测量显示形式：条形或曲线显示。

④选择记录频率。

⑤选择活动通道及通道信号形式。

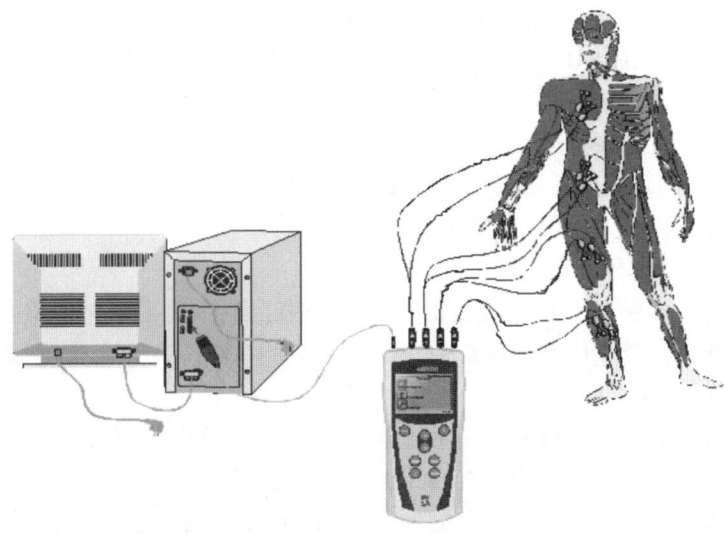

图 1-32 8 通道系统连接

7. 固定电极：对所测肌肉进行处理后，将电极直接敷于皮肤表面，电极要准确的粘贴到每块被测肌肉的指定位置。将电极固定在两极分化器上，其两个活动的电极贴—测量电极贴及辅助电极贴务必要附着于肌肉表面。

8. 固定好测试电极后，连接测试线缆。在距离测试电极 10 厘米处将辅助电极贴与辅助连接器相连。

9. 系统准备就绪，按菜单中的开始键开始测量。

（三）菜单的设置及功能

1. 测试菜单

打开仪器就可看到菜单中的开始键。在开始一栏中按下菜单键，进入测试菜单界面。在测试菜单里有 4 个条形框可供用户修改。通过上下键进行选择，然后点击编辑键进行修改。

①储存方法：用上下键在条形框中选择储存模式，然后按菜单键，就会有三种储存模式以供选择。

A. 自动记录：自动记录模式将测量结果保存到 CF 记忆卡中。按下菜单里的开始键或条形框中的开始键即可开始测量。

B. 手动记录：手动记录模式将测试结果保存到 CF 记忆卡中。按下菜单里的开始键或条形框中的开始键即可开始测量。此模式可用标记键或标记开关进行开始或者停止的操作。

C. 联机存储：联机模式可以将测量结果通过 USB 传送到外部系统里。通常情况下 MEGAWIN 自动设置计算机条形框。

②测量形式：在菜单中的四种测量形式中选择一种。

A. 原始形式：EMG 信号为原始的两极信号。

B. 平均形式：将原始模式的两极信号转化为单极信号，然后通过平均窗口。
C. TRUERMS：TRUERMS信号是信号的均方根值。
D. 综合形式：综合的信号值。

③显示模式：通过菜单可以选择条形图表、曲线图表或关闭显示。
A. 条形图表：信号值以条形图表的形式表现出来。
B. 曲线图表：通过曲线图表观察初始化测试信号。
C. 关闭显示：不显示任何图表。

④采集率：信息采集率是每秒的信号值，可根据测试需要选择。ME6000T8可选择的采样率有100Hz、250 Hz、1000 Hz、2000 Hz、10000 Hz。联机测试信息的采集率一般都固定在1000Hz。

⑤活动通道：通过上下键变换1~8通道。在每个通道中，可选择关闭、测定肌电图或传感器。从通道1到通道8均可配合下列传感器使用。

⑥显示范围：以下选项可确定显示范围100μv、500μv、1000μv、2500μv、5000μv、10000μv。

2. 文件菜单

在菜单文件中浏览测试文件，用删除键删除已选项目或者选择格式化清除记忆卡。

3. 参数选择菜单

在测试和项目设定中可以更改参数，包括对改变背景灯、图表灯、闹钟和语言模式、音量、键盘开关、警示及开始声音等的设定进行调整。

（四）使用注意事项

1. 小心使用仪器，不要将此仪器在硬物表面摔碰。用仪器本身配有的箱子携带。
2. 不要用水洗，可用无毛布浸清洁液。注意不要过于用力，不要使有酒精或有腐蚀性的化学药剂，不要将线缆和仪器浸入清洁液中。
3. 不要将仪器暴露在温度低于0℃或高于50℃的条件下。在未使用防水膜的潮湿情况下，使用时间不要超过30分钟（相对湿度不要超过80%）。
4. 不要拆开仪器或已经连接到测试线缆的放大器。在户外测量时，请使用腰间挎包，小心系紧仪器。
5. 如果使用记忆卡，请小心使用。不要把它放在磁场周围，轻轻插入仪器的插口内，不要弯折记忆卡，不要破坏卡上的绝缘层。只能在结束测试或者系统自动停止后才可取出记忆卡。在测试中移动记忆卡会造成记忆卡的错误数据，并阻碍数据文档的创建。如仪器在6个月内不使用，请拿出电池，将仪器放入箱内，取出记忆卡。
6. 每次使用时，辅助电极贴都要与辅助连接器相连。注意测量肩部、腹部或背部肌肉时，测试点也许正位于心电活动区域，其活动动力可能会影响测试结果。为避免干扰，连接电极可使用两极分界器。

五、心电图仪

在心动周期中,心脏兴奋所伴随的生物电可通过周围组织传遍全身,使身体各部位出现有规律的电变化,将引导电极放在肢体、躯体表面的一定部位,均可记录到每一心动周期中规律性的电变化,该电变化曲线图就是心电图(Electrocardiogram,ECG)。而记录心电图的专用仪器就是心电图仪。通常完全的心电图,由12种导联的记录组成,包括三种标准肢体导联,三种加压单极肢体导联,以及六种单极胸导联。在临床医学上,通过心电图可诊断心律不齐、刺激传导异常及心肌损伤等,但不能直接反映心脏的机械舒缩活动。现以光电 ECG-6511 单道心电图仪为例。

(一)仪器的基本结构

光电 ECG-6511 单道心电图仪(图1-33)由记录仪、引导电极及固定夹、记录纸、导电膏及接地电极组成。

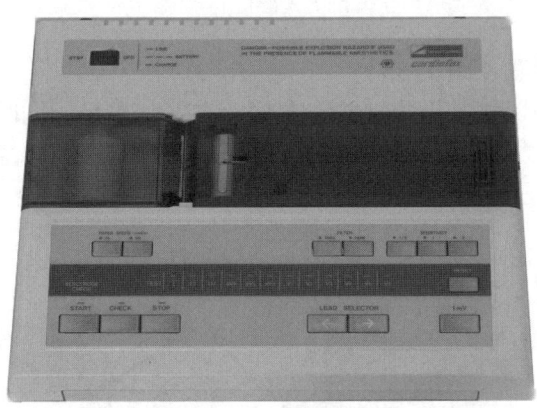

图1-33 光电 ECG-6511 单道心电图仪

其中引导电极分为肢体矩形电极板4个(用于四肢,电极导线分红色、黄色、绿色、黑色四种颜色),胸部用吸着电极6个(用于胸部,电极导线分为6种颜色)。使用时肢导联的连接方法是:红色—右手,黄色—左手,绿色—左足,黑色—右足(接地),白色或其他颜色电极接心前区导联(V_1—红,V_2—黄,V_3—绿,V_4—棕,V_5—黑,V_6—紫)。

(二)仪器的使用方法

1. 记录仪准备

①接上地线。
②插上电源线,打开记录仪开关。
③将记录纸速度调至25mm/sec。

④记录热笔调至记录纸中央。
⑤转送记录纸，校正 1mv 标准电压高度，使其刚好 10mm 高度。
⑥记录仪调至暂停。

2. 导联方法（图 1-34）

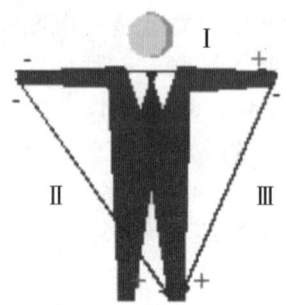

Ⅰ——正极连接左臂，负极连接右臂。
Ⅱ——正极连接左足，负极连接右臂。
Ⅲ——正极连接左足，负极连接左臂。

图 1-34　标准肢体导联

①标准肢体导联
②加压单极肢体导联（图 1-35）

将单极胸导联中的探测电极分别放在左臂、右臂、左足，同时将放置了探测电极的肢体通向中心电站的连线拆除，所测出的心电图的图形不变，但幅度增高了 50%。其具体连接方法为：

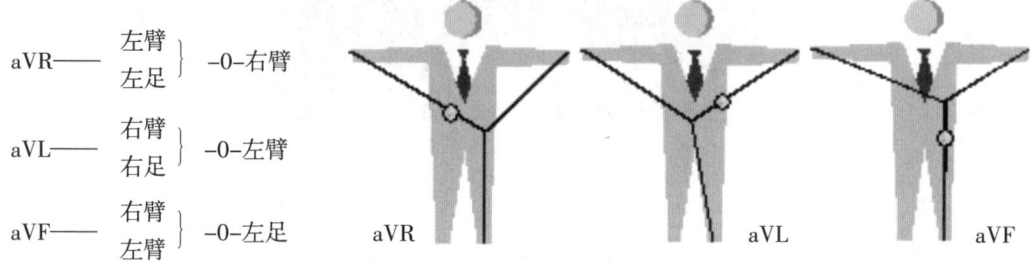

aVR——左臂, 左足 }-0-右臂

aVL——右臂, 右足 }-0-左臂

aVF——右臂, 左臂 }-0-左足

图 1-35　加压单极肢体导联

③单极胸导联（图 1-36）

3. 固定电极

①受试者去掉身上的金属制品，脱鞋及上半身衣物，仰卧在检查床上，两脚自然分开，室温最好在 20~25℃。
②身体电极放置部位用酒精擦拭，去除汗、脂与污垢等。
③电极导线与电极联结。
④均匀地将导电膏涂在电极接着部及电极板上，然后电极固定在身体部位上。

V$_1$——胸骨右缘第 4 肋间处。
V$_2$——胸骨左缘第 4 肋间处。
V$_3$——在 V$_2$~V$_4$ 连线的正中点。
V$_4$——左锁骨中线第 5 肋间处。
V$_5$——在 V$_1$~V$_6$ 连线的正中点。
V$_6$——左中腋线与 V$_4$ 水平线上。

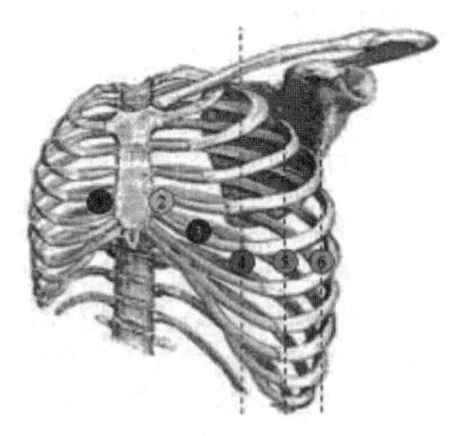

图 1-36　单极胸导联

4. 进行测量

可以按自动键，记录仪按Ⅰ、Ⅱ、Ⅲ、aVR、aVL、aVF、V1~V6 导联顺序分别记录。也可用手动转换的方式完成记录。

5. 分析结果

（三）使用注意事项

1. 心电图测定前，记录仪应妥善接地，以排除干扰。
2. 引导电极的安装应松紧适当，不能太松，也不能太紧。
3. 受试者检查前避免饮用引起兴奋的饮料，应休息 30 分钟。测试时要充分放松，以防肌电干扰。

六、血细胞分析仪

对血细胞计数分析是临床医学检查中最基本最重要的项目，检测内容包括对红细胞、白细胞和血小板等血细胞计数项目以及血红蛋白浓度的测定。这类通过电脑控制可实现血细胞分析全自动化的装置通常被称为血细胞分析仪（Hematology Analyzer）。血细胞计数最初是使用显微镜对显微镜视野内的各种细胞以人工目视的方法进行计数，1953 年美国 Coulter 公司成功研制出世界第一台自动电阻式"流体中悬浮颗粒分析仪"，之后技术不断革新，近年来许多血细胞分析仪器都在增加新的技术和参数以满足临床在诊断和鉴别诊断方面的需求。目前有的仪器甚至可以提供 40~50 种测量或计算参数。

(一)仪器的工作原理

血细胞分析仪的主要分析原理：由于细胞为不良导体，根据血细胞非传导的性质，以电解质溶液中悬浮颗粒在通过小孔时引起的电阻变化为基础，进行血细胞计数和体积测定，这种方法称电阻法（也称库尔特原理）。把经过电解质溶液稀释的细胞悬液倒入一个不导电的容器中（塑料杯），把小孔管插入细胞悬液中，小孔管的内侧充满了稀释液，并有一个内电极，外侧细胞悬液中有一个外电极，当电流接通后小孔内外侧的电极形成稳定的电流，动力泵产生负压，开始充量吸样，稀释液通过小孔向内部流动，由于细胞为不良导体，当细胞通过小孔时，瞬时引起了电压变化而出现一个脉冲传导，称为通过脉冲，此时电压增加和变化的程度取决于非传导性细胞占据小孔感应区的体积，即细胞体积越大，引起的脉冲越大，所产生的脉冲振幅越高，再经过以下步骤得出结果。

①放大：细胞通过小孔时所产生的脉冲传导微弱，难以直接触发计数电路，必须经电子放大器把微伏信号放大成伏级信号。

②阈值调节：在一定范围内调节参考电平大小，使计数结果更加符合实际。

③甄别：各种微粒通过微孔时均可产生讯号，讯号电平（脉冲幅度）与微粒子大小成正比，所谓甄别就是根据阈值调节器提供的参考电平，把低于参考电平的假讯号去掉，以提高准确性。

④整形：经放大和甄别的波形不一致，须经过整形器调整为形状一致标准的平顶波后才能触发电路，送入计数系统，得出计数结果。

⑤计数得出结果。

(二)血细胞分析流程（图1-37）

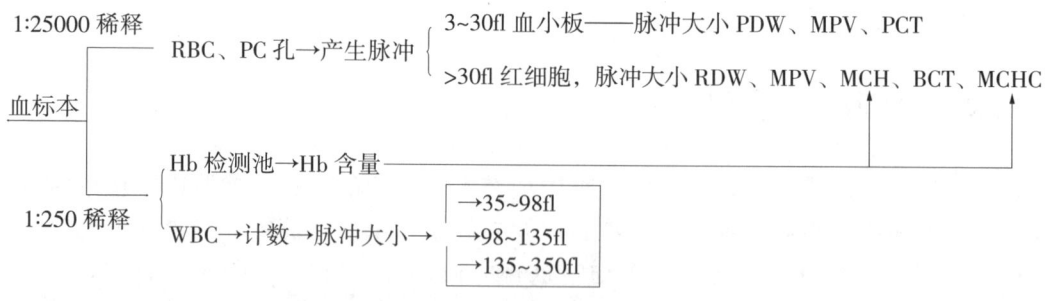

图1-37 血细胞分析流程图

(三)仪器的主要参数

血细胞分析仪的发展已有50年历史，血细胞分析仪上也不断采用了最新的电子、光学、化学和计算机技术，从而不断满足临床工作对血液细胞分析的要求。提供更加方便适用、更多功能和参数、更加准确、更快速度的血细胞分析仪，已经是各血细胞分析仪生产厂商的目标。目前血细胞分析仪基本上都为全电脑、自动进样系统；自动稀释技术，可使用静脉血或末梢血；检测速度一般可以达到 60~100 个样品/h，甚至可达 150 个标本/h；WINDOWS 操作界面分析软件，大型液晶显示屏；具有质控程序和系统故障诊断程序，可储存几百万个测定数据（含直方图），提供多种打印格式，使用方便。现以瑞典 SWELAB ACEO+四分类血液分析仪为例（图 1-38）。

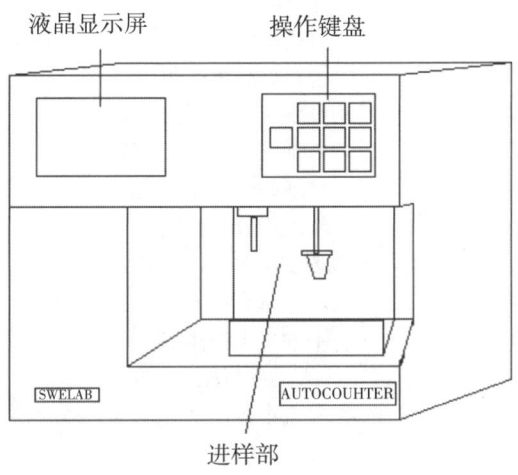

图 1-38 瑞典 SWELAB 血液分析仪各部名称

瑞典 SWELAB AC920EO+四分类血液分析仪主要参数为：

1. 检测参数：血红细胞总数 RBC、血红蛋白 HGB、红细胞压积容量 HCT、红细胞平均体积 MCV、平均血红蛋白含量 MCH、平均血红蛋白浓度 MCHC、红细胞分布宽度 RDW、血小板总数 PLT、血小板压积容量 PCT、血小板平均体积 MPV、血小板分布宽度 PDW、白细胞总数 WBC、淋巴细胞数目 LYM、淋巴细胞百分比 LYM%、单核细胞数目 MID、单核细胞百分比 MID%、粒细胞数目 GRA、粒细胞百分比 GRA%、血小板红细胞白细胞三项分布趋势图、嗜酸细胞数目 EOS、嗜酸细胞直方图。

2. 测定原理：血细胞计数-电阻抗法、HGB-555nm 波长比色法。

3. 显示屏：显示操作菜单、病人结果或直方图。

4. 样品量：末梢血 20μl，全血 200μl，抗凝管 350μl。

5. 进样方式：全血、预稀释血、抗凝管单支进样。

6. 检测速度：60 个标本/h。

7. 存储器：存储正常参考值以及 450 个测试结果和直方图。

8. 稀释方式：机内自动稀释。

9. 清洗系统：每个样本间自动清洗，随时手动清洗；待机状态 AC920 每 4 小时自动清洗一次。

10. 接口：标准 RS232 接口、外接键盘接口、条码扫描器接口。

（四）常用参数的含义及参数范围

表 1-2　SWELAB 血液分析仪常用参数的含义及参数范围

英文简称	中文全称	参考值范围
WBC	白细胞	$4.0\sim10.0\times10^9/L$
RRC	红细胞	$3.50\sim5.50\times10^{12}/L$
HGB	血红蛋白	$110\sim160g/L$
HCT	红细胞比积	$0.32\sim0.54$
MCV	平均红细胞体积	$79.0\sim101.0fl$
MCH	平均红细胞血红蛋白含量	$26.0\sim36.0pg$
MCHC	平均红细胞血红蛋白浓度	$310\sim370g/L$
RDW-CV	红细胞分布宽度	<0.141
RDW-SD	红细胞分布宽度	$40fl$
HCDW	红细胞 Hb 含量分布密度	0.152 ± 0.94
PLT	血小板	$100\sim300\times10E9/L$
MPV	平均血小板体积	$9\sim17fl$
P-LCR	大小的板比率	$0.15\sim0.30$
PCT	血小板比积	$PLT\times MPV$
NEUT	粒细胞	$3\sim5\times10^9/L$
LYMPH	淋巴细胞	$1\sim3\times10^9/L$
MONO	单核细胞	$0.067\sim0.325\times10^9/L$
EO	嗜酸性粒细胞	$0.005\sim0.05\times10^9/L$
BASO	嗜碱性细胞	$0.02\sim0.05\times10^9/L$

七、血乳酸自动分析仪

乳酸分析仪是对全血或血浆中的乳酸盐进行快速测量的专用仪器，其通过对受试者被抽取微量血液的分析，提供受试者运动中血乳酸的变化值。在运动实践中，常在运动后或训练后对运动者血乳酸进行测定，以确定运动者的训练强度，评价训练效果和预测运动成绩。下以美国 YSI 1500 SPORT 乳酸分析仪为例。

（一）仪器的基本结构

YSI 1500 SPORT 乳酸分析仪（图 1-39）是一种便携式、电池驱动、专门用于体育领域的乳酸分析仪。它可以对全血或血浆中的乳酸进行快速测量。测试结果可以用来调整训练方案以提高训练效果。仪器能自动完成对样品的分析并显示结果。YSI 1500 SPORT 乳酸分析仪包括：乳酸分析仪主机、加样器（25 微升钝针加样器或 25 微升毛细管加样器）、启用试剂套。

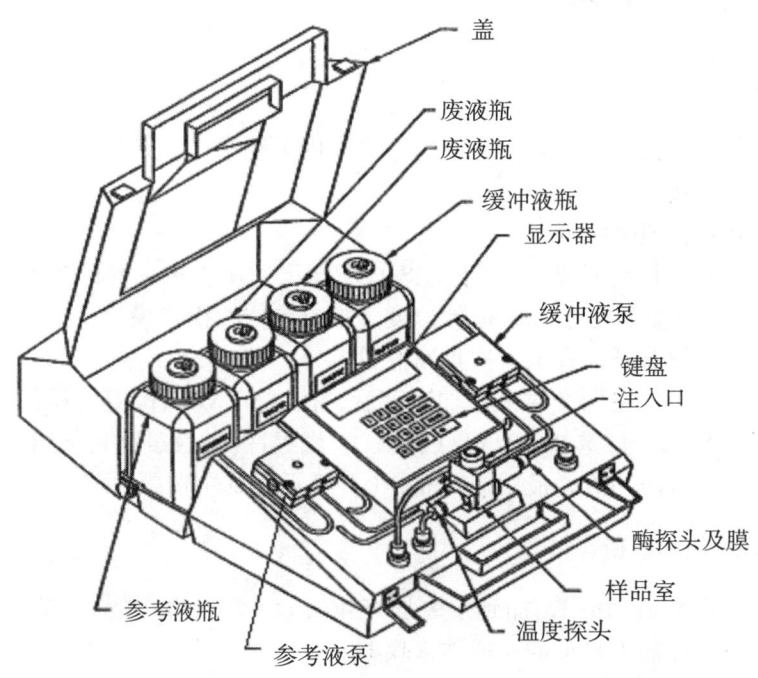

图 1-39　YSI 1500 SPORT 乳酸分析仪主要部件名称

主要部件的名称及用途：

1. 溶液瓶：包括参考液瓶、废液瓶和缓冲液瓶，用以容纳样品分析所需溶液及分析后的废液。

2. 缓冲液泵：是一个两通道、由齿轮马达驱动的蠕动泵。其中一个通道（下泵体）从缓冲液瓶内吸取缓冲液送进样品室。另一个通道（上泵体）则从废液室内把液体排至废液瓶。

3. 参考液泵：操作与缓冲液相同，用于输送参考液。

4. 样品室：用透明有机玻璃制成。白色和黑色的探头座装在其侧壁上，酶探头置放在白色的座上，酶膜装在一个圆环上，用以密封样品室和探头之间液体。温度探头在黑颜色的座上，在温度探头顶部也有一个小的黑色圆环，用以密封液体。

5. 注入口：内有一传感器，用以检测 YSI 加样器的插入。在注入口的顶部装有一个可更换的螺纹套管。在搬动或收藏仪器前，此套管必须换上另提供的螺纹塞子。

6. 键盘：是一个有 15 个键的薄膜开关，有 0~9 数字键及 5 个功能键。功能键分别为：ENTER（输入）、MENU（菜单）、CANCEL（取消）、DELETE（删除）和 ON/OFF（开/关）。

7. 显示器：是一个两行 16 字符液晶显示器。

（二）仪器的使用方法

1. 仪器的准备

①试剂制备：制备缓冲液和参考液。如果采用手动模式，则仅需要准备缓冲液，参考液只用于自动模式。

②安装酶膜及接通电源。

③系统预置：可设定日期、时间、RS-232通讯（用于将存储的数据传送到电脑）、液晶显示对比度、小数符号选择、搅拌速度、报告单位、操作模式。系统参数一旦设置好，就会保存在存储器里，直至下次重新设置。

④准备液体系统：在两个供液瓶加满液后，按"MENU"键直至返回到主选屏，进入RUN（测定）模式，再选择PRIME（冲洗），经过冲洗，仪器将会运行参考液泵，再清洗，仪器将会运行缓冲液，最后按"MENU"键返回到主选屏。

2. 样品的采集和准备

按常规方法取指血$20\mu l$，加到预先加有$40\mu l$溶血剂的0.2ml带盖塑料离心管中，均匀待测。使用加样器将采集的血样注入仪器。

3. 仪器操作

①仪器校准
②注入样品
③样品测定
④打印结果

（三）使用注意事项

1. 乳酸分析仪属精密仪器，要注意日常的维护，以保证仪器的正常使用。
2. 在接上充电器前，必须确定仪器电源开关在关的状态。否则存储的数据可能会由于电池放电很低的水平而消失。
3. 当系统被重置时，所有存储结果将被删除。日期、时间和搅拌速度需要手动调整至正确数据，仪器亦需重新校准。
4. 溶血的样品一定要待液体完全清澈后才能测定，否则结果偏低。
5. 每测定5个样品应进行一次校准。

八、自动心率记录仪

自动心率记录仪是一种可自动检测和记录运动中心率的专用仪器。是运动实践中运用最为广泛的人体机能测定仪器之一。由于运动中心率值的变化与运动强度成正比，通常采用自动心率记录仪检测和记录安静、运动前、运动中、运动后以及恢复期的心率，对了解运动员的运动强度、训练效果以及机能恢复都具有重要的意义。现以芬兰产 POLAR 运动心率分析系统为例。

（一）仪器的基本结构

POLAR 运动心率分析系统是由运动心率表（如 S810i，不同心率表在功能上略有区别）、心率传输带、红外线接口、Polar Precision Performance 分析软件组成。

1. 运动心率表（如 S810i，图 1-40）：心率表可在锻炼中显示心率和其他资料，并将运动实时心率记录下来。也可将个人设定的锻炼信息输入心率表，便于锻炼后分析锻炼档案。心率表内置 CR2430 电池，平均使用寿命两年（2 小时/天，7 天/周）。运行温度为-10℃~+50℃，防水功能 50 米。手表精确度在 25℃温度下，小于±0.5 秒/天。心率测试的精确度在±1%或 1 次/分钟。

图 1-40 POLAR 运动心率表各按键名称

2. 心率传输带：可探测心率并传输至心率表，其内置锂电池，平均使用寿命为 2500 小时。运行温度为-10℃~+50℃。

3. 红外线接口：可将运动时心率表所采集的心率值，传输到计算机再通过 Polar Precision Performance 软件进行分析。

4. Polar Precision Performance 分析软件：该软件可对输入的心率值建立档案、编辑信息、检测心率、编写锻炼日志，还可以图表形式报告训练时间、心率区内时间、距离及平均心率、锻炼次数和总用力次数及步数等。

（二）仪器的使用方法

Polar 心率表的使用可通过表上的按钮，对手表的时间、日期以及信息记录进行设定。记录心率时可按动"开始"键，心率表可自动记录人体各种状态时的心率值。当运动停止后，可按动手表上"停止"键，心率表记录停止。记录结果可通过红外线接口，传输到计算机再进行分析。心率表的模式及功能如图 1-41 所示。

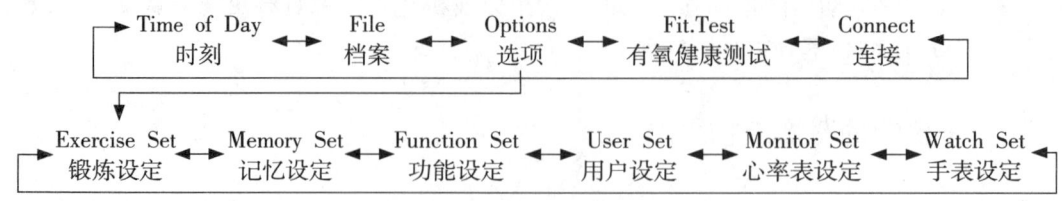

图 1-41 心率表的模式及功能图

1. 时刻

可将 Polar 心率表当作普通手表，使用其时间、日期、星期显示和响闹功能。亦可变换两个不同国家的时区。此外，可从计算机下载七种响闹提示，并设定个人标记、用户号码和用户名。

2. 档案

心率表可存储 99 个锻炼资料档案，具体显示有：
①总锻炼时间。
②锻炼过程中的平均和最高心率读数。
③运动恢复数值。
④锻炼中采用的心率上下限。
⑤锻炼中处于、高于及低于目标区的时间。
⑥个人热量（OwnCal）消耗量（卡路里）。
⑦累计卡路里消耗。
⑧累计锻炼时间。
⑨按预设记录速度保存的心率资料。
⑩锻炼阶段概况资料。

3. 选项

在选项模式中，可进行以下设定
①锻炼设定：选择基本使用（Basic Use），不进行任何设定。或基本设定（Basic Set）进行三种心率上下限、时计及运动恢复期或选择七项可编程锻炼概况（Exercise Profiles）的锻炼阶段。每阶段包括心率上下限、间歇及恢复期。
②记忆设定：设定心率采样记录时间，包括 5 秒、15 秒或 1 分钟。
③功能设定：设定开启/关闭个人热量（OwnCal）消耗量计算功能；/按钮声；开启/关闭有氧测试（Polar Fitness Test）；开启/关闭预测最高心率；在线（Online）。
④用户设定：设定用户个人资料，包括体重、身高、出生日期、性别、活动水平、最高心率及最大摄氧量及松弛率基准。
⑤心率表设定：设定开启/关闭活动/按钮声；度量单位；开启/关闭说明。
⑥手表设定：设定手表的响闹、时刻、日期和提示。

4. 有氧健康测试：在此模式中可完成

①进行 Polar 个人有氧健康测试。

②查阅最近的测试结果、个人有氧健康指数及预测最高心率值。
③更新用户资料，输入最新的个人有氧健康指数和预测最高心率值。

5. 连接

在此模式中，既可利用 Polar Precision Performance 分析软件（3.0 版），将计算机预先设定上载到心率表。也可将心率表所记录的锻炼资料下载至计算机，用分析软件进行详细分析。

（三）使用注意事项

1. 心率表出厂时显示屏为空白，必须按两下"确定"按钮来启动心率表，此程序只需进行一次便可完成，心率表开启后即无法关闭。
2. 使用遥测法测定心率时，心率表与心率传输带的距离应保持在 1 米以内，测试中勿使用移动电话。
3. 测定结束后，应用中性肥皂和水溶液小心清洗心率传输带，清水漂洗干净后，用柔软的毛巾小心擦干心率传输带。
4. 数据输入计算机时，心率表一定要对准红外线接口，传输中请勿移动心率表。

九、心阻抗仪

测量心输出量有许多种方法。如 Fick 法、染料稀释法、阻抗法及超声心动图法等。其中 Fick 法及染料稀释法都是有损伤性的，会给受试者带来不同程度的损伤，操作方法也不容易掌握，很难应用于体育实践中去。阻抗法与上述方法相比，无损伤、操作方法比较简单，应用方便，但是精确度较直接测定法差。

（一）测定的原理

心阻抗测定技术的研究由来已久，早在 1907 年 Cramer 发现心动周期中有电阻抗变化。1940 年 Nyboer 首先采用四电极法在人体胸部通过高频电流，记录到与心动周期一致的阻抗变化，同时计算出心输出量。1966 年 Kubicek 采用直接式阻抗仪测定心阻抗变化，推导出著名的 Kubicek 公式，获得的每搏量与有创法测定的相关系数为 0.78~0.92。因 Kubicek 公式是按圆柱形推算的，以后 Sramek 提出胸腔是呈锥台形，因此将公式作了修正，成为目前较普遍应用的方法。近年随着计算机技术的发展，将其烦琐的计算自动化，并已推广。

人体是一个容积导体。当有电流通过人体时，人体对电流会有电阻抗存在。血液是良导物质。根据这些特性，可以建立如下的物理模型和假设：

1. 人体的胸部是一个圆的有弹性的管腔，此管腔是容积导体，并且中央竖放着一条主动脉。
2. 当心脏收缩射血时，射出的血量会使主动脉的体积发生变化，并且这种变化不是主动脉的变长，而是改变了管径的粗细。
3. 根据欧姆定律，管径变粗后，电阻就会下降。

根据上面三个假设,可以推论:当心脏收缩排血时,在胸腔部就存在一个与排血量变化相适应的胸部阻抗的变化。

如果用一对带状电极分别围于颈部和胸部(实际上每条带状电极包括两条电极,和另外一条带状电极的两条充极构成对)在外面的两个电极之间加一个弱的高频电流。通过里面的两条电极就可得出一个与电压成比例的胸内阻抗变化的信号。由于心输出量的变化,而使内侧两电极间的阻抗发生变化。心输出量的变化与阻抗的变化成比例。所以,心输出量可以通过阻抗的变化而测得。

心阻抗血流图测定一般是采用四电极法,其中一对电极 E_1、E_2 围于颈部,另一对电极 E_3、E_4 置于剑突水平,E_1、E_2 与 E_3、E_4 距离 3cm。以 3~4mA、100kHz 高频电流经 E_1、E_4 作用于胸部,然后由 E_2、E_3 检出心动周期中微小阻抗变化 $\triangle Z$,经微分处理获得 dz/dt 波,即为心室射血速率,其最大速率为 dz/dt max。射血开始至结束时间为射血时间(T),射血时间的确定是根据心音图或颈动脉搏动图及心电图,综合分析后确定。目前的仪器已采用微机自动定点,不需上述方法来测量。同时环状电极也改成与心电图一样的氯化银盘状电极置于颈部和剑突下两侧,共 8 枚,具体位置与环状电极相似(图1-42)。

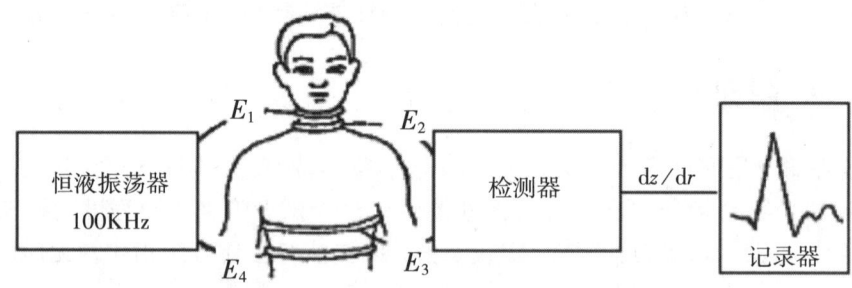

图 1-42 心阻抗血流图测定的四电极法

Kubicek 公式:

$$SV = \rho \cdot \left(\frac{L}{Z_0}\right)^2 \cdot \triangle Z = \rho \cdot \left(\frac{L}{Z_0}\right)^2 \cdot T \cdot \frac{dz}{dt}\text{max}$$

式中:SV——每搏量;ρ——血液电阻率,一般采用 135~150Ω cm,在红细胞压积改变时可按 Hill 公式修正,$\rho = 2.102 \times HCT$(红细胞压积)$+ 30.098$;L——两电极之间的距离;Z_0——基础阻抗;$\triangle Z$——阻抗增量;dz/dt max——阻抗图的微分波(dz/dt)中最大正向值,亦为最大射血速率;T——左心室射血时间。

Sramek 修正数学模型公式:

$$SV(\text{成人}) = \left(\frac{0.169H^3}{4 \times 2 \times Z_0}\right) \cdot T \cdot \frac{dz}{dt}\text{max}$$

式中:H——身高。

由于影响心阻抗血流图计算心排血量的主要因素之一是 Z。因此,Pattersen 提出采用胸导纳图来计算心排血量,导纳是电阻值的倒数,即 Y=1/Z。这样公式中可以消除 Z 的影响,使测得的值更为准确。修改的 Kubicek 公式为:

$$SV=\rho \cdot L^2 \cdot T \cdot \frac{dy}{dt}\max$$

（二）仪器的基本结构

心阻抗仪是测定心脏功能的专门仪器，配附件可同步记录心音图、心电图等。配积分器可获得一阶导致和二阶导致。

（三）仪器的使用方法

1. 安置电极：用酒精棉球在受试者的颈部下缘和剑突水平位的胸背部擦拭去皮脂直到皮肤微红为止，然后将带状电极分别缚在颈部和胸部剑突水平位周围。注意松紧适当。
2. 将阻抗心动仪的选择开关拨到"基线"处。再将两对电极与阻抗心动仪接通。
3. 定标：在测量之前先要定标。定标信号一般每次振幅相当于 $2\Omega/\sec$。
4. 基线的确定：定标信号的 1/2 处就是基线的位置。
5. Z_0 的确定：胸部的基础阻抗（Z_0），可以从阻抗心动仪的表上读出。
6. 电极间距测定：两电极间内侧的距离（L），要用尺在受试者身上测出内侧两个相邻电极之间的距离（一般前后量电极的距离不一样长，可测量前后两个距离数，然后取其平均值），单位为厘米。
7. 将选择开关拨到"测量"位置，令受试者在呼气之末屏气 5~10 秒钟。显示波形稳定后，按下走纸键，以 50~100mm/s 速度走纸，记录 5~10 秒钟的阻抗心动图。
8. 微分阻抗图（dz/dt）的测量：从基线开始到微分波最高点的距离，单位为 $\Omega/\sec$。
9. 射血时间（T）的测量：从微分波的上升段与基线的交点和以微分波的最低点各做一垂直线，测量两垂线的水平距离的时间。

（四）使用注意事项

1. 安放电极前，先将受试者的颈部下缘和剑突水平位的胸背部用酒精棉球擦去皮脂，直到皮肤微红为止。
2. 应将带状电极准确地缚在受试者的颈部和胸部剑突水平位周围，注意松紧适当。
3. 阻抗微分法测量心功能时，其阻抗测量与胸廓容积变化和胸液量有关，因此也受到呼吸和胸腔积液量的影响。其中胸腔积液量可以通过 TFI（胸腔积液指数）进行修正，呼吸则应嘱咐受试者尽量平静呼吸或在屏气时进行测量，以减小其影响。

十、超声心动仪

超声诊断（ultrasound diagnosis）是在现代电子学发展的基础上，将雷达技术与超声原理相结合，并应用于临床医学的诊断方法。通过超声诊断所获得的图形就是超声心动图，此法是一种无创性心血管疾病和功能的检查方法。本法由 Edler 等人在 1954 年首先提出。由于此法无创、直观、无痛、操作简便、安全，已成为心血管疾病诊断中的一项很有价值的方法。超声心动仪是采用超声诊断技术，利用超声波的物理特性和人体组织结构的声学特点与反射的性能结合，来观察心脏房室与大血管的结构和动态变化，了解心房、心室收缩及舒张情况与瓣膜关闭、开放的规律，并根据所测定的心腔内径等指标来衍算出心脏功能。临床应用的超声心动图主要有 M 型和 B 型，此外还有 D 型。其中 M 型心动图可以记录心脏内部各结构的运动曲线；B 型超声能实时显示脏器内部结构的切面图像；超声多普勒可以检测心脏及血管内血流速度、方向及性质等。

（一）仪器的工作原理

超声波是声波的一种，是机械振动在弹性介质中的传播。频率在 16~20000Hz 的声波人耳可以听到称为可闻声波；频率高于 20000Hz 的声波，人耳听不到称为超声波。

超声在密度均匀的介质中传播，不产生反射和散射。当通过声阻抗不同的介质时，在两种介质的交界面上产生反射与折射或散射与绕射。凡超声束所遇界面的直径大于超声波波长时，产生反射与折射。成角入射，反射角等于入射角，反射声束与入射声束方向相反。垂直入射时，产生垂直反射与透射。反射声强取决于两介质的声阻差异及入射角的大小。垂直入射时，反射声强最大。反射声能越强则折射或透射声能越弱。进入第二介质的超声继续往前传播，遇不同声阻抗的介质时，再产生反射，依次类推，被检测的物体密度越不均匀，界面越多，则产生的反射也越多。超声在传播时，遇到与超声波波长近似或小于波长的介质时，产生散射与绕射。散射为小介质向四周发散超声，又成为新的声源。绕射是超声绕过障碍物的边缘，继续向前传播。

超声诊断是通过人体各种组织声学特性的差异来区分不同组织。按照声学特性，人体组织大体上可分为软组织和骨骼两大类，软组织的声阻与水近似，骨骼则属固体。人体组织的声速、声阻抗、声吸收系数和衰减系数等反映人体组织的基本声学特性，人体不同组织的声学特性不同。超声在人体内传播时，在两种不同组织的界面处产生反射和折射，在同一组织内传播，由于人体组织的不均匀性而发生散射。超声通过不同器官和组织产生不同的反射与散射规律，仪器利用这些反射和散射信号，显示出脏器的界面和组织内部的细微结构，作为诊断的依据。

多普勒效应是声源和接收体做相对运动时，接收体在单位时间内收到的振动次数（频率），除声源发出者外，还由于接收体向前运动而多接收到振动，即收到的频率增加了。相反，声源和接收体做背离运动时，接收体收到的频率就减少，这种频率增加和减少的现象称为多普勒效应。

（二）仪器的基本结构

超声诊断仪主要由两大部分组成，即超声换能器和主机。

1. 超声换能器：是指能将电能转换成声能（发射），又能将声能转换成电能（接收）的装置，又称之为声电换能器。具有探能、定向、定频、集束和聚焦等功能。由压电晶片组成，当晶片受电信号激发发射超声，进入人体组织，遇不同声阻界面产生反射与散射，晶片又接收回声信号，转换成电信号送入主机。

2. 主机：是指可以接受超声信号，并对信号进行显示和处理的装置。目前所用超声诊断仪多应用超声脉冲回波技术，将接收到的回波信号经过放大并显示在显示屏上。另外，高分辨力、高灵敏度仪器都具有实时显像、显示动态图像、灰阶编码及动态聚集功能，横向分辨力达 2~3mm。时间增益补偿，以补偿由超声衰减造成的深部组织显示不清的缺陷。采用数字扫描转换器，增加了很多附加功能，如图像处理、图像轮廓增强、探头位置显示、字符显示、局部放大、停帧、拼幅、电子标尺、面积计算及心功能自动显示。并多附有摄影、录像及打印机等记录设备，记录静态的或实时图像。

（三）超声心动仪分类

根据显示的方式不同，分为 M（Motion）型、B（Brightness）型及 D (Doppler) 型。常用超声心动图仪具有 B 型心动图及 M 型心动图，可在任何切面图上以取样线选择所需部位后，显示 M 型曲线，观察并测量有关部位的活动轨迹。

1. B 型超声（又称二维超声扫描，超声切面显像，超声断层法）：能实时显示脏器内部结构的切面图像。用以探测心脏形态。

2. M 型超声（又称二维超声扫描）：可以记录心脏内部各结构的运动曲线。用于心脏、血管检查，可显示心脏、血管结构的活动轨迹曲线图。

3. 超声多普勒：利用多普勒效应原理检测运动物体。可分为三种类型。

①连续波多普勒：一维、频谱显示、探头内有两个晶片一收一发，用于检测高速血流。

②脉冲波多普勒：一维、频谱显示，探头由单晶片组成、兼收、发。常与二维超声相结合，用于检测血流速度、方向、性质等。

③彩色多普勒：二维、光点显示、以伪彩色代表血流方向、性质及速度。脉冲多普勒原理，在心脏或血管内多线、多点取样，回声经处理后进行彩色编码，显示血流速度剖面图，以红色代表朝向探头的血流、蓝色代表背离探头的血流、与二维超声心动图套叠显示，可直观地显示心脏或血管的形态结构及血流信息的实时动态图像，信息最大，敏感性高，并可引导脉冲或连续多普勒取样部位，进行定量分析。多普勒用于检测心腔及血管内血流。彩色多普勒仪都具有 B 型、M 型、连续波、脉冲波多普勒功能，可根据需要任意选择使用。

（四）仪器的使用方法

1. 仪器的预调

①增益：调节超声波回声的增益敏感度。
②近场抑制：距探头 2~3cm 以内的强回声，可使之减弱。
③远场增益：使远方的弱回声增强。
④扫描：调节横轴扫描速度。通常在 5cm/s，2cm/s；有时为 10cm/s，1cm/s。
⑤位置：移动心动图纵轴的上下位置。

⑥范围：调节心动图纵轴的振幅。
⑦输出：调整超声波输出力。
⑧抑制：消除弱回声。
⑨自动增抑控制：使示波器上回声强弱均等。
⑩短时间调止：使回声的界面鲜明锐利。

2. 实验准备

①测量受试者身高和体重，以备计算心指数值用。
②令受试者仰卧在检查床上，用酒精棉球在胸部擦拭去脂。在心电图电极上涂上导电膏，用胶片薄膜分别牢固地固定在右胸腋前线下部（黑），和左（黄）、右（红）锁骨下。将心音探测器固定在心尖搏动处。

3. 安静状态测量

在被试者探查区涂上接触剂，将探头放置在被试者探查部位，按下图形选择开关的B开关后，监视器上就会显示出一个B型断面图像。待探查出一个标准的左室长轴切面图后，将M型图像游标尺调节至该图像的腱索水平位，然后按下M型的选择开关。监视器上则显示出一幅界面清晰的M型图像，并同步显示心电图、心音图和呼吸曲线。将图像固定在腱索水平。进行安静时各指标的测量与计算。

4. 运动状态测量

在运动生理实验中应用超声心动图检查运动员心功能时，一般安排递增的定量负荷。实验时让被试者取仰卧位蹬踏功率自行车，在运动负荷过程中和负荷后即刻做不同负荷阶段多次的超声心动图图像测量，借以测量不同强度负荷时的心功能指标。还可对同一对象进行不同训练阶段的纵向检测和比较分析（有助于了解运动训练对心脏形态和功能的影响）。

（五）常用的测量和计算指标

1. 测量指标：左室后壁舒张末期厚度（LVPWd）、左室后壁收缩末期厚度（LVPWs）、左室间隔舒张末期厚度（VSTd）、左室间隔收缩末期厚度（IVSTs）、左室舒张末期内径（LVIDd）、左室收缩末期内径（LVIDs）和左室射血时间（LVET）等。

2. 计算指标：
左室收缩末期容积（ESV）= $LVIDs^3$
左室舒张末期容积（EDV）= $LVIDd^3$
每搏量（SV）= EDV−ESV
每搏量指数（SVI）= SV／BSA（体表面积）
每分输出量（CO）= SV × HR（心率）
心指数（COI）= CO／BSA
左室心肌重量比（LVM）（g）=1.04（心肌比重）× $[(LVIDd+LVPWd+IVSTd)^3 - (LVIDd)^3]$ −13.6

射血分数（EF）= SV/LVIDd³ ×100%
左室周径缩短率（MVCf）=（LVIDd–LVIDs）/（LVIDd×LVET）
左室后壁厚度缩短率（%△APWT）=（LVPWs–LVPWd）/LVPWd×100%
室间隔厚度缩短率（%△VIST）=（VISTs–VISTd）/VISTd×100%

十一、气体自动分析仪

气体自动分析仪是对人体呼出气体进行快速测量的专用仪器，其通过对受试者呼出气体中氧和二氧化碳含量的分析，提供受试者在安静或运动中气体代谢的变化值。在运动生理实验中，此类仪器通过计算机可以和心电图仪、运动负荷仪（如功率自行车、电动跑台等）配合使用，用于呼吸代谢及能量消耗。现以美国 PHYSIO-DYNE 公司生产的 MAX-Ⅱ型运动心肺功能测试系统为例。

（一）仪器的基本结构

MAX-Ⅱ型运动心肺功能测试系统（图 1-43）是一种常用于体育领域的气体代谢自动分析系统，可测定人体通气量、摄氧量、二氧化碳排除量、心率、呼吸商、无氧阈、氧脉搏及氧当量等几十项指标。其性能指标可完全满足对专业运动员心肺功能的研究和测试要求，通气量测定的精度在±1.0%以内。它可以对运动员呼出气体进行快速测量，仪器可自动完成对样品的分析、显示和打印结果。MAX-Ⅱ型运动心肺功能测试系统是由气体分析系统、计算机系统、心率遥测系统和工作台车四部分组成。

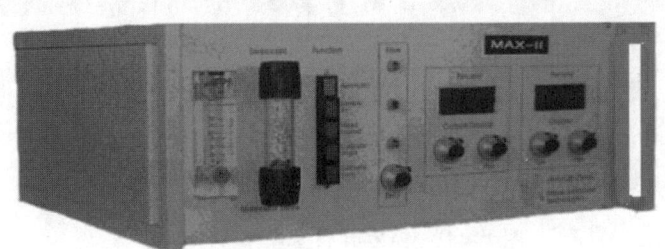

图 1-43 MAX-Ⅱ型运动心肺功能测试系统主机

1. 气体采集方法：采用高速、低阻抗气体混合室法，体积 4.2L。此法是国际公认的经典方法，无论在小通气量还是大通气量时都可保证气体分析的准确性，尤其适用于运动生理和运动医学的研究。

2. 流量传感器：采用压差式传感器。其独特的地方是测试受试者的吸气量，这样就保证了气体组成是恒定的，温度、水蒸气含量和黏度是不变的。这使测定的通气量更准确。此方法的另一好处是传感器可以保持干净和干燥，两次实验之间无须清洗。压差式流量传感器，流量范围：0~15L/S，精度：±2.00%，稳定性：±0.01%。

3. 氧分析器

采用快速顺磁法测定气体中氧的含量。氧分析器测试范围：0~100%；稳定性：0.01%/h；重复性：±0.1%（氧浓度在 10%~21%）。

4. 二氧化碳分析器

气体中二氧化碳的分析采用快速红外线法。其基本原理是每一种气体都有其特定波长的吸收光谱，二氧化碳在红外线范围内 4.25 微米波长处，存在一吸收光谱，红外线吸收二氧化碳，分析仪即采用此原理，被吸收的能量为待测气体内二氧化碳浓度的函数。

自红外线光源发出红外线束经滤光镜选择特定波长后投射取样窗，未被取样窗内气体所吸收的能量穿透取样窗后投射至感应光强度的光敏元件上。比较取样窗内分别注入零气体及待测气体时的前后两轮信号，即可精确测量取样窗内二氧化碳的浓度。二氧化碳分析器测试范围：0~10%；重复性：±2.00%；24 小时的稳定性：±0.2%。

（二）仪器的使用方法

1. 打开 MAX-II 系统、计算机系统及其他周边设备（如心电图仪、运动负荷仪等）电源。启动 MAX-II 软件，进入 MAX-II 控制面板界面。在 MAX-II 控制界面的左上角点击出一个下拉菜单，选择里面包含的操作程序。依图所示，整个操作程序（图 1-44）功能如下：

图 1-44　MAX-II 整个操作程序界面

①Calibration：定标。
②Subject Entry：输入受试者信息。
③Start Test：开始测试。
④Stop Test：停止测试。
⑤Review Data：回顾数据。
⑥Print Report：打印报告。
⑦Save Study：存储数据。

2. 仪器定标

点击 Calibration 进入气体定标界面。

①将定标气瓶打开，点击 AutoCal 进行气体浓度自动定标。当 Satus 状态栏中显示 Calibratied，即表示定标完成。然后点击 Calibration 进行气体通气量的定标。

②将打气筒与吸气管连接好，打气5次后，点击OK。

③再重复打气5次，当Error所对应框中数字在±3之间时，点击OK。气体通气量定标完成。关闭校准气瓶。

④当再次显示System Calibration界面时，点击Save保存校准数据。点击Exit退出。

3. 建立受试者基本资料

电脑操作界面返回主界面后，点击Subject Entry。进入如图所示界面。输入受试者相关信息，包括：Name（姓名）、ID（身份编号）、Height（身高）、Weight（体重）、Age（年龄）、Sex（性别）等。输入完成后，点击OK。

4. 给测试人员戴好面罩，点击Start Test进入开始测试界面。受试者正常呼吸，当受试者呼吸稳定后，点击Start Study开始测试并记录数据。显示参数可随意更改，通过鼠标右键单击图形进行显示参数设定。根据所需更改后，点击Save，点击OK。

5. 当测试结束后，点击End study保存数据准备打印。打印有多种方式进行选择，打印图形参数可随意更改。可对数据进行多种处理，可输出到Excel，直接存储为Excel文件。

（三）MAX-II运动心肺功能测试参数对照表（表1-3）

表1-3　MAX-II运动心肺功能测试参数对照表

指标的英文名称或缩写	指标的中文名称
Freq	呼吸频率
VT / ml	潮气量
Ve（l / min）	呼吸当量
$\dot{V}O_2$（ml / min）	耗氧量
VCO_2（ml / min CO_2）	二氧化碳产生量
$\dot{V}O_2$（kg / ml / min）	氧耗量相对值
RER	呼吸商
HR	心率
O_2 Pluse ml / s	氧脉搏
$MaxO_2$%	最大氧利用率
$MaxCO_2$%	最大二氧化碳利用率
$\dot{V}O_2$ / BSA（ml / m^2）	氧耗量/体表面积
VD	生理无效腔容积
VA	肺泡通气量
Ti	吸气时间
Ttot	呼气总时间
FeO_2	呼出氧浓度
$FeCO_2$	呼出气二氧化碳浓度
Vtex	呼出气末潮气量
Vdo2	肺泡无效腔容积

（四）使用注意事项

1. 仪器正式使用前，一定要预热和定标。只有定标通过，才可开始测试。
2. 在第一次采用该仪器测定运动中气体代谢时，应让受试者戴上呼吸面罩，熟悉呼吸过程。并应注意要将呼吸面罩戴好，防止运动中呼吸面罩漏气而影响测试的准确性。

十二、运动负荷仪

运动负荷仪是在实验室条件下为运动者提供一定运动负荷的专用设备，便于对定量负荷状态下的运动人体进行各种机能测定的设备。一些运动负荷仪，可根据实验测定的需要，改变运动的负荷。在运动生理实验中，运动负荷仪配备有关测试仪器，可作为心功能、肺功能和能量消耗的测定，也常和气体代谢器械等仪器配合使用。常用的运动负荷仪包括电动跑台、自行车功量计、台阶等。

（一）电动跑台

也称运动平板，是一种在计算机系统控制下的结构复杂的机械仪器。现以德国h/p/cosmos公司产Pulsar 4.0运动平板为例。

1. 仪器的基本结构

Pulsar 4.0运动平板（图1-45）是专门为运动员设计的大功率运动平板，可独立编程，同计算机双向通讯。基本技术参数为：跑带面积190cm×65cm；速度0~40km/h；坡度-25%~+25%。Pulsar 4.0运动平板由机械部分、控制面板、心率负荷控制系统和运动控制软件组成。

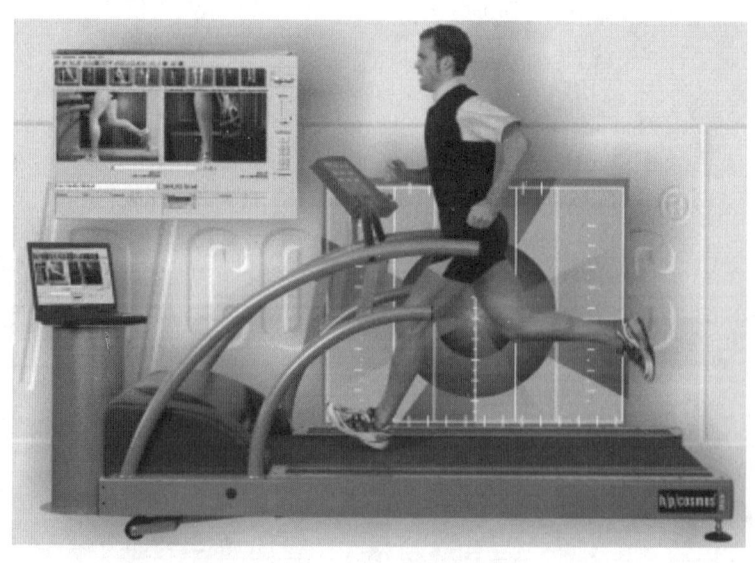

图1-45　Pulsar 4.0运动平板

①机械部分：是由平板架、驱动马达、传输履带和升降电机组成。通过驱动马达的作用，可使传输履带产生运动。升降电机完成对运动平板坡度的控制。

②控制面板：既可实现对运动平板的设置和控制（包括手动控制、6种训练方案、10种标准测试方案、4种无软件限制的自定义方案、目标心率、年龄和性别、体重和身高、加速和减速强度、负荷参数），也可实现显示运动的模式、速度、距离、时间、坡度、心率、程序、消耗能量、功率、梅脱值（METS）和健康指数等指标。跑台固化了10套自动测试程序，包括Bruce、Step-Graded、Cooper、2km UKK-Walk等，用户还可以自编程序。并有为打印训练文件的打印机接口以及脑电图、心电图、测功计接口。

③心率负荷控制系统：跑台的标准配件中已包含了Polar心率遥测胸带，并将心率动态显示在面板上。通过跑台内置的心率控制程序，可自行调整速度或者坡度，以使受试者的心率控制在靶心率的范围内。

④运动控制软件：跑台的控制既可通过控制面板来实现，也可通过计算机由运动平板控制软件、心电设备或测功计来实现。此外，可选配图表分析软件，经分析后可以轻松得出时间–速度–心率曲线。

2. 仪器的使用方法

运动平板可通过控制面板、计算机（鼠标、键盘或快捷键）来操控。以操作控制面板为例（图1-46）。

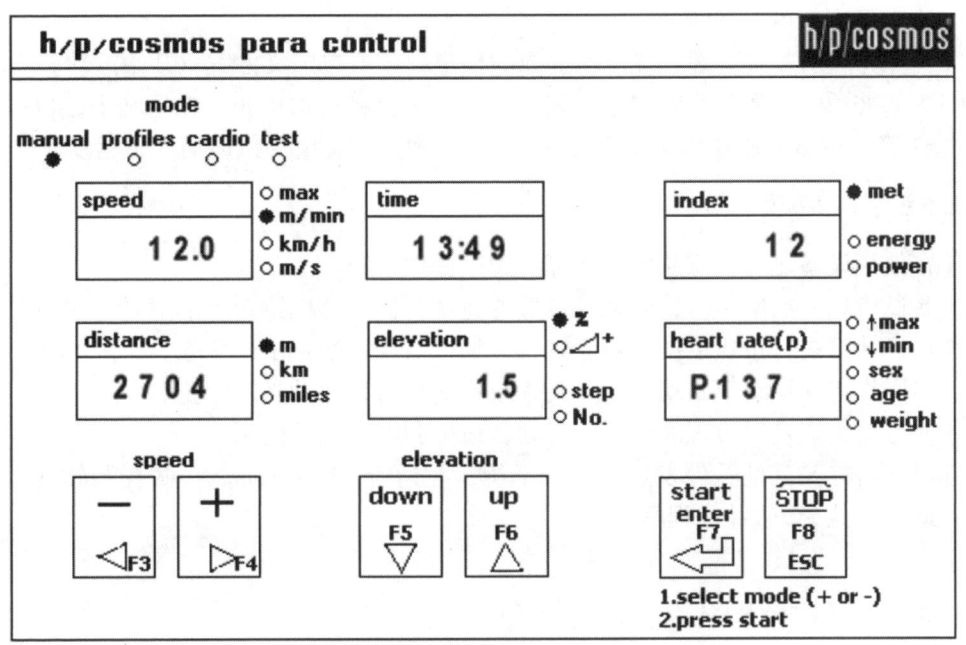

图1-46 Pulsar 4.0 运动平板控制面板

（1）打开运动平板的电源开关。

（2）用手按压控制面板上相应按键，来选择模式和控制运动平板。用h/p/cosmos para控制软件也可控制运动平板。具体为：

①使用 PC 鼠标，并点击屏幕上显示的 START/STOP/Speed（+/-）/Elevation（up/down）键。

②使用 PC 键盘：Enter（START）、ESC（STOP）、指针箭头键← →（Speed -/+）和↓ ↑（Elevation down/up）。

③使用 PC 键盘的功能键：F3（-）、F4（+）、F5（down）、F6（up）、F7（START）、F8（STOP）。功能键也允许通过按"2"或"3"键，进入可选功能。

（3）使用 PC 鼠标右键，点击显示器上的"speed"。在"speed"的上面出现一个新窗口，用 PC 键盘上的数字键输入最终速度，在 PC 键盘上按"Enter"键或使用鼠标点击"OK"。然后运动平板的传输履带将加速或减慢到已确定的"最终速度"（即目标速度）。

（4）使用 PC 鼠标右键，点击显示器上的"elevation"。在"elevation"的上面出现一个新窗口，用 PC 键盘上的数字键输入最终坡度，在 PC 键盘上按"Enter"键或使用鼠标点击"OK"。然后运动平板的坡度将增加或减少到已确定的值（即目标坡度）。

（5）为了进入运动平板可选功能，使用 PC 键盘上的功能键。在同一时间按压 3 个功能键（F3、F4、F8）3 秒钟。然后参考运动平板手册，可以选择、核对和改变可选功能。

注意：一些计算机不允许在 PC 键盘上同时按压 3 个功能键（一些最多为 2 个功能键）。因此，按上述方式将不可能进入可选功能。在这种情况下，可同时按压 F3 和 F4 键，在保持按压的同时用鼠标点击屏幕上 STOP 键，并保持鼠标按压 2 秒钟以上。通过这种方法也可进入可选功能。

（6）点击"START"键，按照所选择的预定程序或自定义方案，开始运动。

（7）如按预定方案，达到规定时间时，运动平板将自动停止。在运动中，也可通过按压"STOP"键或"EMERGENCY STOP"按钮中止设备电源供应而停止运动。

3. 使用注意事项

①在使用设备之前，应从头到尾仔细阅读操作说明。

②受试者第一次使用时，应采用较低的速度，让其适应跑台上的运动。只有熟悉跑台工作后，才可进行正式运动。对受试者应加以监视，防止出现危险。

③当受试者在运动中出现恶心、头昏眼花情况时，运动必须中止。

④当心率无线发射出现故障时，自动负荷控制就不能被使用。

⑤由于可能与其他软件发生冲突或干扰，在运行 h/p/cosmos para 控制软件时，不要同时运行其他 PC 软件或程序。

（二）自行车功量计

自行车功量计（Bicycle Ergometer）为实验室常用的定量运动负荷仪，可作为提供运动状态下做功的运动设备。根据运动实践的研究目的的不同分为坐式和卧式；根据运动部位的不同分为脚踏式和手摇式；根据测定功能不同分为无氧功测定、心功测定和锻炼。自行车功量计在实验室条件下，通常与气体代谢系统、超声心动仪、心电仪等配套使用。现以瑞典 MONARK 功率车为例，介绍常用的几种自行车功量计。

1. MONARK839E 功率车

（1）仪器的基本结构

MONARK839E 功率计（图1-47）是在一个精心设计的计算机系统控制下结构复杂的机械仪器。由机械部分、计算机系统和键盘显示系统组成。

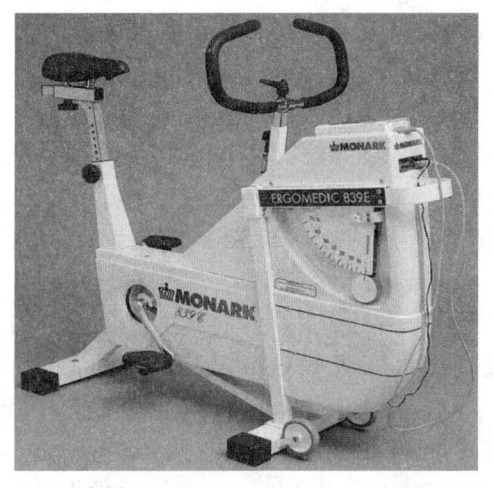

图1-47　MONARK839E 功率车

①机械部分由一个稳定而牢固的钢架，一只大而平衡良好的重飞轮，一个制动带装置以及一个测力摆锤组成。脚蹬和链条齿轮用于转动飞轮，而张力装置拉紧飞轮的制动带来调节施加在飞轮上的制动力。测力摆锤则在飞轮右侧的表盘上直接指出所施加力的大小。

②计算机系统既可通过显示器显示出蹬踏的速度，施加的力和从胸带发射器传来的受试者的心率，又可给机械部分的马达发出指令来调节制动带的张力从而调节施加的制动力。施加的力依据踏蹬速度的变化可以自动改变，以维持恒定工作负荷。

③通过键盘和显示系统，终端（遥控或手持控制器）可以与操作者沟通。操作者通过菜单系统指示终端完成特定的工作任务，同时这些任务也送达主机。计算机之间的相互作用是双向的，既向主机发出指令，又同时向终端发送速度、力、心率和运动时间的信息（图1-48）。

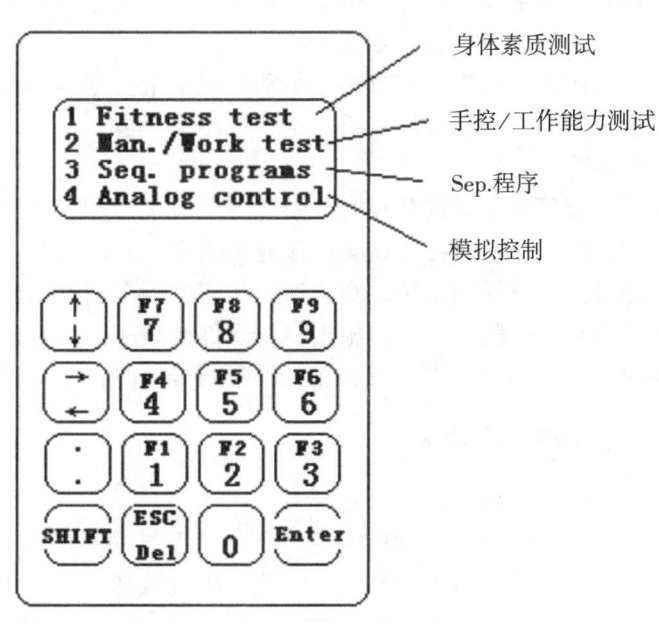

图1-48　MONARK839E 功率车操作面板

(2) 仪器的使用方法

①仪器的校正：包括确定性能和校正电子系统。

②将 MONARK839E 功率车通过串行线与计算机的串口连接。

③打开计算机系统，启动 MONARK839E 计算机分析软件。打开功率车电源开关。选择固定或自编测试程序。

MONARK839E 功率车自带四个运动测试程序，都可通过运动中心率的值来推测最大吸氧量。利用分析软件也可创建用户测试程序。此外，还可作为运动负荷配合其他测定仪器的使用。MONARK839E 功率车自带程序包括：

A. Astrand 运动程序：该程序是使受试者在次极限强度下运动，以测定最大吸氧量和稳定心率。让工作负荷加上实测的心率与预测值比较，再进行年龄和性别校正，就可以计算出最大吸氧量。该程序有九级负荷，用于评定受试者。男子的工作负荷从 300kpm/min 到 1500kpm/min，每级增加 150kpm/min。女子的工作负荷从 300kpm/min 到 900kpm/min，每级增加 75kpm/min。

B. YMCA 运动程序：该程序是依据 "Y's Way to Physical Fitness" 而设计。该试验是一种次极限试验，使用多种分支工作负荷。下一级负荷取决于上一级负荷所到达的稳定心率水平。工作负荷每 3 分钟增加一次，直至完成三个水平的负荷，总共需要 9 分钟的时间。如果受试者对初始负荷的心率反应异常高，试验会在第二级负荷末尾自动结束。

C. BRUCE 运动程序：该程序属于多级负荷极限测验，该程序每 3 分钟增加一次负荷，从准备活动开始直到受试者无法完成的测试为止的水平。结束试验后，最后一级的工作负荷会转换成为绝对值和相对值的吸氧量。

D. Naughton 运动程序：该运动程序的运行与 BRUCE 程序极为相似，其每级是 2 分钟而不是 3 分钟，各级之间的 $\dot{V}O_2$ 的增加是线性的。

④受试者佩戴电极胸带：胸带要佩戴在胸部中间，乳头的下方。在使用前要将电极用水涂湿，保持电极与皮肤接触良好。

⑤受试者按照运动程序进行踏车运动。运动中心率值通过电极胸带，发射到自行车上的心率接收器上，再通过计算机显示和推测吸氧量。

(3) 使用注意事项

①在最大吸氧量测试前几小时，受试者不应该参加重体力活动。避免餐后马上进行测试。在测试的一个小时内受试者应该避免吸烟。

②电磁波会干扰遥测系统，在测试时功率自行车附近不允许使用手机。

③受试者在正式骑车前，要根据自身条件调整座椅和扶把到合适的高度。

④在测试时，如果受试者有胸痛、呼吸困难等时，运动试验必须立即停止。

2. MONARK894E 功率车

(1) 仪器的基本结构

MONARK894E 功率计（图 1-49）是一种无氧功测试自行车，具有一个测功系统，其工作量可以通过重量篮中的砝码来设置。由机械部分、显示面板部分和计算机控制系统组成。

①机械部分由一个稳定而牢固的钢架，一只大而平衡良好的重飞轮，一个制动带装置以及一个重量篮组成。脚蹬和链条齿轮用于转动飞轮，而张力装置拉紧飞轮的制动带来调节施加在飞轮上的制动力。运动中可通过改变重量篮中砝码来改变工作量，砝码的规格有 1kg、0.5kg 和 0.1kg，以每次 0.1kg 的调节量将工作量从 1kg 增加到最大的 12kg。

②显示面板部分可显示踏板每分钟的转速、心率、练习时间的长短（时间以分、秒计）、骑车速度（公里／小时或英里／小时）、距离（公里或英里）和工作量（重量篮自重+砝码重量）。此外，除了能量在计算机显示外，还可以设定并给出热量（图 1-50）。

图 1-49　MONARK894E 功率车

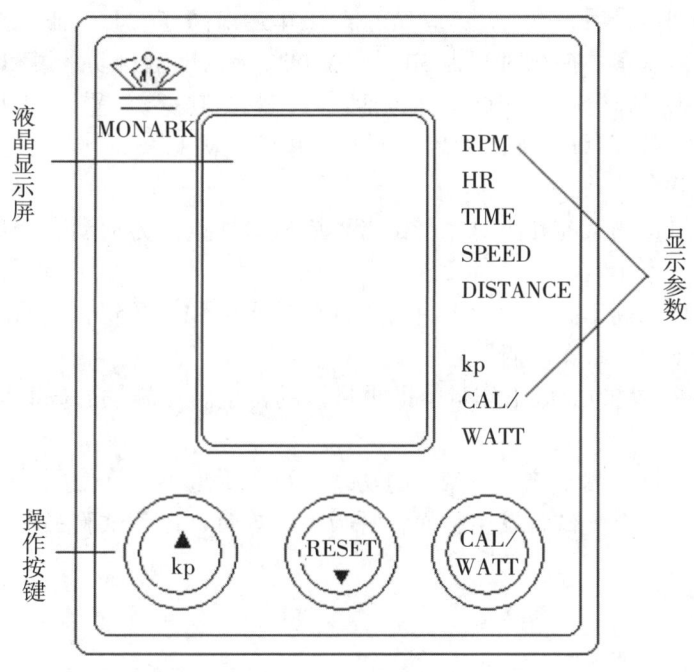

图 1-50　MONARK894E 功率车显示面板

显示面板说明：

RPM	自行车每分钟转数，0~199（r/min）
HR	心率，50~240（beat/min）
TIME	时间 0：00~99：59 （min、sec）
SPEED	速度 0~99（km/h）
DISTANCE	距离 0.0~99.9（km、mile）
KP	阻力 0.0~7.0（kp）
CAL	能耗量 0~999（kcal）
WATT	做功量 0~7（watt）

③MONARK894E 功率车也有一个用于无氧试验的计算机测试系统。包括连接电缆和一套视窗应用程序。自行车可以与个人的计算机相连，通过软件能够很容易的完成各种不同类型的无氧试验，如 Wingate 试验等，从 5 秒到 300 秒的期间，无氧试验可以很容易设置。

（2）仪器的使用方法

①仪器的校正：包括确定性能和校正电子系统。在自行车上安装电池。

②将 MONARK894E 功率车通过串行线与计算机的串口连接。

③打开计算机系统，启动 MONARK894E 计算机分析软件，选择无氧功测试程序。

④根据其身高，调节自行车座椅的高度。将受试者的姓名、年龄、身高和体重等值输入计算机。蹬车负荷由计算机自动给出，通常采用的负荷为 0.075kg/kg 体重，将确定的砝码重量加在重量篮内，并将重量篮提起，使自行车处于无负荷状态。

⑤用鼠标点击计算机显示器上的开始键。

⑥受试者听到信号后，全力蹬车。先空载蹬车达最高速度时，搬下重量篮，施以预定负荷并继续全力蹬车，持续时间为 30 秒，测试结果由电脑自动采集和存储。

⑦对测试结果进行分析。测试指标包括：PP（最大功率/体重）、AP（平均功率/体重）、MP（最小功率/体重）、PD（疲劳指数）。单位：w/kg（瓦/千克）。

（3）使用注意事项

①在最大吸氧量测试前几小时，受试者不应该参加重体力活动。避免餐后马上进行测试。在测试的一个小时内受试者应该避免吸烟。

②受试者在正式骑车前，要根据自身条件调整座椅和扶把到合适的高度。并将脚的固定带扣紧，防止全速蹬车时脚脱蹬。

③1kg 是所能设置的最低工作量，即重量篮的自重。在施加砝码时应将重量篮的重量计算在内。

④电磁波会干扰遥测系统，在测试时功率自行车附近不允许使用手机。

⑤在测试时，如果受试者发生胸痛、呼吸困难等时，运动试验必须立即停止。

（三）台阶

台阶是体育实验室常用的定量负荷运动器械之一，一般为木制或铁制。在运动中，采用台阶做定量运动负荷，可以测定心率、吸氧量、肺通气量等生理指标或评价人体心血管系统的机能，还可运用台阶作为运动训练或锻炼的器械。

1. 台阶选择

台阶高度应根据实验测试项目、性别、年龄等不同来选择，高度有 20cm、30cm、40cm、50cm 不等。常用实验高度有：

①最大吸氧量测定：男青年为 40cm 高台阶，女青年为 33cm 高台阶。

②哈佛台阶试验：成年男子为 50cm 高台阶，成年女子为 42cm 高台阶。

③体质台阶试验：小学男女生、中学女生和大学女生为 35cm 高台阶，中学男生和大学男生为 40cm 高台阶。成年男子为 30cm 高台阶，成年女子为 25cm 高台阶。

④俄亥俄台阶试验：适用于男受试者，台阶高度 45cm。

⑤奎因台阶试验：适用于女受试者，台阶高度 43cm。

2. 使用方法

上下台阶的频率可由节拍器控制，节拍器的频率应为每分钟蹬台阶次数的倍数，即 4 拍上下台阶算 1 次。"1 拍"为左脚登上台阶；"2 拍"为右脚登上台阶；"3 拍"为左脚落下地面；"4 拍"为右脚落下地面。

3. 注意事项

①台阶必须牢固，登台阶时应全脚登上，以防在上下时发生危险。

②台阶的上下速度应严格按照节拍器频率进行。登上台阶后，要求身体完全直立，不允许在膝关节没有完全伸直的情况下，就从台阶上下来。

十三、等速肌力测试与训练系统

等速（isokinetic）概念是由美国学者 Hislop 和 Perrine 于 20 世纪 60 年代最先提出的，等速运动是指利用等速运动设备，预先设定运动速度，在运动过程中，等速运动设备根据运动中肌力大小的变化，相应调节外加阻力，使整个关节运动按预先设定的速度进行，并能将任何超过该速度的运动力量转化为对抗阻力的一种主动运动模式。与等长、等张运动相比，等速运动时的速度相对恒定，不会产生加速度，整个运动过程中所产生的阻力与作用的肌力成正比，即在运动过程中产生的阻力与主动用力的程度有关，主动用力越大，产生的阻力也越大，肌肉在整个运动过程中的任何一个时刻都能产生最大的力量。通过等速肌力测试可对肌肉功能进行定量和客观的评价，为评价运动员的运动能力提供客观指标；等速肌力训练对增强运动员的肌肉力量，提高运动成绩是一种较为理想的训练方法；此外，等速技术还可应用于各种运动创伤后的康复训练。

等速运动需要借助特殊的设备才能进行，这种特殊的设备即为等速装置。按照使用目的可将等速设备分为两大类：一类以等速肌力测试为主，通常都配有计算机系统，除可进行等速肌力测试外，还能进行等速肌力训练。目前常用的包括：美国 Biodex-3（图 1-51）、Cybex-770 和德国 IsoMed 2000 等速肌力测试与训练系统。另一类主要以等速肌力训练为主，不带有计算机系统，单用于肌力训练，不能获得客观的肌力测试数据资料。常用的有 Orthotron 和 Hydrafitness 等。

（一）仪器的基本结构

等速装置通常由主机（测力计）、控制计算机及打印机等一些附属件组成。自20世纪60年代末期Cghexl等速装置面世以来，各种等速装置逐渐增多，除了Biodex以外，尚有cybex和德国IsoMed 2000等。每一种装置的型号也在不断更新。这在很大程度上使测量达到了客观、可靠、精确、可重复测试肌肉力量和安全、有效地进行肌肉力量训练的目的。

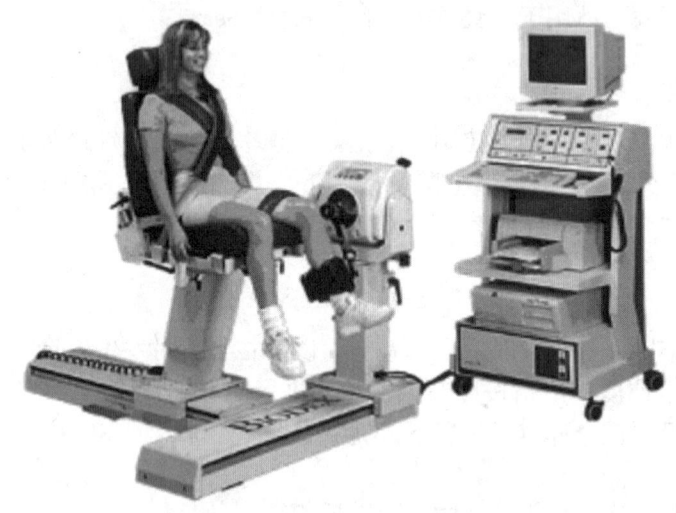

图1-51　Biodex-3等速肌力测试与训练系统

等速技术的提高和进步有赖于等速仪器的不断发展和更新。随着计算机科技的发展，等速仪器的性能进一步提高，应用范围进一步扩大。例如CybeX公司最新推出的Cybex-770型等速肌力测试与训练系统，在测试方面，可进行等速向心（Isokinetic concentric，运动速度5°/s~500°/s）、等速离心（isokinetic eccentric，运动速度5°/s~300°/s），等长（isometric，运动速度0°/s）和等张（isotonic，运动速度1°/s~300°/s）等不同收缩方式的肌力测试。测试后等速仪器能提供详细的肌肉功能各项参数，以及清晰的力矩曲线，以利于结果分析。在训练方面，Cybex-770型等速仪器可提供等速向心、等速离心、等长和等张不同收缩方式的肌力训练，以及持续被动运动（continuous passive motion，CPM）训练模式（运动速度5°/s~300°/s），使肌力训练多样化，提高了肌力训练的效率；同时这种新型等速仪器用光笔式输出和键盘输出两种方法，操作在Windows操作系统下进行，使用起来方便、直观、便于掌握。其他类型的等速仪器的测试功能和训练功能大致相类似。

（二）等速肌力测试的常用指标

①峰力矩（peak torque，PT）：指肌肉收缩产生的最大力矩输出，即力矩曲线上最

高点处的力矩值，代表了肌肉收缩产生的最大肌力。单位为牛顿·米（N·M）。

在等速肌力测试中，PT值具有较高的准确性和可重复性，被视为等速肌力测试的黄金指标和参照值。在等速向心肌力测试中，PT值随测试速度的增加而降低，这种关系可用曲线表示，称为力矩—速度曲线。在等速离心肌力测试中，运动速度对PT值影响不大。

②峰力矩体重比（peak torque to body weight ratio，PT/BW）：指单位体重的峰力矩值，代表肌肉收缩大小的相对肌力，此值可供横向比较，有高度特异性及敏感性，是最有价值的肌肉功能指数之一，对下肢负重肌肉的评定更有意义。

③峰力矩角度（angle of peak torque，AOPT）：指力矩曲线中，峰力矩所对应的角度，代表肌肉收缩的最佳用力角度；也可从力矩曲线上确定关节处于任何指定角度时的力矩值。

④指定角度的峰力矩值（peak torque at additional angles）：测试后，等速仪器可自动计算出关节活动中任意角度所对应的力矩值，一般可事先指定两个角度，目的在于比较两个指定角度的力矩值。

⑤单次最大做功和总做功量〔Set total work（STW）and total work（TW）〕：做功为力矩乘以距离，即力矩曲线下的总面积。TW表示肌肉重复收缩做功量之和；SW表示肌肉重复收缩中最大一次做功量。单位为焦耳（J）。正常状态下肌肉收缩做功量与峰力矩值具有较好的一致性，即峰力矩值越大，做功量也越大。但肌肉做功量还与关节活动范围有关。因此，为了比较两侧肌肉体功量的大小，应保证关节活动范围相同。

⑥平均功率（average power，AP）：指单位时间内肌肉的做功量，反映了肌肉做功的效率。单位为瓦（W）。等速肌力测试中，AP值与测试速度有关，即在一定范围内测试速度越快，AP值越大。说明测试中测试速度越快，肌肉做功的效率越高。

⑦力矩加速能耗（torque acceleration energy，TAE）：指肌肉收缩最初1/8秒的做功量，即前1/8秒力矩曲线下的面积。单位为焦耳（J）。TAE反映了肌肉最初收缩产生力矩的速率和做功能力，可代表肌肉收缩的爆发能力，也是最具特异性及敏感性的肌肉功能指标之一。

⑧耐力比（endurance ratio，ER）：指肌肉重复收缩时的耐疲劳能力。不同的测试仪器计算方法不同，一种计算方法为做一组重复最大肌肉收缩后，后半组肌肉作功量与前半组肌肉做功量之比；另一种是做一组20~25次最大重复运动后，最后5次肌肉做功量与最前5次肌肉做功量之比。耐力比的单位常用百分比表示。

⑨主动肌与对抗肌峰力矩比（Peak torque ratio）：指等速肌力测试中，主动肌与对抗肌两组肌群峰力矩的比值。这个比值可在不同运动速度下计算，但以慢速度较为准确。它反映了关节活动中对抗肌群之间的肌力平衡情况，对判断关节稳定性有一定意义。

⑩最大关节可动范围（range of motion，ROM）和平均关节活动范围（AROM）：在等速肌力测试报告中常记录关节活动范围，目的是判断是否存在关节活动障碍的情况，同时帮助判断两侧肌群做功量差异的原因。最大ROM缩小提示ROM受限；最大ROM与平均ROM有明显差异时，提示肌肉疲劳或受试者合作不佳。

（三）等速肌力的测试方法

在等速运动中，等速肌力测试是通过等速仪器将整个关节活动中肌肉收缩的力矩输出情况记录下来，经计算机处理，得到力矩曲线及多项反映肌肉功能的参数，作为评定肌肉运动功能的指标，这种测试方法称为等速肌力测试。测试时等速仪器所提供的阻力与肌肉收缩的实际力矩输出相匹配，是一种顺应性阻力，这种顺应性阻力使肌肉在整个关节活动中每一瞬间或处于不同角度时，都能承受相应的最大阻力，产生最大张力和力矩输出。因此，在整个关节活动中最大力矩输出的一点可代表肌肉最大收缩能力。但此时所获得的肌肉最大力矩值只反映在该种运动速度下肌肉收缩情况，如要反映肌肉在不同运动速度下的收缩功能，则需选择不同的测试速度。

在体育运动实践中，等速肌力的测试包括：

①慢速测试：是用等速测力系统以 60°/s 速度测得的力矩曲线。其主要测试指标有：峰力矩、屈伸肌力矩比、总做功量、平均功率、力矩加速能耗、平均关节活动范围、峰力矩角度及指定角度时的力矩值。

②快速测试：常以 180°/s 的速度进行，对运动员也可采用 240°/s 或 300°/s。快速测试主要用来确定肌肉下列功能：功率输出、耐力。

③等速向心肌力测试：包括力矩曲线分析、力量控制精度测验和峰功率测试。

④等速离心肌力测试。

⑤多角度等长测试。

（四）使用注意事项

1. 本设备只有在受过专门培训的人员操作下才可使用。

2. 等速肌肉测试目前被广泛运用到运动系统肌肉功能评价、运动系统伤病的辅助诊断以及运动系统伤病预防中的应用和评价康复治疗的疗效等方面。

3. 采用等速离心肌力训练时，有关离心训练与运动能力的相关性研究存在一定争议。由于有人认为等速运动提供的动作较简单、局限，与肢体运动时的自然动作有一定差距，在肌肉测试和训练中存在一定的局限性，因此在使用时予以注意。

4. 受试者应采用正确的测试姿位，测试动作应标准化、方向正确，近端肢体应固定于适当姿位，防止替代动作。

5. 对受试者作适当的动员，使受试者积极合作并处于适当的兴奋状态，可做简单的准备活动，并告知受试者的基本测试要求和注意事项。

6. 等速仪器主要用于测试某一肌群的肌力。如果能与肌电图仪相结合，可更好地了解到运动过程中某块肌肉的活动情况。

十四、人体成分分析仪

测试原理——生物阻抗法（BIA）：基于不同的身体组成成分的阻抗不同，通过测量无害的微量高频电流通过人体产生的电流和电压，来计算人体电阻，包括人体内导电的部分——肌肉、水、电解质和绝缘部分——脂肪组织。由于身体导电和绝缘的部分阻抗不同，再结合被测试者的身高、体重、年龄和性别，从而测试出身体不同成分的重量。现以韩国杰文 Zeus 9.9 人体成分分析仪为例。

（一）仪器的基本结构（图 1-52）

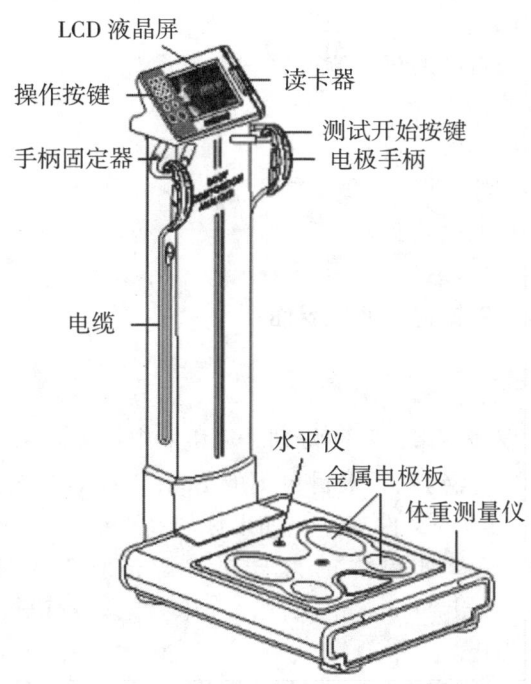

图 1-52　Zeus 9.9 人体成分分析仪主要部位名称

1. 操作面板：由 LCD 液晶屏、操作按键、读卡器和液晶屏电源开关组成。
2. 手持电极：由电极手柄、金属电极、电缆、测试开始按键、电极手柄固定器组成。
3. 底座：由测量体重部分、金属电极板、水平仪和调整螺丝组成。

（二）仪器的使用方法

1. 仪器安装

安装时，首先连接好体重计的数据线。然后，在两侧用螺钉将主机固定好，安装并固定好底盖。将打印数据线（并口）连接好打印机，开机，仪器显示主画面，进入工作状态。

2. 仪器调试

在主界面下双手按住电极按钮 10 秒钟，仪器进入调试界面。测试菜单又分为 10 个项目：

①日期/时间：调整日期与时间。
②提示音：调整提示音的大小。
③按键音：调整按键音的大小。
④对比度：调整对比度。
⑤打印位置：调整报告纸的打印位置。
⑥衣物重量：调整衣物重量。
⑦触摸屏：调整触摸屏的灵敏度。
⑧脚底/脚踝电极：调整脚部电极的使用。
⑨日期格式：调整日期格式。
⑩接口模式：调整接口模式。
调整好，点击"确定"键退出调试界面。

3. 操作软件的安装

①软件安装：将数据线（串口）连接到计算机的串口（COM）上，打开计算机，然后将安装光盘放入光驱，找到光驱根目录下的 Body_PassV22 文件夹，进入此文件夹，再进入到与计算机系统相应的文件夹下（如果你的计算机是 Win98 或 WinMe 系统，请进入 WIN_98_ME 文件夹；如果你的计算机是 Win2000 或 WinXP 系统，请进入 WIN_2000_XP 文件夹），点击 Setup.exe 文件，就开始安装操作软件。按照软件的提示进行安装，直至安装完成为止。

②启动软件：软件安装完成后，会在计算机的桌面上出现 BODY_PASS 的快捷方式，双击此图标，即进入了操作软件的测试界面。

③软件设置

进入测试界面后，点击主菜单中的 File 键，进入 File 子菜单，有两个键：COM 键和 EXIT 键。COM 键设置仪器与计算机的连接端口，EXIT 退出测试软件。

点击主菜单下 Function 键，进入 Function 子菜单，其中有四个按键：Logo——修改打印纸上的图像；Paper——调整打印纸的位置；Card——对受试者 IC 卡上信息的操作；Date Format——日期格式。

点击主菜单下 About 键，查看软件的版本情况。

④开始测量

填写受试者的基本资料：

在 ID-NO 栏中处填写号码（最好是 7 位），要求不得重复。

在 Name 栏中填写受试者的姓名。

在 Tel 栏中填写受试者的电话号码。

在 Gender 栏中选择受试者的性别。

在 Year of birth 栏中填写受试者的出生年份。

在 Height 栏中填写受试者的身高。

在 Address 栏中填写受试者的住址。

在 Activity 栏中填写受试者的日常工作强度——分五个阶段：1.不运动；2.每天运动少于 2 小时；3.每天运动在 2~4 小时之间；4.每天运动多于 4 小时；5.重体力劳动。

在 Memo 栏中填写受试者的备注情况。

⑤填写完受试者的基本资料后点击 Insert 键，受试者的基本资料会自动出现在右侧的空白处；Modify 键可以修改已有的受试者的基本资料；Delete 键可以删除原有受试者的基本资料。在右侧的 Search & Sort 中可以查询受试者的基本资料。在 Result 栏中显示受试者测试的结果。当测试完成后，结果会自动出现在 Result 栏中。数据分三列，第一列为测试者输入的受试者的详细资料，第二列和第三列为受试者测量出的结果，当测试完成后，结果会自动出现在栏中。

（三）测试指标

体重、去脂肪体重、身体总水分、体脂百分比、身体质量指数、肥胖度、腹部肥胖率、生理年龄、躯体及四肢的节段性肌肉发达情况、矿物质、蛋白质、细胞外液、细胞内液，左右肢平衡以及每日需要的能量和基础代谢率等。

1. 脂肪百分比（PBF，Percent of Body Fat[%]）：脂肪重量占身体总体重的百分比。正常范围：男性 15%~20%，女性 20%~30%。

2. 体脂含量（MBF，Mass of Body Fat[kg]）：身体脂肪的千克数，身体的实际脂肪重量。

3. 瘦体重（LBM，Lean Body Mass [kg]）：身体瘦体重主要是水分、肌肉、蛋白质、骨骼矿物质和重要的器官的重量，代表体重中非脂肪部分的重量。瘦体重 = 体重 − 体脂含量。

4. 身体水分总含量（TBW，Total Body Water[kg]）：由细胞内液及细胞外液组成，正常体内水分占体重的 50%~70%。细胞内液和细胞外液比例为 2:1。肾病、高血压、循环系统疾病、心脏病、全身或局部浮肿和营养不良患者都存在水分不均衡现象。

5. 体重指数（BMI，Body Mass Index[kg/m^2]）：也称体质指数，BMI=体重（kg）÷（身高）^{2}，国际上测量肥胖和过度肥胖的标准，与某些疾病的发病率紧密相关。研究表明，大多数个体的体重指数与身体脂肪的百分含量有明显的相关性，能较好地反映机体的肥胖程度。18.5%~23%为普通人群的正常范围。

6. 肥胖率（FATNESS[%]）：根据标准体重的百分比来判断身体肥胖的程度，FATNESS=（实测体重−标准体重）/标准体重×100%，标准体重±10%属于正常范围。

7. 评价值（Control value）：实际值与标准值之间的差异，评价值=实际值−标准值，"+"号表示实际测量值高于标准值，要达到标准范围需要减少的量；"−"号表示实际测量值低于标准值，要达到标准范围需要增加的量。

8. 标准体重（STD.Weight[kg]）：根据身高得出的标准的身体总体重，是由各个国家大量的数据统计处理结果得出的。

9. 基础代谢率（BMR，Basal Metabolic Rate [kcal/day]）：每天维持基础代谢所需要的能量数。

10. 蛋白质（protein, [kg]）：体内蛋白质的重量，蛋白质 = 肌肉重量 − 身体水分含量，占总体重的 14%~19%。

11. 肌肉（muscle mass，[kg]）：肌肉的重量=瘦体重的重量-矿物质的重量。肌肉重量为细胞内液、细胞外液及蛋白质的重量和。正常范围有个体差异。

12. 矿物质（mineral，[kg]）：体内骨组织和电解质的重量。占体重的 5%~6%。

13. 细胞内液（ICF，[kg]）：存在于细胞内的液体。占体重的 33%~47%，占细胞总水分的 2/3。

14. 细胞外液（ECF，[kg]）：存在于细胞外的液体，包括血液和细胞间液。占体重的 17%~23%，占细胞总水分的 1/3。

15. 腹部肥胖率（WHR，[%]）：腰围与臀围的比值。正常范围：男性 0.75~0.90，女性 0.70~0.85。

16. 电阻抗（IMPEDANCE，[Ω]）：人体电阻值跟每个人的身体成分的含量和分布有关，脂肪组织的阻抗高，瘦体重的阻抗低。

（四）使用注意事项

1. 为保证测试精度，在测试前受试者要保持静止站立 3~5 分钟，以便使受试者全身的血液平均循环分布。

2. 仪器提示开始测量体重可以进行测试。受试者尽可能轻地站到体重计上，开始测量体重。体重测试完成后，仪器提示输入身高、年龄等有关数据，按要求输入有关数据。

3. 输入完成后，仪器提示受试者双手握紧电极，开始测量身体的电阻抗，在此过程中不要移动和说话。大约几秒钟后测试完成，仪器会将测试结果显示在屏幕上，并自动打印。

4. 在测试时要保持身体尽量静止，处于相对稳定的状态。

5. 清晨测试时要使受试者空腹，可以饮用 300ml 清水，但在测试前半小时内不要饮用。要在用餐和运动两个小时后在进行测试。

6. 测试前请用湿纸巾将手掌和脚掌等与电极接触的部位擦拭干净，去掉表面的油脂和皮屑，以防影响测试结果。

十五、骨密度测定仪

骨密度测定仪是测定人体骨矿物质含量和密度，了解人体骨质状况的专用仪器。通过测定骨密度可以对骨质疏松症（osteoporosis，OP）作出的早期诊断，并可监测骨量减少、预测骨折危险性以及对治疗效果进行监测。在运动实践中，通过对体育锻炼前后骨密度的测定，可以了解人体骨矿含量以及对运动干预下骨矿含量的变化进行监测。现以美国 Sahara 骨密度测定仪（Clinical Bone Sonometer）为例。

（一）仪器的基本结构

Sahara 骨密度测定仪（图 1-53）是一种可通过超声波测定人体跟骨的超声速度和

宽波段超声衰减，进而推断定量超声指数和骨矿物质密度的仪器。由于骨骼作为一种不均一的声学多相性材料，以超声测值反映其材料特性与结构特性，已有较多研究，并已证实具有明显的应用价值。在全身诸多骨骼中，跟骨用于超声监测相对适宜。跟骨是以松质骨为主要构造的骨骼，其松质量约占该骨的 90%，松质骨则是超声波的高度衰减材料。因而，跟骨特别适合于超声波穿透法测取。Sahara 骨密度测定仪包括：骨密度测定主机、质量控制标准模型、足腿位置固定器、耦合凝胶、电源系统和操作软件。

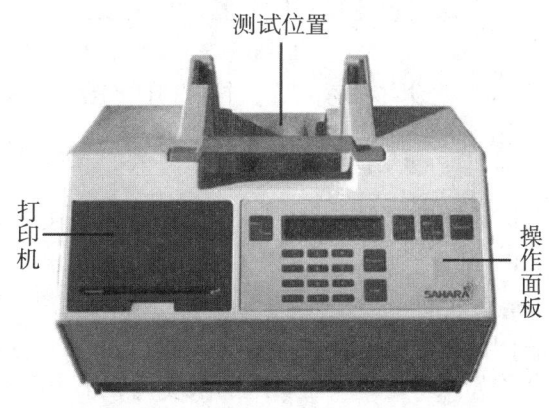

图 1-53 Sahara 骨密度仪基本结构

1. 操作面板：由 LCD 液晶屏和操作按键组成，用于反映仪器状态、提示操作步骤、显示测试结果以及控制仪器（图 1-54）。

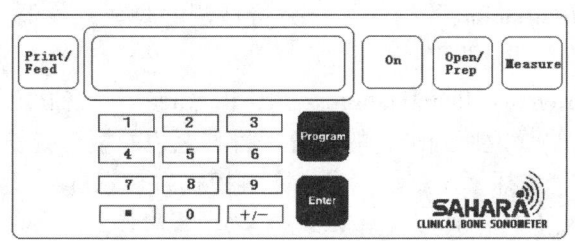

图 1-54 Sahara 骨密度仪控制面板

2. 测试位置：用于放置受试者的测定脚。
3. 打印机：用于打印测试结果。

（二）仪器的使用方法

1. 仪器准备

连接电源线，如使用软件操作，可将数据线与电脑连接，将仪器电源开关打开，绿色电源指示灯亮起，仪器显示屏显示（仪器显示为英文）"HOLOGIC Sahara Version x.y"，"Power On Self Test：In Progress"。当控制面板屏幕显示 "Power On Self Test：Passed"，"Ready Press On"，表示仪器已准备好进入工作状态。

2. 仪器质量控制（QC）检测

①在仪器进入工作状态后，按 "On" 键，仪器显示 "Initializing..."（正在初始化）接着仪器显示 "Apply gel pads Press OPEN"。在此状态下，可通过按 "PROGRAM，9，

ENTER"键设置测试时间；按"PROGRAM，8，ENTER"键设置测试日期；按"PRO-GRAM，4，2，ENTER，9，8，ENTER"键设置操作语言；按"PROGRAM，1，3，ENTER"键设置参考人群；按"PROGRAM，3，ENTER"键设置参考人群模式。

②按"Program，1，ENTER"键，控制面板屏幕显示"Apply gel for QC Press OPEN"。

③将耦合凝胶涂抹在两个传感器衬垫头上。按"OPEN/PREP"键，屏幕显示"Insert Phantom Press MEASURE"，放入标准模型。再按"MEASURE"键，随后屏幕显示"Remove Phantom Press PREP Clean"。按"OPEN/PREP"键，传感器衬垫头返回到准备的位置，将其上边的耦合凝胶清除干净。

④如果QC测试在规定的限度内，屏幕将显示"QC Passed Press On"，表示QC测试通过，可对人体进行正式测定。

3. 正式测定

①在仪器进入工作状态后，按"On"键，仪器显示"Initializing..."（正在初始化）接着仪器显示"Apply gel pads Press OPEN"。

②在传感器衬垫头上涂抹耦合凝胶，按"OPEN/PREP"键，屏幕显示"Insert Foot Press MEASURE"。

③受试者坐在30~46cm高的椅子上，并将被测的脚放入仪器，并用固定器给予固定。按"Measure"键，开始测定。

④当屏幕显示"Remove Phantom Press PREP Clean"，将固定器移去，按"OPEN/PREP"键，传感器衬垫头返回到准备的位置，将其上边的耦合凝胶清除干净。

⑤如果在测试前，选择了"默认"参考人群模式，显示屏将显示受试者的测定结果"T=X.X QUI/STF=XX.X Est. Heel BMD=X.XXX"。

⑥按"Print/Feed"键，将打印一份受试者的测试报告。

⑦测定报告将显示受试者的T-Score、QUI/Stiffness、Est. Heel BMD以及基于某一参考人群而估计的T-Score位置图。

（三）测试指标

1. 超声速度（Spead of the Sound，SOS）：通过足跟的声速被定义为SOS，是通过测量足跟的宽度，由最初发射的声波（第一个传感器）和收到的声波（第二个传感器）两者之间时间延迟而确定的。SOS值等于W/T（足跟的宽度/超声波通过足跟的时间，单位为m/s）。用SAHARA观测的SOS，在典型人群中的范围是1450~1700m/s，年轻或健康人群的SOS值比年老或骨质疏松的人要高。

2. 宽波段超声衰减（Broadband Ultrasound Attenuation，BUA）：在用QUS进行的早期研究中，观测出骨对高频声波的衰减比低频声波要多。在0.2~0.6MHz频率范围内，超声波的衰减（分贝或dB）呈线性关系。在此范围内，超声衰减与频率的线性衰退斜度被称为BUA（dB/MHz）。用SAHARA在典型人群中观测的BUA范围是30~130dB/MHz，年轻或健康人BUA值比年老或骨质疏松的人要高。

3. 定量超声指数（Quantitative Ultrasound index，QUI）：为了优化通过BUA和SOS

测量获得的定量信息，SAHARA 系统将两个测量值结合为一个参数，即 QUI。在科学文献中，有时 QUI 被称为硬度（Stiffness），表示为 QUI/Stiffness。与 BUA 或 SOS 参数比较，QUI 参数不仅与双能 X 线吸光测定法（Dual Energy X-Ray Absorptiometry，DXA）获得的实际足跟 BMD 有更强的相关性，而且也减少了精度错误。QUI 的正常范围是 0~150，年轻或健康人的 QUI 值较高，而年老或骨质疏松人的 QUI 值较低。

4. 骨密度（Bone Mineral Density，BMD）：表示骨矿物质密度，其单位为 g/cm^2。骨密度所测值低表明骨质减少，根据 T-Score 评价骨质状况。

5. Estimated BMD（g/cm^2）：估计的骨密度值。

6. T 评分（T-Score）：表示被测者的骨密度与同性别骨峰值（用流行病学的方法分别对男女正常人群进行骨密度测量，统计每个年龄组的均值和标准差，最高的平均骨密度值即为同性别人群的骨峰值，通常在 20~40 岁之间）的差别，以得出高出（+）或低于（-）年轻人的标准差（SD）数。它是评价骨质疏松最有意义的指标。

7. Z 评分（Z-Score）：表示被测者的骨密度与同性别、同年龄组匹配的骨密度均值的差别，通过 T 值可了解被测者的骨密度与同性别的同龄人骨密度相比所处的位置。虽然 Z 值对诊断骨质疏松症的意义不大，但是可以反映骨质疏松的严重程度。

（四）使用注意事项

1. 如果测量换地点或房间，测定时间要间隔半小时以上，以让仪器适应新环境的温度。

2. 使用前要预热半小时。

3. 机器停用后重新开始测试前必须进行 QC 检测。如果检测未通过，表明机器目前还不能对人体进行测定，在放置一定时间后，再按上面的步骤重新开始，直到屏幕显示 "QC Passed Press On" 为止。

4. 受试者在测定时，应将鞋袜脱掉，赤脚放在骨密度测定仪上，小腿的位置按照位置固定器的要求放置。

第二章 动物实验的基本操作技术

一、动物实验的方法

生理学实验是以活的动物或人体作为观察对象和实验材料。在动物实验中，活体解剖技术对生理学实验的成败起着十分重要的作用。在实验过程中，学生应着重于学习并掌握这些操作技术，以提高动手能力。生理学实验方法虽然多种多样，但一般可分为离体实验法和在体实验法两类。而在体实验法又分为急性实验和慢性实验两种。

急性实验就是用活体解剖的方法，把失去知觉的动物（全麻或局麻下）某一功能系统、器官或组织，暴露于直视之下，或置于实验仪器的准确控制之下（活体解剖实验方法）；或用适当的方法把所需器官或组织从动物体内取出，置于人工环境中，给予人工处置（离体器官实验方法），然后观察其活动与反应，以研究其功能或其对某种外加因素的反应及其机制的一类动物实验的总称。急性实验的优点是，通过对实验条件的严格控制，可排除一些复杂因素的影响，在较短时间内获得较多的有价值的分析材料。其缺点是，由于动物处于失常状态，如麻醉、创伤、失血等，使实验结果不能完全反映动物整体在生理条件下功能活动的规律。

慢性实验是指在无菌条件下，给动物施行一定的实验外科手术，待其恢复健康后再行实验和观察；或者将一定的物理性、化学性和生物性等致病因素作用于动物，复制成各种疾病模型，详细研究和观察疾病的发生、发展的规律或各种实验性治疗措施的效果。慢性实验的最大优点是保持了实验动物机体的完整及其与外界环境的统一性，动物处于比较接近自然的生活状态。因此，所观察到的实验结果比较符合客观实际，也比较正确可靠，但由于观察时间长，对实验设备和技术要求高，影响因素较多，花费的人力也比较多等，因而难度较大。故基础课教学中较少采用，而广泛应用于研究工作中。

二、常用实验动物的种类及特点

在医学领域内，人们常利用实验动物的某些与人类相近似的特性，通过急性或慢性动物实验，对人类的生理、病理生理过程及其机制进行探索。常用的实验动物有蛙、小白鼠、大白鼠、家兔等，要根据实验的性质选择适当的动物。

1. 蟾蜍和青蛙

蟾蜍和青蛙均属于两栖纲，无尾目，是实验教学中常用的小动物，其坐骨神经—腓肠肌标本可用来观察各种刺激或药物对周围神经、骨骼肌或神经肌肉接头的作用。它们的离体心脏在适宜的环境中能较持久地、有节律地搏动，常用于研究药物对心脏的作用。蛙舌与肠系膜是观察微循环的良好标本。

2. 小白鼠

属哺乳纲，啮齿目，鼠科，是医学和运动生理实验中用途最广泛和最常用的动物。因其繁殖周期短，繁殖量大，生长快，温顺易捉，操作方便，又能复制出多种病理模型，适用于需要大量动物的实验。如药物的筛选、半数致死量或半数有效量的测定等。也适用于缺氧、运动等方面的研究。但不同品系的小鼠对同一刺激的反应性差异较大。

3. 大白鼠

属哺乳纲，啮齿目，鼠科。性情不如小白鼠温顺，受惊时表现凶恶，易咬人。雄性大白鼠间常因发生斗殴而咬伤。但具有小白鼠的其他优点且用途广泛，可用于胃酸分泌、胃排空、水肿、炎症、休克、心功能不全、黄疸、肾功能不全等方面的研究。它还可用于进行高级神经活动的肾上腺、垂体等内分泌以及能量代谢实验。与小鼠相似，大鼠的实验动物模型较稳定，一些在小鼠身上不便进行的实验可选用大鼠。

4. 家兔

属哺乳纲，啮齿目，兔科。家兔品种很多，常用于实验的有：①青紫蓝兔，体重强壮，适应性强，易于饲养，生长较快；②中国本地兔（白家兔），抵抗力不如青紫蓝兔；③新西兰白兔，是从国外引进的大型优良品种，成熟兔体重在 4~5.5kg；④大耳白兔，耳朵长而大，血管清晰，皮肤白色，但抵抗力较差。

兔耳血管丰富，耳缘静脉表浅，易暴露，是药物注射的良好选择部位。其主动脉神经颈部自成一束称为降压神经（或缓冲神经），便于研究降压神经与心血管活动的关系。家兔性情温顺，便于灌胃和取血，是生理学中最常用的动物之一，可用于血压、呼吸、尿生成等多种实验，还可用于代谢障碍、酸碱平衡紊乱、缺氧、发热等方面的研究。

5. 豚鼠

又称荷兰猪，属哺乳纲，啮齿目，豚鼠科。性情温和，对组胺敏感，并易于致敏，常用于离体心脏实验和钾代谢障碍、酸碱平衡紊乱的研究。另外，豚鼠的前庭器官、听觉器官较为发达，乳突部骨质较薄，常用于耳迷路破坏实验及微音器效应观察。

6. 猫

属哺乳纲，食肉目，猫科。猫的血压比兔的稳定，观察血压反应比兔好。猫的神经系统较发达，可用于去大脑僵直、姿势反射等实验。

7. 狗

属哺乳纲，食肉目，犬科。狗的嗅觉比人灵敏，对外环境适应力强，血液、循环、消化和神经系统均很发达，与人类较接近，易驯养，经过训练能很好地配合实验，适用于许多急、慢性实验，尤其是慢性实验，是最常用的大动物。但由于价格较昂贵，故常用于血压、酸碱平衡、弥散性血管内凝血、休克等大实验，在教学实验中不如一些中、小动物常用。

三、常用动物的捉拿和固定方法

一般动物在实验前禁食 12 小时，但饮水不限。进行慢性实验，在手术前数天便应对动物进行训练，以了解该动物是否适合做此实验，并使其熟悉环境与实验者，同时应加强营养的补充。手术前一天要给动物剃毛，必要时洗澡，以便于消毒处理。动物手术后，宜由实验者亲自护理和喂养，以进一步熟悉动物。

1. 蟾蜍

捕捉时可持其后肢。进行注射或其他简单操作时，实验者左手用拇指及食指夹蟾蜍头及躯干交界处，左手其他三指则握住其躯干及下肢，腹部（或背部）暴露时，背部（或腹部）紧贴手心（注意避免蟾素射入眼睛内）。对蟾蜍进行手术或其他复杂操作时，则按实验需要的体位，用图钉（或固定夹）将四肢钉于蛙板上（图 2-1）。

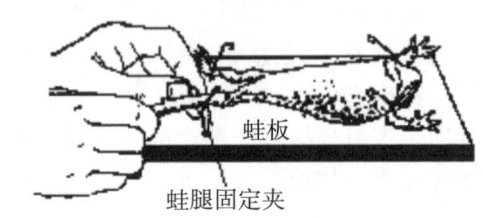

图 2-1　蟾蜍固定法

2. 小鼠

捕捉时可持其尾部末端。做腹腔穿刺或测量体温时，可按下法固定：实验者以右手拇指及食指抓住其尾巴，并令其在鼠笼上爬行，然后，以左手之拇指及食指抓住其颈部与两耳，拉直鼠身，以左手中指抵住其背部，翻转左手，小鼠腹部向上。然后，以左手之无名指及小指固定其躯干下部及尾部。右手可进行其他简单实验操作。

3. 大鼠

大鼠在激怒后易咬人，所以实验前应尽量避免刺激它。捉拿时最好不用止血钳钳其皮肤，而是戴着纱手套或一块布盖住后捉拿，这样对大鼠的刺激小，而且可防咬伤。将大鼠短时间固定，以一手抓其颈部皮肤，立即以另一手拉其尾部。将尾部拉紧拉直，即可进行腹腔注射。较长时间的固定需用木板，常在全麻的情况下将四肢拉直，仰位或伏位，用四只图钉钉牢或用粗线扎牢。

4. 家兔

捕捉时应抓其背部皮肤（不宜持其两耳）。做耳静脉注射时，可将兔置于特制的兔固定箱内。做一般急性实验时，必须将兔固定于手术台上。通常取仰卧位固定，用绳分别绑在前肢的腕关节和后肢踝关节上（打活结便于解开），然后将两后肢拉直，把绳捆于家兔手术台后缘的钩子上，再将绑前肢的绳子在躯干下（即背部）穿过，并压住其对侧前肢，然后交叉地将绳捆于兔手术台两侧的钩上。最后，在其头部套上兔头固定器，并将其轴固定于金属柱上（图 2-2）。

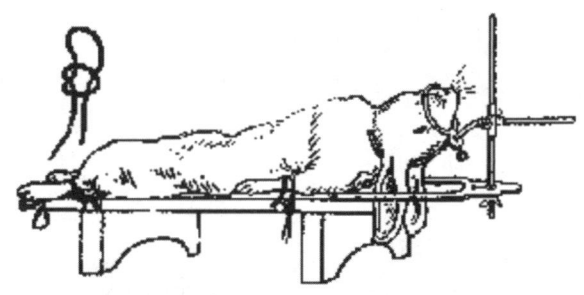

图 2-2　兔在手术台上的固定

四、动物的麻醉方法

在慢性实验或急性在体实验中，施行手术之前必须将动物麻醉。麻醉可使动物在手术或实验过程中减少疼痛，保持安静，保证实验的顺利进行。麻醉剂的种类繁多，作用原理不尽相同。除了麻痹中枢神经系统以外，还会引起其他生理机能的变化，因此，在应用时需根据动物的种类以及实验或手术的性质慎重加以选择。麻醉必须适度，过深或过浅均会给手术或实验带来不良影响。麻醉的深浅可从呼吸，某些反射的消失，肌肉的紧张度和瞳孔的大小加以判断。人们常用刺激角膜以观察角膜反射，夹捏后肢股部肌肉以观察其反应的简易方法了解动物的麻醉深度。适宜的麻醉状态是呼吸深慢而平稳，角膜反射与运动反应消失，肌肉松弛。

1. 常用麻醉药的种类及用法

麻醉剂可分为局部麻醉剂和全身麻醉剂两种。局部麻醉剂常用 0.5%~2% 盐酸普鲁卡因或 2% 盐酸可卡因作皮肤或黏膜表面麻醉。在生理实验中，多采用全身麻醉剂，如挥发性的乙醚和非挥发性的巴比妥类、氨基甲酸乙酯等。与乙醚比较，非挥发性麻醉药的优点是：使用方法简便，维持时间较长，手术和实验过程中不需要专人管理麻醉，而且麻醉过程比较平稳，动物无明显挣扎现象，故为大多数实验室采用。其缺点是苏醒缓慢。

①乙醚

是一种呼吸性麻醉剂，适用于各种实验动物。在用乙醚麻醉猫、兔或鼠类时，可将动物放在特制的玻璃钟罩内，同时放入浸有乙醚的脱脂棉，动物在吸入后的 15~20 分钟开始发挥作用。采用乙醚麻醉的优点是：麻醉的深度易于掌握，比较安全，作用时间短，麻醉后苏醒快。缺点是：需要专人管理。在麻醉初期常出现强烈兴奋现象，对呼吸道有较强的刺激作用。对于经验不足的操作者，用乙醚麻醉动物时容易因麻醉过深而致动物死亡。另外，乙醚易燃、易爆，对人亦有作用，使用时应避火、通风、注意安全。

②巴比妥类

适用于各类实验动物。常配制成 5% 的水溶液，一般由静脉或腹腔注射。各种巴比妥类药物的吸收和代谢速度不同，其作用时间亦有长有短。戊巴比妥钠作用时间为 2~4 小时，属中效巴比妥类，不需要特殊照顾，实验中最为常用。如在实验中需要补充注射时，可再由静脉注射 1/5 剂量，仍可维持 1~2 小时。在麻醉过量时，可产生严重的呼吸和循环抑制，导致动物的死亡。故应注意防止给药过多过快。对心血管系统也有复杂的影响，故这类药物用于研究心血管机能的实验动物麻醉，是不够理想的。

③氨基甲酸乙酯

氨基甲酸乙酯易溶于水，使用时配成 20%~25% 的溶液。适用于多数动物，狗、猫、兔多用静脉或腹腔注射，蛙类用皮下淋巴囊注射（图2-3）。氨基甲酸乙酯对兔的麻醉作用较强，是家兔急性实验常用的麻醉药。需长期存活的慢性实验动物最好不用它麻醉。

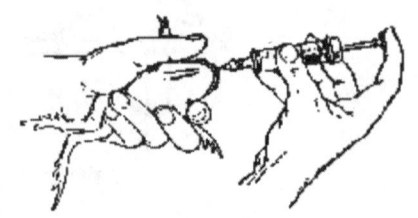

图 2-3　蛙类淋巴囊注射法

④氯醛糖

本药溶解度较小，常配成 1% 水溶液。使用前需先在水浴锅中加热，使其溶解，但加热温度不宜过高，以免降低药效。本药的安全度大，能导致持久的浅麻醉，对植物性神经中枢的机能无明显抑制作用，对痛觉的影响也极微，故特别适用于研究要求保留生理反射（如心血管反射）或研究神经系统反应的实验。常采用静脉或腹腔注射，可维持麻醉状态 3~4 小时。与氨基甲酸乙酯合并常用于电生理实验中。

图 2-4　小白鼠腹腔注射法

2. 各种动物的麻醉方法

①小白鼠：根据需要选用吸入麻醉或注射麻醉。注射麻醉时多采用腹腔注射法（图 2-4）。

②大白鼠：多采用腹腔麻醉。也可用吸入麻醉。

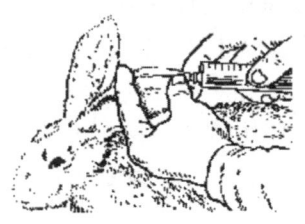

图 2-5　兔静脉注射法

③兔：多采用耳缘静脉麻醉（图 2-5）。注射麻药时前 2/3 量注射应快、后 1/3 量要慢，并密切注意兔子的呼吸及角膜反射等的变化。在用巴比妥类麻药时，特别要注意呼吸的变化，当呼吸由浅而快转为深而慢时，表明麻醉深度已足够，应停止继续注射。

3. 麻醉时的注意事项

①不同动物个体对麻醉药的耐受性是不同的。因此，在麻醉过程中，除参照上述一般药物用量标准外，还必须密切注意动物的状态，以决定麻药的用量。麻醉的深浅，可根据呼吸的深度和快慢、角膜反射的灵敏度、四肢及腹壁肌肉的紧张性以及皮肤夹捏反

应等进行判断。当呼吸突然变深变慢、角膜反射的灵敏度明显下降或消失，四肢和腹壁肌肉松弛，皮肤夹捏无明显疼痛反应时，应立即停止给药。静脉注药时应坚持先快后慢的原则，避免动物因麻醉过深而死亡。

②麻醉过深时，最易观察到的是呼吸极慢甚至停止，但仍有心跳。此时首要的处理措施是立即进行人工呼吸。可用手有节奏地压迫和放松胸廓，或推压腹腔脏器使肠上下移动，以保证肺通气。与此同时，迅速作气管切开并插入气管套管，连接人工呼吸机以代替徒手人工呼吸，直至主动呼吸恢复。还可给予苏醒剂以促恢复。常用的苏醒剂有咖啡因（1mg/kg 体重）、尼可刹米（2~5mg/kg 体重）和山梗茶碱（0.3~1mg/kg 体重）等。心跳停止时应进行心脏按压，注射温热生理盐水和肾上腺素。实验过程中如麻醉过浅，可临时补充麻醉药，但一次注射剂量不宜超过总量的 1/5。

五、急性动物实验的操作

（一）动物实验常用器械

1. 小动物手术器械

主要用于蛙类实验，包括如下几种。

①解剖刀：主要用于切开皮肤或脏器。常用解剖刀为刀柄和刀片组合式，也有刀柄和刀片相连的。根据手术的部位与性质，可以选用大小、形状不同的手术刀片。

②手术剪：主要用于剪皮肤或肌肉等粗软组织。此外，也可用来分离组织，即利用剪刀的尖端，插入组织间隙，分离无大血管的结缔组织等。手术剪分尖头和圆头两种，即尖头剪和钝头剪。

③金冠剪（技工剪）：是生理学实验中常用的手术器械，特别是在蛙类手术中。金冠剪形状短粗，尖端较短，易于着力。可用于剪皮肤、肌肉、内脏及骨髓等。

④眼科剪：主要用于剪血管或神经等柔软组织。眼科剪也有直头与弯头之分。

⑤手术镊：主要用于夹持或牵拉切口处的皮肤或肌肉组织。手术镊有圆头、尖头两种，有齿和无齿之别。通常，有齿镊主要用于夹持较坚韧或较厚的组织，如皮肤、筋膜、肌腱等；无齿镊主要用于夹持较细软的组织，如血管、黏膜等。

⑥眼科镊：用于提捏细软组织以及穿线。

⑦探针：专门用来毁坏蛙类脑和脊髓的器械。

⑧玻璃针：专用于分离神经与血管的工具。有直头与弯头，尖端圆滑，分离时不易损伤神经或血管。

⑨锌铜弓：用于检验神经、肌肉标本的兴奋性。

2. 大动物手术器械

主要用于兔、狗等哺乳动物的手术。除包括解剖的手术剪、眼科剪、手术镊、眼科镊、玻璃针以外，还有以下一些器械。

①毛剪：弯头，用于剪除动物毛皮。

②骨剪：用于剪断骨骼。

③骨钻：用于开颅时钻孔。
④骨钳：主要用于咬切骨组织，如打开颅腔或骨髓腔等，骨钳分为剪刀式和小蝶式两种，前者适用于咬断骨质，后者适用于咬切骨片。
⑤止血钳：主要作用是分离组织和止血，不同类型的止血钳又有不同的用途。
⑥动脉夹：主要用于短期阻断动脉血流，如插动脉插管时使用。

（二）实验动物的取血与处死方法

1. 实验动物的取血方法

①小鼠、大鼠的取血法

断头取血：这是常用简便的一种取血法，操作时抓住动物，用剪刀剪掉头部，立即将鼠颈部向下，提起动物，并对准已准备好的容器（内放抗凝剂），鼠血快速滴入容器内。

眶动脉或眶静脉取血：将动物倒持压迫眼球，使其突出充血后，用止血钳迅速摘除眼球后，眼眶内很快流出血液，将血滴入加有抗凝剂的玻璃器皿内，直至不流为止。一般可取得相当于动物体重4%~5%的血液量。用毕动物即死亡，只适用于一次性取血。

眼眶后静脉丛取血：用玻璃毛细管，内径为1.0~1.5mm，临用前折断成1~1.5 cm长的毛细管段，浸入1%肝素溶液中，取出干燥。取血时左手抓住鼠两耳之间的颈背部皮肤，使头部固定，并轻轻向下压迫颈部两侧，引起头部静脉血液回流困难，使眼眶静脉丛充血，右手持毛细管，将其新折断端插入眼睑与眼球之间后，轻轻向眼底部方向移动，并旋转毛细管以切开静脉丛，保持毛细管水平位，血液即流出，以事先准备的容器接收（图2-6）。取血后，立即拔出取血管，放松左手即可止血。小鼠、大鼠、家兔均采取此法取血。其特点是可根据实验需要，数分钟内可在同一部位反复取血。

尾尖取血：这种方法适用于采取少量血样。取血前宜先使鼠尾血管充血，室温低时可用热吹风吹，然后剪去尾尖，血即自尾尖流出。也可采用切破鼠尾静脉取血（图2-7）。

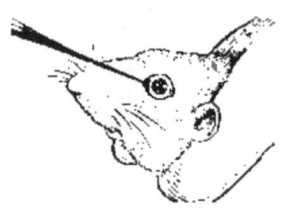

图2-6 眼眶后静脉丛采血法

心脏取血：左手抓住鼠背及颈部皮肤，右手持注射器，在心尖搏动最明显处刺入心室，抽出血液。也可从上腹部刺入，穿过横膈膜刺入心室取血。动作轻巧，否则，取血后动物可能死亡。

②兔的取血法

耳缘静脉取血法：以小血管夹夹住耳根部，沿耳缘静脉局部涂抹二甲苯，使血管扩张，涂后即用酒精拭净。以粗针头插

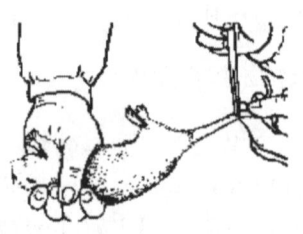

图2-7 切破鼠尾静脉采血法

入耳缘静脉，拔出针头血即流出，此法简单、取血量大，可取到 2~3ml，且可反复取血。

颈动脉取血：先做颈动脉暴露手术，把其分离出 2~3cm 长，成游离状态，并在其下穿两条线，用一条结扎远心端，使血管充盈。近心端以小动脉夹夹闭，用眼科剪刀向近心端剪一个 V 型小切口，插入制备好的硬塑料动脉插管，以线结扎紧，并将远心端结扎线与近心端结扎线相互结紧，防止动脉插管脱出。动物体内可注射肝素抗凝。手术完毕后，取血时打开动脉夹放出所需之血量，而后夹闭动脉夹。这样可以按照所需时间反复取血，方便而准确。但该动物只能利用一次。

2. 实验动物的处死方法

①颈椎脱臼法：本法适用于小鼠，用拇指和食指压住小鼠的后头部，另一手捏住小鼠尾巴，用力向上牵拉，使之脱臼死亡（图 2-8）。处死大鼠也可用此法，但需较大力气。

②空气栓塞法：用注射器将空气急速注入静脉，可使动物发生栓塞而死亡。狗、兔、豚鼠均用此法处死。兔一般选用耳缘静脉，静脉内注入 20~40ml 空气即可；狗由前肢或后肢皮下静脉注射，注入 80~150ml 空气即可致死。

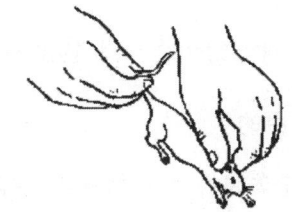

图 2-8　颈椎脱臼法

③大量放血法：轻度麻醉动物后，固定于手术台上，行股部手术，分离股动脉，并插入一根塑料管，打开动脉夹，使血液流入容器内。一般动物 3~5 分钟即可致死。大鼠可采取摘除眼球，由眼眶动脉放血致死。或断头、切开股动脉，使其大量失血而死。家兔亦可在麻醉情况下，由颈动脉放血，并轻轻挤压胸部，尽可能使之大量放血致死。

④其他方法：蛙类可断头，也可用探针经枕骨大孔破坏脑和脊髓处死。

六、常用实验动物的生理常数表

表 2-1　常用实验动物的生理常数表

	蟾蜍	家兔	小白鼠	大白鼠
呼吸（次/分）		38~60	136~216	100~150
潮气量（ml）		19~24.5	0.1~0.23	1.5
心率（次/分）	36~70	123~304	328~780	261~600
心输出量（L/min·kg 体重）		0.1		0.2~0.3
平均动脉压（kPa）		13.3~17.3	12.6~16.6	13.3~16.1
体温（℃）		38.5~39.7	37~39	37.5~39.5
血量（%体重）	5	7~10	8.3	7.4
红细胞（10^{12}/L）	4~6	4.5~7	7.7~12.5	7.2~9.6
血红蛋白（g/L）	80	80~150	100~190	120~175
红细胞比容（%）		33~50	41.5	39~53
血小板（10^{10}/L）	0.3~0.5	26~30	15.7~26	10~30
白细胞（10^9/L）	2.4	6~13	4~12	5~25

第三章 骨骼肌机能的测定

一、离体骨骼肌收缩特点

（一）坐骨神经—腓肠肌标本制备

【实验目的】

学习并掌握蛙类坐骨神经—腓肠肌标本制备方法。

【实验原理】

两栖类动物的离体组织所需的生活条件比较简单，并且在一段时间内能保持它们的机能活动能力，在生理实验中常用它作为实验材料，来观察组织的兴奋性、兴奋过程及骨骼肌的收缩特性。故在实验课的开始，常安排坐骨神经—腓肠肌标本的制备。

【实验对象】

蟾蜍或蛙。

【实验器材】

蛙类解剖器械一套（包括探针、粗剪、小镊子、手术剪各一把）、玻璃分针、大头针、蛙板、解剖盘、培养皿、锌铜弓、滴管、任氏液、棉线。

【实验步骤】

1. 破坏脑脊髓：取蟾蜍（或蛙）一只，用自来水冲洗干净，左手握住蟾蜍，用食指压住其头部前端使头前倾，右手持探针从枕骨大孔垂直刺入，深度约1毫米。然后向前刺入颅腔，左右搅动，捣毁脑组织，将探针抽出。而后再由枕骨大孔向后刺入脊椎管捣毁脊髓。此时如果蟾蜍四肢松软，呼吸停止，表示脑脊髓已完全破坏，否则应按上法再行捣毁（图3-1）。

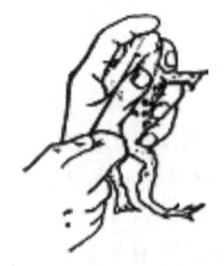

图3-1 破坏脑脊髓

2. 剪除躯干上部及内脏：在骶髂关节以上1厘米处剪断脊柱，左手握蟾蜍后肢，用拇指压住骶骨，使蟾蜍头与内脏自然下垂，右手持粗剪沿两侧剪除其内脏及头胸部（注意勿伤坐骨神经），仅留下后肢、骶骨、脊柱及由它发出的坐骨神经（图3-2）。

图3-2 剪除躯干上部及内脏

3. 剥皮：左手握住脊柱断端（注意不要握住神经），右手捏住其上的皮肤边缘，向下剥掉全部后肢皮肤然后将标本放在盛有任氏液的培养皿中。将手及用过的剪子、镊子等全部手术器械洗净（图3-3）。

4. 分离两腿：用镊子从背位夹住脊柱将标本提起，剪去向上突出的骶骨（注意勿损伤坐骨神经），然后沿正中线用剪刀将脊柱分为两半，并从耻骨联合中央剪开两侧大腿，将两腿浸于盛有任氏液的培养皿中。

图3-3 剥掉后肢皮肤

5. 制作坐骨神经—腓肠肌标本：取一腿背侧向上放在蛙板上，并用大头针固定，把梨状肌及其附近的结缔组织剪断，再循坐骨神经沟（股二头肌及半膜肌之间的裂缝处），找出坐骨神经的大腿部分，用玻璃针小心剥离，上至脊柱根部，下至腘窝为止，将神经游离出来。然后剪下与神经相连的一段脊柱，用小镊子提起，除去坐骨神经的所有分支，将游离干净的坐骨神经搭于腓肠肌上，在膝关节周围将大腿肌肉全部剪掉刮净。接着在股骨中部剪去上段股骨（保留1.5cm长的股骨），保留的部分就是坐骨神经小腿标本。再在跟腱处穿线结扎后剪断跟腱，游离腓肠肌至膝关节处，沿膝关节将小腿剪掉，即制成了一个具有附着在股骨上的腓肠肌并带有支配腓肠肌的坐骨神经的标本（图3-4）。

图3-4 剥离坐骨神经

6. 用锌铜弓检查标本：如果用浸有任氏液的锌铜弓接触坐骨神经的一瞬间腓肠肌发生收缩，则表示标本的兴奋性良好，即可将标本放于盛有任氏液的培养皿中，以备实验用。

【注意事项】

1. 在制标本时,避免用金属器械接触神经干,要用玻璃分针。
2. 分离肌肉时,注意按肌肉的层次进行,不要乱剪。分离神经时,一定要把周围的结缔组织剥离干净。
3. 制备标本的过程中,要随时用任氏液润湿神经和肌肉,防止干燥。
4. 制备标本的过程中,不能使动物的皮肤分泌物和血液等玷污神经和肌肉,但也不能用水冲洗,以免影响组织的机能。

【运用与评价】

蟾蜍(或青蛙)属于两栖动物,是生理实验教学中常用的小动物,其坐骨神经—腓肠肌标本可用来观察各种刺激或药物对周围神经、骨骼肌或神经肌肉接头的作用。制作坐骨神经—腓肠肌标本对理解神经对肌肉的支配活动以及肌肉的活动状态,了解电生理活动均具有重要意义。

【思考与探索】

1. 为什么刺激坐骨神经能使腓肠肌发生反应?
2. 用锌铜弓检查标本的原理是什么?
3. 如果刺激直接施加在肌肉上会出现什么现象?
4. 在制备神经—肌肉标本时能否用清水润湿或浸泡?为什么?

(二) 单收缩和强直收缩

【实验目的】

了解骨骼肌收缩过程中的时相性变化,观察不同刺激频率与肌肉收缩的关系。

【实验原理】

当给骨骼肌一个阈刺激(或阈上刺激)时,肌肉即发生一次短促的收缩反应,叫单收缩。如果将肌肉的收缩过程用生理记录仪(或生物信号采集处理系统)描记下来,可得到一次单收缩曲线,依次分为三个时期,即潜伏期、收缩期与舒张期,蟾蜍腓肠肌的单收缩共历时约为0.12秒,其中潜伏期约为0.01秒,收缩期约为0.05秒,舒张期约为0.06秒。在实验过程中,往往由于记录装置的惰性与机械摩擦,以及肌肉标本的生理状态,对收缩反应都有影响,所以实验所得到收缩曲线的各时相持续时间及收缩幅度,往往与真实情况有些不同。

当给肌肉两个以上强度相同的相继阈上刺激,肌肉可以产生连续收缩。若刺激之间的间隔超过一个单收缩的持续时间,则肌肉将出现一连串各自分离的单收缩;若刺激之间的间隔时间比单收缩持续时间短,则前一个收缩尚未结束就开始后一个收缩,这样两次收缩就会重叠起来,这种收缩称为复合收缩。如果后一个收缩是在前一个收缩的舒张期内发生的,各次收缩复合结果,会出现一条持续的锯齿状的收缩曲线,这种收缩称不完全强直收缩。若刺激之间的间隔时间比单收缩的收缩期短，后一收缩就在前一收缩的收缩期内发生，结果会出现一条持续平滑的收缩曲线，完全看不到舒张期的痕迹，这样的持续收缩状态称为完全强直收缩。刺激强度一定时，强直收缩的高度要比单收缩高，而且在一定范围内，收缩高度随刺激频率的增高而增高。

【实验对象】

蟾蜍或蛙。

【实验器材】

蛙类解剖器械一套、肌动器、张力换能器、引导电极、电子刺激器、二导生理记录仪（或 MedLab 生物信号采集处理系统）、万能支架、蛙板、培养皿、玻璃分针、滴管、任氏液等。

【实验步骤】

方法一：采用二导生理记录仪测定

1. 制作一条坐骨神经—腓肠肌标本，放于盛有任氏液的培养皿中备用。
2. 将坐骨神经—腓肠肌标本固定在肌动器上。肌腱与杠杆相连，神经放在刺激电极上，刺激电极同电子刺激器相连。用任氏液润湿，防止标本干燥。
3. 将二导生理记录仪和张力换能器同杠杆相连。按照记录仪说明书要求，调节好各种参数。
4. 给二导生理记录仪安装好记录纸，准备好记录笔。
5. 将二导生理记录仪的记录速度调到最快速度，同时开动二导生理记录仪和电子刺激器，肌肉受到刺激后，产生一次快速的收缩，即可记录到一条骨骼肌单收缩的曲线（图 3-5）。

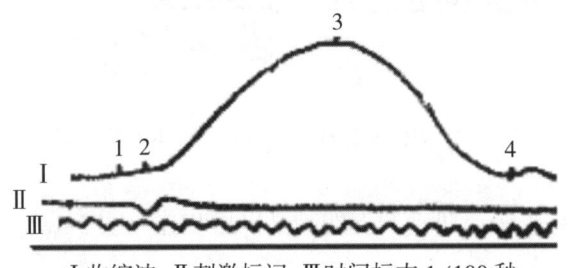

Ⅰ 收缩波　Ⅱ 刺激标记　Ⅲ 时间标志 1/100 秒
1—2 代表潜伏期　2—3 代表收缩期　3—4 代表宽息期

图 3-5　单收缩曲线

6. 在单收缩曲线的起点、最高点和终止点，分别作记号，并注明各时相的名称。
7. 用米尺和两脚规分别量出三个时相的长度。计算三个时相各持续多少时间。
8. 以确定的刺激强度刺激神经，刺激频率从小到大依次增大。观察并记录实验的结果（图 3-6）。

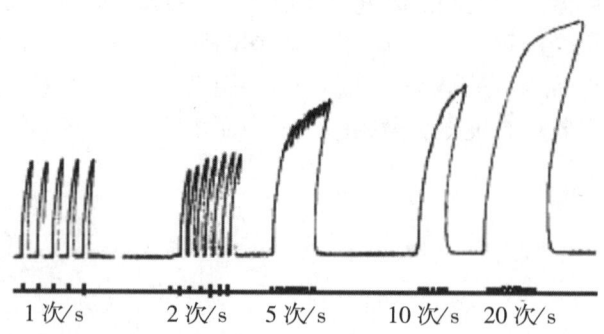

图 3-6　强直收缩曲线

方法二：采用 MedLab 生物信号采集处理系统测定

1. 制备出坐骨神经—腓肠肌标本，浸泡在任氏液中。
2. 将坐骨神经—腓肠肌标本（也可采用在体标本测定）固定在肌动器上，游离端跟腱结扎线联结到万能支架上的张力换能器弹簧片上。
3. 把坐骨神经放在肌动器的刺激电极上，保持神经与电极接触良好（图 3-7）。

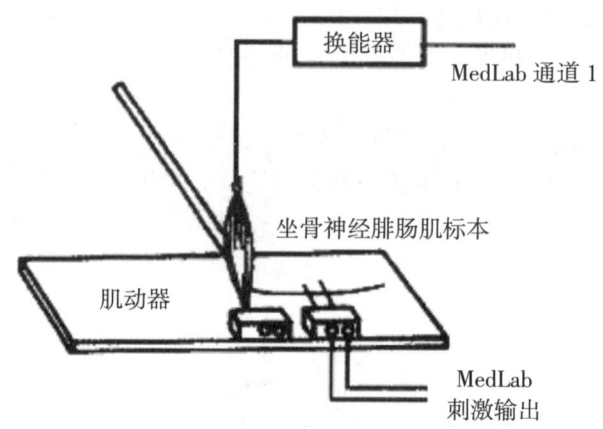

图 3-7　离体坐骨神经—腓肠肌标本实验装置

4. 将 MedLab 引导电极与肌动器上的刺激电极相连（图 3-8）。

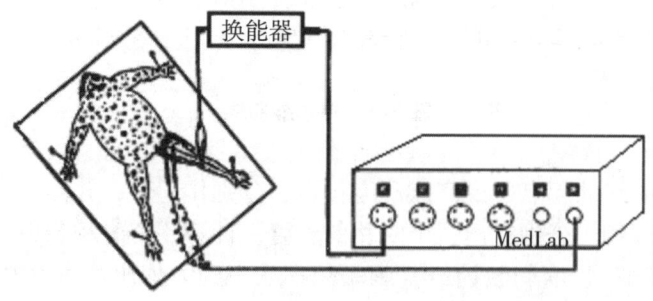

图 3-8　在离体坐骨神经—腓肠肌标本实验装置

5. 打开计算机，启动 MedLab 生物信号采集处理系统。调用 MedLab 菜单中"实验"，选择"常用生理学实验"，再选择"刺激频率对骨骼肌收缩的影响"。采样和刺激参数见表 3-1。

表 3-1 MedLab 采样和刺激器参数表

采样参数			刺激器参数	
显示方式	记录仪		刺激模式	自动频率调节
采样间隔	1ms		主周期	2s
X 轴显示压缩比	20:1		波宽	2ms
Y 轴压缩比	4:1	64:1	幅度	1V
通道	通道 1	通道 4	首频率	1Hz
DC/AC	DC	记录刺激标记	增量	5Hz
处理名称	张力	刺激标记	末频率	50Hz
放大倍数	50~100	5~50	串间隔	5s

6. 用最大刺激强度的不同刺激频率，使刺激频率按 1Hz、6Hz、11Hz、16Hz、21Hz、26Hz、31Hz 逐渐增加，分别纪录不同频率时的肌肉收缩曲线，观察不同频率刺激时的肌肉收缩变化，从而引出单收缩、不完全强直收缩和完全强直收缩曲线。

【注意事项】

1. 随时用任氏液润湿标本，以免影响神经和肌肉的机能。
2. 肌肉与杠杆的连接松紧要适当。
3. 每次刺激后，让肌肉休息 2 分钟，并注意用任氏液润湿肌肉。
4. 在记录图纸上，最上面记录的是肌肉收缩曲线，中间是刺激标记，最下面是时间标记；三个笔尖在开始记录前，应调整在同一垂直线上，并保持一定距离。

【运用与评价】

在正常机体中，肌肉的单收缩是极少见的。由于在完整机体内，从中枢神经系统沿运动神经向肌肉传来的冲动是成串的。因而，肌肉接受一连串彼此间隔时间很短的连续兴奋冲动（或刺激）时，肌肉会产生强直收缩。在运动实践中，通过运动训练可以改善神经系统对肌肉的调节能力，增加神经中枢发放冲动的频率，使神经系统可以不断募集更多的运动单位来增加肌肉力量。

【思考与探索】

1. 单收缩过程中的潜伏期包括哪些生理过程？
2. 讨论肌肉发生不完全强直收缩及完全强直收缩的条件。
3. 强直收缩对人体有何生理意义？

(三) 阈刺激、良性刺激、劣性刺激

【实验目的】

观察刺激强度与骨骼肌收缩力量的关系，了解骨骼肌的收缩特性。

【实验原理】

生理学上把刚刚能引起组织产生兴奋的刺激，称为阈刺激。大于阈刺激强度的刺激，称为阈上刺激；小于阈刺激强度的刺激，称为阈下刺激。骨骼肌的肌纤维兴奋性的大小各不相同。在刺激逐渐增强而达到阈值时，首先收缩的是兴奋性最高的那些肌纤维。随着刺激强度的继续增加，参与收缩的肌纤维数量就越来越多，肌肉收缩的力量也越来越大。当所有肌纤维都兴奋时，肌肉出现最大收缩，此时刺激就是良性刺激。以后肌肉收缩的力量就不再随刺激强度的增加而增大，而且当刺激强度达到一定水平后，还会引起肌肉力量下降，此时的刺激强度为劣性刺激。

【实验对象】

蟾蜍或蛙坐骨神经—腓肠肌标本。

【实验器材】

蛙类手术器械一套、肌动器、张力换能器（50g 量程）、引导电极、电子刺激器、二导生理记录仪（或 MedLab 生物信号采集处理系统）、万能支架、蛙板、培养皿、玻璃分针、滴管、任氏液等。

【实验步骤】

方法一：采用二导生理记录仪测定

1. 制备一条坐骨神经—腓肠肌标本，将标本放于任氏液中备用。
2. 将神经肌肉标本固定于肌动器上。肌腱与杠杆相适，神经放在刺激电极上。刺激电极同电子刺激器相连。用任氏液润湿标本，以防干燥。
3. 连接好二导生理记录仪和张力换能器。张力换能器同杠杆相连。
4. 安装好记录纸，将描记笔准备好，调好记录笔的位置。
5. 调节电子刺激器的输出刺激强度。测肌肉出现第一次最小收缩反应时的刺激强度（阈刺激），并记录肌肉的收缩曲线。
6. 将刺激强度增强（阈上刺激），再刺激肌肉，并记录肌肉的收缩曲线。
7. 继续增加刺激强度，每刺激一次，记录一次肌肉的收缩曲线。肌肉收缩曲线逐渐增高，表明收缩力量逐步加大。
8. 当达到某一刺激强度后，肌肉收缩反应不再因刺激强度的增加而增加。肌肉的这种收缩反应就叫最大收缩。记录最适刺激强度。
9. 继续增加刺激强度，观察肌肉收缩效果。

方法二：采用 MedLab 生物信号采集处理系统测定

1. 制备出坐骨神经—腓肠肌标本，浸泡在任氏液中。
2. 将肌动器固定在万能支架的微调固定器上，且与换能器平行，把坐骨神经—腓肠肌标本固定在肌动器上，游离端跟腱结扎线联结到万能支架上的张力换能器弹簧片上。
3. 把坐骨神经放在肌动器的刺激电极上，保持神经与电极接触良好。
4. 将 MedLab 引导电极与肌动器上的刺激电极相连。
5. 打开计算机，启动 MedLab 生物信号采集处理系统。调用 MedLab 菜单中"实验/常用生理学实验"，选择"刺激强度对骨骼肌收缩的影响"。采样和刺激参数见表 3-2。

表 3-2　MedLab 采样和刺激器参数表

采样参数			刺激器参数	
显示方式	记录仪		刺激模式	自动幅度调节
采样间隔	1ms		主周期	2s
X 轴显示压缩比	50:1		波宽	2ms
Y 轴压缩比	4:1	64:1	初幅度	0.2V
通道	通道1	通道4	增量	0.02V
DC / AC	DC	记录刺激标记	末幅度	1V
处理名称	张力	刺激标记	脉冲数	1
放大倍数	50~100	5~50	延时	1ms

6. 逐步增大刺激强度，找出刚能引起肌肉出现微小收缩的刺激强度（阈强度），此时刺激即为阈刺激。继续增大刺激强度，观察肌肉收缩反应是否也相应增大。继续增大刺激强度，直至肌肉收缩曲线不能继续升高为止，找出刚能引起肌肉出现最大收缩的刺激强度，称为最大刺激强度，此时刺激就是良性刺激。当刺激强度进一步增加到一定水平后，还会引起肌肉力量下降，此时的刺激强度为劣性刺激。

【注意事项】

1. 为了便于比较，记录时用慢速记录。
2. 每次描记曲线后，应在曲线下注明刺激强度。
3. 每次刺激肌肉时，必须在肌肉完全松弛以后进行，并注意用任氏液润湿肌肉。

【运用与评价】

1. 在运动时间中，由于骨骼肌的肌纤维兴奋性的大小各不相同，因此，阈刺激可以作为评定肌肉组织兴奋性高低的指标。阈刺激小表示肌肉组织的兴奋性高，阈刺激大表示组织的兴奋性低。运动员的肌肉时值（评价组织兴奋性的指标）因运动项目和训练水平而不同，如屈肌的时值通常比伸肌短，但随着训练水平的提高，所有的肌肉时值均缩短，且对抗肌时值趋向接近。有研究表明，从事速度练习的运动员比从事力量练习运动员的肌肉时值要短。
2. 人类的全部骨骼肌均由两种不同类型的肌纤维混合组成。不同强度运动时，两类肌纤维的募集次序和程度是不同的。在进行低强度或轻负荷活动时，优先使用慢肌纤维,随着运动强度的增加或负荷的加大,快 A 和快 B 纤维依次被募集,当强度或负荷最大时,快 A 和快 B 纤维被募集的百分比大于慢肌纤维。这是由于两类肌纤维的生理特性和代谢能力不同之故。由于快肌纤维的兴奋阈高,因而只有在大强度的刺激时才进入活动。这一资料在运动训练中有很重要的应用价值。显然,为了增进快肌纤维的代谢能力,训练活动必须由大强度的练习组成,才能保证快肌运动单位在训练中充分活动;同理,要增强慢肌纤维的代谢能力,训练必须由低强度、持续时间长的练习组成,才能保证慢运动单位在训练中优先使用。

3. 由于肌肉出现最大收缩后,肌肉收缩的力量就不再随刺激强度的增加而增大,而且当刺激强度达到一定水平后,还会引起肌肉力量下降。因此,在运动训练中,要合理安排负荷强度,以免造成肌肉损伤。

【思考与探索】

1. 为什么在一定范围内增加刺激强度,骨骼肌收缩力会增加?
2. 找出神经—肌肉标本的阈强度和最适刺激强度?

(四)负荷对肌肉收缩的影响

方法一:离体动物实验

【实验目的】

了解骨骼肌长度与张力之间的关系。掌握人体骨骼肌初长度对肌肉收缩力量的影响及在体育运动中的应用。

【实验原理】

肌肉在适宜负荷时,其收缩程度较没有负荷时为大。这是因为在适宜的负荷时,肌纤维的长度被适当伸展而加长,由于增长了收缩前的长度——初长度,肌肉收缩时产生的张力和缩短的程度就越大,表现的力量也大。但也有一定的限度,若超过限度时,收缩反而减弱。

【实验对象】

蟾蜍或蛙的坐骨神经—腓肠肌标本。

【实验器材】

蛙类手术器械一套、肌动器、张力换能器、引导电极、电子刺激器、二导生理记录仪(或 MedLab 生物信号采集处理系统)、万能支架、蛙板、培养皿、玻璃分针、滴管、任氏液等。

【实验步骤】

1. 采用二导生理记录仪测定

①制备一条坐骨神经—腓肠肌标本,将标本放于任氏液中备用。

②将神经肌肉标本固定于肌动器上。肌腱与杠杆相适,神经放在刺激电极上。刺激电极同电子刺激器相连。连接好二导生理记录仪和张力换能器,张力换能器同杠杆相连。安装好记录纸,将描记笔准备好,调好记录笔的位置。

③测出引起肌肉最大收缩的刺激强度,实验中均用此强度刺激肌肉。

④放松肌杠杆上的螺丝,使肌肉在负荷时可伸长;刺激肌肉,开动二导生理记录仪描记不加重量时的肌肉收缩曲线。

⑤给肌肉下面的杠杆小钩挂 5g 砝码,再刺激肌肉,让其在二导生理记录仪上记录下曲线;然后在无刺激下,让二导生理记录仪记录一段。

⑥依次添加砝码,每次 5g,量肌肉初长,刺激肌肉,描记曲线,直到肌肉所负载的重量达到 50g。每次刺激前都要用米尺测量肌肉的长度。

⑦依次减去砝码,每次 5g,刺激肌肉,描记曲线,直至完全没有负荷。

⑧在各曲线下注明砝码的重量。

⑨量出各次收缩曲线的高度(H),支点至描记杠杆尖端的长度(L),以及支点至重点的长度(I)。按照公式 H/h=L/I,求出每次肌肉收缩时实际将重量举起的高度(h)。再依 W(功)=h×w(砝码重)的公式,算出负载各个重量时所做的功。最后以功为纵坐标,重量或初长度为横坐标作图,就可找出最适负荷和最适初长度。

2. 采用 MedLab 生物信号采集处理系统测定

①制备出坐骨神经—腓肠肌标本,浸泡在任氏液中。

②将肌动器固定在万能支架的微调固定器上,且与张力换能器平行,把坐骨神经—腓肠肌标本固定在肌动器上,游离端跟腱结扎线联结到万能支架上的张力换能器弹簧片上。把坐骨神经放在肌动器的刺激电极上,保持神经与电极接触良好。将 MedLab 引导电极与肌动器上的刺激电极相连。打开计算机,启动 MedLab 生物信号采集处理系统。设置 MedLab 采样和刺激器参数表(表 3-3)。

表 3-3 MedLab 采样和刺激器参数表

采样参数			刺激器参数	
显示方式	记录仪		刺激模式	自动幅度调节
采样间隔	1ms		主周期	2s
X 轴显示压缩比	50:1		波宽	2ms
Y 轴压缩比	4:1	64:1	初幅度	0.2V
通道	通道 1	通道 4	增量	0.02V
DC/AC	DC	记录刺激标记	末幅度	1V
处理名称	张力	刺激标记	脉冲数	1
放大倍数	50~100	5~50	延时	1ms

③第 3~9 步与上述采用二导生理记录仪测定相同,但记录仪采用 MedLab 生物信号采集处理系统。

【注意事项】

1. 将肌肉标本装置在肌动器上时，不要拉长，尽可能保持其自然长度。
2. 每次刺激后，必须使肌肉休息 30 秒至 1 分钟。
3. 每描记一次曲线后，必须无信号再记录一段。
4. 每次刺激肌肉时，必须在肌肉完全松弛以后进行。
5. 随时用任氏液润湿标本，以免影响神经和肌肉的机能。

【运用与评价】

实践证明在一定范围内，肌肉收缩前的初长度越大，收缩力量也越大，但当肌肉初长度增加到某种程度后肌力反而会下降。在运动实践中，跳跃前事先屈膝以拉长股四头肌，投掷器械时要"超越器械"都是利用这一生理规律。因此，要充分利用肌肉收缩前的初长度，以更好地发挥肌肉力量。

【思考与探索】

1. 根据每一级负荷时肌肉的初长度以及所对应的功，分析前负荷对肌肉收缩的影响？
2. 举例说明体育运动实践中，骨骼肌长度与张力之间的关系。

方法二：人体实验法

【实验目的】

了解骨骼肌收缩速度与负荷之间的关系。掌握人体骨骼肌收缩速度的测试方法及在体育运动中的应用。

【实验原理】

肌肉收缩的快慢和所克服的外部阻力有关。当负荷较小时，肌肉收缩力量也较小，肌肉收缩速度加快；当负荷较大时，肌肉收缩力量也较大，肌肉收缩速度减慢。影响骨骼肌收缩速度的主要因素是肌肉负荷和肌肉力量。当负荷一定时，肌肉力量越大，收缩的速度也越快。当肌肉力量一定时，负荷越大，肌肉收缩的速度就越慢。了解骨骼肌收缩速度与负荷之间的关系，就可以用科学方法指导力量训练。利用测定关节角速度，就可以计算出肌肉的收缩速度。

【实验对象】

人。

【实验器材】

测力架、杠铃片组、关节角度传感器、计算机、测试软件。

【实验步骤】

1. 确定测试的肌肉（测定上肢肌肉收缩速度）。
2. 让被试者在测力架边准备好，将关节角度传感器固定在肘关节处。

3. 打开计算机，调出生物电测试软件，选择采样频率为 1000Hz，采样时间为 5s，采样通道为 2 通道。

4. 按 2.5 公斤的负荷递增测试，每个负荷连续收缩三次同时用计算机采集关节角度数据。

5. 调出计算机采集的关节角度数据，计算出每一负荷时肌肉收缩速度，将计算结果填入下表（表 3-4）。对数据进行分析。

表 3-4　关节角速度记录表

负荷	角速度
0 kg	
2.5 kg	
5 kg	
7.5 kg	
10 kg	
12.5 kg	
15 kg	
17.5 kg	
20 kg	
22.5 kg	
25 kg	
27.5 kg	
30 kg	
32.5 kg	
35 kg	
37.5 kg	
40 kg	

【注意事项】

1. 测试前一定要做准备活动，防止肌肉拉伤。
2. 每次测试后要休息 3 分钟。
3. 测试动作要保持一致。

【运用与评价】

实验发现，后负荷越大，肌肉中产生的张力也越大，而缩短的速度越小。如果把某一肌肉在不同负荷时所产生的张力和收缩速度绘成坐标曲线，就是张力—速度曲线，表明肌肉产生的张力和收缩速度呈反比。

根据张力—速度关系曲线来分析，在其他条件相同的情况下，如果要使收缩有较大的速度，负荷必须做相应的减少；如果要克服较大的阻力，则收缩速度将不可能维持原有的数值；如果要完成最大的物理功，则负荷过大或过小皆非所宜，以中等负荷较为理想。所以，在运动或劳动实践中，张力—速度关系可用于确定最佳作业的最适负荷或速度，以及发挥最大爆发力（功率）。

实验表明，训练可改变肌肉收缩的张力速度曲线。训练有素的运动员，其张力速度曲线向右上方偏移，即在相同的力量下，可发挥更大的速度；或在相同的速度下，可表现出更大的力量。

【思考与探索】

1. 根据不同负荷以及所对应的速度制成坐标图，分析后负荷对肌肉收缩的影响。
2. 试分析在运动训练中，如何根据肌肉张力—速度关系发展肌肉力量和收缩速度。

（五）收缩疲劳曲线

【实验目的】

通过观察蟾蜍腓肠肌不同力量、速度收缩时肌肉疲劳曲线，了解肌肉收缩力量、速度与肌肉疲劳之间的关系，分析肌肉疲劳产生的原因。

【实验原理】

肌肉收缩能量的主要来源是 ATP-CP 和糖的无氧、有氧分解再合成 ATP。当肌肉连续收缩时，能量供应不足就会使肌肉收缩力量下降而产生疲劳，关于肌肉疲劳的其他因素请参考运动生理教材。肌肉收缩速度越快、力量越大，输出功率越大，消耗的能量也越大，因此产生疲劳也越快。

【实验对象】

蟾蜍或蛙。

【实验器材】

蛙类解剖器械一套、肌动器、张力换能器、引导电极、电子刺激器、二导生理记录仪（或 MedLab 生物信号采集处理系统）、万能支架、蛙板、培养皿、玻璃分针、滴管、任氏液等。

【实验步骤】

方法一：采用二导生理记录仪测定

1. 制备蟾蜍腓肠肌标本，一头固定在肌动器上，另一头固定在二导生理记录仪的张力换能器上。
2. 刺激电极连接到肌动器上和二导生理记录仪的标记接口。
3. 打开电子刺激器和二导生理记录仪，刺激频率为 0.5Hz，刺激波宽为 0.3 秒，用慢速进行记录，逐渐增加刺激强度，直到肌肉收缩幅度最大时停止刺激。
4. 选择 50%肌肉最大收缩幅度刺激强度，刺激频率为 2Hz，记录速度为 0.5mm／s，连续刺激 5 分钟，同时记录肌肉收缩曲线。

5. 休息 3 分钟，用 70%肌肉最大收缩幅度刺激强度，刺激频率为 2Hz，记录速度为 0.5mm／s，连续刺激 5 分钟，同时记录肌肉收缩曲线。

6. 休息 3 分钟，用 90%肌肉最大收缩幅度刺激强度，刺激频率为 2Hz，记录速度为 0.5mm／s，连续刺激 5 分钟，同时记录肌肉收缩曲线。

7. 将实验结果填入下表（表 3-5）。

表 3-5　肌肉收缩疲劳时间和做功量记录表

收缩肌肉收缩幅度	50%	70%	90%
疲劳时间(收缩幅度下降 20%)			
做功量			

方法二：采用 MedLab 生物信号采集处理系统测定

1. 制备出坐骨神经—腓肠肌标本，浸泡在任氏液中。
2. 将坐骨神经—腓肠肌标本固定在肌动器上，游离端跟腱结扎线联结到万能支架上的张力换能器弹簧片上。
3. 把坐骨神经放在肌动器的刺激电极上，保持神经与电极接触良好。
4. 将 MedLab 引导电极与肌动器上的刺激电极相连。
5. 打开计算机，启动 MedLab 生物信号采集处理系统。调用 MedLab 菜单中"实验"，选择"常用生理学实验"，再选择"刺激频率对骨骼肌收缩的影响"。采样和刺激参数见表 3-6。

表 3-6　MedLab 采样和刺激器参数表

采样参数			刺激器参数	
显示方式	记录仪		刺激模式	自动频率调节
采样间隔	1ms		主周期	2s
X 轴显示压缩比	20:1		波宽	2ms
Y 轴压缩比	4:1	64:1	幅度	1V
通道	通道 1	通道 4	首频率	1Hz
DC／AC	DC	记录刺激标记	增量	5Hz
处理名称	张力	刺激标记	末频率	50Hz
放大倍数	50~100	5~50	串间隔	5s

6. 与二导生理记录仪测定的第 3~7 步骤相同。

【注意事项】

1. 为了便于比较，记录时用慢速记录。
2. 每次描记曲线后，应在曲线下注明刺激强度。
3. 每次刺激肌肉时，必须在肌肉完全松弛以后进行，并注意用任氏液润湿肌肉。

【运用与评价】

运动往往会导致骨骼肌产生疲劳。当肌肉处于不同运动状态时，由于肌肉收缩能量的消耗，能量供应不足就会使肌肉收缩力量下降而产生疲劳。肌肉收缩速度越快、力量越大，输出功率越大，消耗的能量也越大。因此，产生疲劳也越快。

【思考与探索】

1. 根据实验数据，画出肌肉收缩幅度和疲劳时间变化曲线以及疲劳时间与做功量变化曲线。
2. 肌肉收缩力量与疲劳时间有什么关系？
3. 肌肉疲劳时间与做功量有什么关系？
4. 肌肉收缩力量、疲劳时间、做功量之间有什么关系？

二、运用肌电图分析动作、负荷

【实验目的】

了解肌电图的测试原理，掌握肌电图分析体育技术动作的方法。

【实验原理】

肌纤维收缩过程是由支配肌纤维运动的神经元先兴奋，之后导致肌纤维膜兴奋，通过兴奋收缩耦联使肌纤维收缩。因此肌纤维收缩过程始终伴随有肌电的产生。通过测试相应肌肉肌电变化，可以判断肌肉收缩力量，肌肉协调性，完成动作时各块肌肉的用力时序等等。从而达到分析技术动作要求。特别是肌肉内在用力性动作，通过肉眼观察和录像很难分辨清肌肉的收缩规律，而用肌电图则可以较好地解决这类问题。

本次实验主要分析深蹲和浅蹲运动时股四头肌用力规律。负重下蹲是提高下肢肌肉力量的主要练习方法，下蹲姿势可以直接影响到肌肉的训练效果，通过分析不同深度下蹲时肌电图变化规律，就可以确定不同下蹲时肌肉用力程度，同时也就反映出对肌肉力量的训练效果。

【实验对象】

人。

【实验器材】

肌电图仪、计算机、分析软件、关节角度传感器。

【实验步骤】

1. 固定肌电电极：用酒精擦洗被试者左腿股四头肌的股直肌、股外肌和股内肌的肌腹部，将肌电电极装上导电膏后用医用胶布固定在上述肌肉的肌腹部位。无关电极固定在脚腕处。

2. 固定关节角度传感器：将关节角度传感器固定在待测腿的膝关节处。
3. 调整肌电图仪设置。
4. 将肌电图机与计算机连接，开机调出肌电分析软件主菜单。
5. 定标：选择主菜单定标功能，调整肌电图机增益控制旋钮，使输出信号准确达到2V水平。
6. 确定采样时间、频率和通道数。选择主菜单设定采样时间、频率和通道数功能，采样时间为20秒，采样频率为4K，采样通道为4通道。
7. 开始测试：要求被试者开始连续作深蹲动作（1次/5秒）。重复上述操作，同时要求被试者开始连续做浅深蹲动作（1次/5秒）。
8. 存储数据：选择主菜单的存储功能，将数据储存在磁盘上。
9. 数据处理：选择主菜单积分分析功能，对实验数据进行积分处理。
10. 分析实验结果

①结合关节角度分析深蹲时股四头肌各块肌肉收缩时序。
②结合关节角度分析浅蹲时股四头肌各块肌肉收缩时序。
③比较深蹲和浅蹲股四头肌收缩的差别。
④通过分析说明两种动作适合哪种项目的下肢力量练习。

【注意事项】

1. 如果肌电图的阻抗低时，要求用酒精擦皮肤要重一些，使皮肤出现微红。
2. 肌电电极一定要固定好。
3. 下蹲动作要尽量匀速。

【运用与评价】

1. 肌电图信号的变化与肌肉的活动状态和功能状态之间存在着较好的关联性，因而能在一定程度上反映肌肉活动。体育科学研究中，在对肌肉功能状态评价、运动技术合理性分析、骨骼肌纤维无损伤性预测以及利用EMG进行生物反馈训练等方面具有广泛而有效的应用。
2. 用肌电图法可以同时观察许多肌肉的活动，从中准确的判断每一块肌肉在哪一瞬间开始收缩，到哪一瞬间又停止作用。但这种方法也有一定的局限性，首先它只能用来研究体表较大的肌肉，难于研究深层肌肉，如髂腰肌的活动，而且在肌肉长度剧烈改变时也不能使用。其次，肌电的个体差异较大，一些因素诸如体位、姿势、环境、情绪、运动方式、训练水平、电极的型号和性能、记录装置、电极固定部位等都能影响肌电图的结果。在实际使用中要加以注意。
3. 为了较全面的了解肌肉机能，在分析肌电图时最好能结合电影图片，肌肉起止点和力学条件进行综合性分析。

【思考与探索】

1. 分析表面肌电图测量的优缺点。
2. 在体育科研中你认为肌电图可运用在哪些方面？
3. 设计一个运动实验，采用表面肌电图来分析和解释运动训练中的问题。

第四章 血液循环机能测定

一、动物心脏功能分析

(一) 心搏过程观察与描记

【实验目的】

观察蟾蜍心脏各部分自动节律性活动的时相和频率,学习暴露蟾蜍心脏的手术方法,以及蟾蜍在体心脏活动的机械描记方法。

【实验原理】

蟾蜍心脏的活动具有自动节律性。心脏各部分的自动节律活动具有一定顺序,先后依次为静脉窦、心房、心室。静脉窦自动节律性最高,是两栖类动物心搏的起搏点。心房、心室的自动节律性较静脉窦低,正常情况下服从静脉窦的节律。心脏的这种节律的收缩活动可以用机械方法记录下来,成为心搏曲线,以便于对心脏活动进行分析研究。

【实验对象】

蟾蜍或蛙。

【实验器材】

蛙类解剖手术器械一套、MedLab 生物信号采集系统、张力换能器、万能支架、蛙心夹、蛙板、玻璃分针、滴管、棉线、计时器、秒表、任氏液等。

【实验步骤】

1. 毁蟾蜍脑和脊髓,仰卧固定于蛙板上。
2. 用镊子提起胸骨后端腹部的皮肤,剪一小口,然后将剪刀由切口处伸入皮下,向左右两侧锁骨外侧方向剪开皮肤,并向头端掀开皮肤。用镊子提起胸骨后端的腹肌,在腹肌上剪一小口,将粗剪刀伸入胸腔内,紧贴胸壁(以免损伤下面的心脏和血管),沿皮肤切口方向剪开肌肉,剪断左右乌喙骨和锁骨,使创口成一个倒三角形。用眼科镊子提起心包膜,并用眼科剪将心包膜剪开,暴露心脏。
3. 从心脏的腹面可看到一个心室,左右两个心房以及主动脉球和左、右主动脉分支。房室之间有一房室沟。用玻璃分针将心室翻向头侧,就可看到两个心房下端相连的静脉窦。心房和静脉窦之间有一半月形白色条纹称窦房沟。静脉窦与前、后腔静脉相连。

4. 观察静脉窦、心房、心室收缩的顺序，并记录心搏频率。

5. 用细镊子在主动脉干下穿一线备用。用玻璃分针将心尖翻向头端，暴露心脏背面。然后在窦房沟处进行结扎。以阻断静脉窦和心房之间的传导，此为斯氏（Stannius）第一结扎。于是心房、心室立即停止跳动，而静脉窦仍继续搏动。记录窦房结搏动频率。

6. 经过一段时间后，心房和心室又开始搏动，记录其搏动频率。然后在心房心室的交界处做第二结扎，即斯氏第二结扎。这时心房仍能以原节律搏动，心室则停止搏动。又经过一段时间，心室便以更慢的节律恢复搏动。记录心室的搏动频率。

7. 同1法暴露另一只蟾蜍心脏，用系有线的蛙心夹夹住心尖，不可夹得太多（以防心室漏血），也不可夹得太少（以防脱落）。蛙心夹用连线与已连接MedLab生物信号采集系统的张力换能器相连。

8. 启动MedLab生物信号采集系统记录心搏曲线，并仔细观察曲线各波与心脏各部位活动之间的关系，并计算心搏频率。

【注意事项】

在实验中需经常用任氏液湿润心脏，以防干燥。

【运用与评价】

1. 在正常情况下，人体心脏的自律性来自窦房结，是正常心搏的起搏点。窦房结的节律一般可达60~80次/分钟，房室交界次之，为40~60次/分钟，心室内传导组织自律性最低，为25~40次/分钟。凡是由窦房结引起的心律称为窦性心律。正常人安静时窦性心律最高可达100次/分钟。超过100次/分钟的窦性心律，称为窦性心动过速；低于60次/分钟的称为窦性心律过缓。其他的自律组织由于其自律性较低，通常处于窦房结的控制之下，其本身的自律性表现不出来，因而称为潜在起搏点。在某些异常情况下，潜在起搏点也可以自动产生兴奋而引起局部或全心脏的收缩，称为异位起搏点，可以产生异位节律。

2. 经长期的耐力训练，人体安静时的心率可减少到35~60次/分钟，即运动性心动徐缓，这是因为训练使迷走神经紧张性增高和交感紧张性降低的结果。

【思考与探索】

1. 斯氏第一结扎后，房室搏动发生什么变化，为什么？
2. 斯氏第二结扎后，房室搏动发生什么变化，为什么？
3. 怎样证明两栖类心脏的起搏点是静脉窦？

（二）心室期外收缩与代偿间歇的观察描记

【实验目的】

观察心脏对额外刺激的反应，了解心脏在兴奋过程中兴奋性的变化，掌握心脏活动的描记方法。

【实验原理】

心肌细胞具有对刺激产生反应的能力，同骨骼肌一样心肌细胞每产生一次兴奋之后，其兴奋性都要经历三个时期，即：绝对不应期、相对不应期和超常期。心肌的特征之一是具有较长的不应期，约相当于整个收缩期和舒张早期。因此，在绝对不应期给心肌以任何刺激，都不会引起反应。而在相对不应期给心肌单个的阈上刺激，即可产生一个期外收缩。期外收缩也有绝对不应期。因此，当窦房结传来的正常节律性兴奋恰恰落在期外收缩的绝对不应期时，则心室不发生反应。须待窦房结传来下次兴奋，才能发生反应。因此，在期外收缩以后就会出现一个较长时间的间歇期，称为代偿间歇。

【实验对象】

蟾蜍或蛙。

【实验器材】

蛙类解剖手术器械一套、MedLab 生物信号采集处理系统、张力换能器、万能支架、蛙板、蛙心夹、手术线、滴管、大头针、纱布、任氏液等。

【实验步骤】

1. 毁蟾蜍脑和脊髓，仰卧固定于蛙板上，从剑突下将胸部皮肤向上剪开（或剪掉），然后剪掉胸骨，打开心包，暴露心脏。

2. 将张力换能器固定在万能支架上，与 MedLab 生物信号采集处理系统连接；用手术线将蛙心夹与张力换能器相连接，蛙心夹在心室舒张期夹住心尖。

3. 将刺激电极安放在心室外壁上，用万能支架固定，使之既不影响心搏，又同心室壁相接触。刺激电极与 MedLab 的刺激输出线相连接（图 4-1）。

4. 打开计算机，启动 MedLab 生物信号采集处理系统，点击 MedLab 菜单"实验/常用生理学实验"，选择"期前收缩与代偿间歇"。采样和刺激参数见表 4-1。

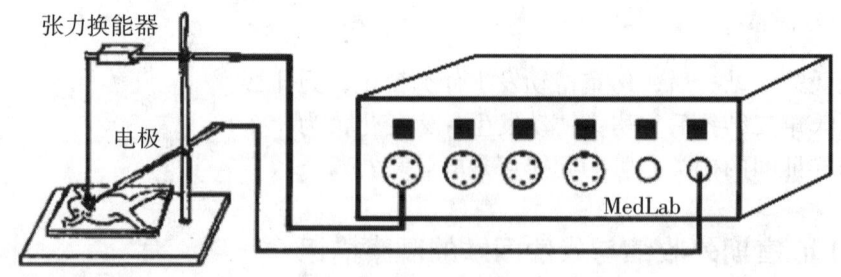

图 4-1 在体蛙心期前收缩实验仪器连接方法

表 4–1 MedLab 的采样和刺激器参数表

采样参数			刺激器参数	
显示方式	记录仪		刺激模式	单刺激
采样间隔	2ms		延时	1ms
X 轴显示压缩比	50:1		波宽	5ms
Y 轴压缩比	4:1	64:1	幅度	0.5V
通道	通道 1	通道 4		
DC / AC	DC	记录刺激标记		
处理名称	张力	刺激标记		
放大倍数	50~100	5~50		

5. 实验观察

①描记正常蟾蜍心的搏动曲线,观察曲线的收缩相和舒张相。

②用中等强度的单个阈上刺激分别在心室收缩期和舒张早期刺激心室,观察能否引起期前收缩。

③用同等强度的刺激在心室舒张早期之后刺激心室,观察有无期前收缩的出现。

④刺激如能引起期前收缩,观察其后是否出现代偿间歇。

【注意事项】

1. 每次刺激后必须等待心搏恢复正常再给予下一次刺激。
2. 经常用任氏液湿润心脏,以防干燥。

【运用与评价】

1. 期前收缩又称早搏,表现为某一次心脏搏动提前,随后出现一次间歇时间较长的搏动。早搏的发生率高,几乎任何正常人都偶尔有过早搏,但心脏病患者中出现得更多。过度吸烟、饮酒、喝茶、情绪激动、过度紧张、过度疲劳、心脏病等都可引起出现早搏。因此,它有生理性与病理性之分。一般来说,生理性早搏常无不适的自我症状,每分钟内出现早搏的次数少,发生不规则,运动后早搏次数显著减少或消失。病理性早搏患者常有胸闷、心慌、头晕、心前区不适或疼痛等不适应症,每分钟出现早搏的次数较多或具有一定规律性(如心跳 2 次、3 次或 4 次出现早搏 1 次),运动后早搏不消失甚至增加。

2. 在运动员中出现早搏,一般室性多见,房性次之,交界性较少。与过度疲劳、突然加大运动量、停训综合征、感染、情绪波动等有关。有些原因不明,运动员无其他异常表现,运动后即刻早搏消失,运动能力正常,经长期观察未见病态者,称为特发性良性早搏。过度训练者,调整运动量,减少或暂停比赛。无训练者,循序渐进增加运动量。停训综合征时,逐渐减小运动量,不宜突然完全中止体育活动,长期保持参加运动。情绪因素诱发者,可参加运动,注意心理调整。良性早搏参加训练和比赛不受限制。

【思考与探索】

1. 实验结果说明心肌的哪些生理特性?

2. 在期前收缩之后，为什么会出现代偿间歇？
3. 在什么情况下，期前收缩之后可以不出现代偿间歇？
4. 心肌的不应期较长有何生理意义？

（三）兔动脉血压的测定及其影响因素的观察

【实验目的】

学习哺乳动物动脉血压的直接测量方法；观察心血管活动的神经体液性调节。

【实验原理】

动脉血压的调节主要受神经、体液调节。心脏受交感神经和副交感神经支配。心交感神经使心跳加快加强，传导加快从而使心输出量增加，动脉血压升高。支配心脏的副交感神经为心迷走神经，兴奋时使心率减慢，心房收缩力减弱，房室传导减慢，从而使心输出量减少，动脉血压下降。支配血管的植物性神经，绝大多数属于交感缩血管神经，兴奋时使血管平滑肌收缩，血管口径缩小，外周阻力增加。同时由于容量血管收缩，促进静脉回流，心输出量亦增加。中枢通过反射作用调节心血管的活动改变心输出量和外周阻力，从而调节动脉血压。

心血管活动还受体液因素的调节，其中最主要的为肾上腺素和去甲肾上腺素。它们对心血管的作用既有共性，又有特殊性。肾上腺素对 α 及 β 受体均能激活，使心跳加快，兴奋传导加速，心肌收缩力加强，心输出量增加。它对血管的作用取决于两种受体中哪一种占优势。去甲肾上腺素主要是激活 α 受体，对 β 受体的作用很小，因而使外周阻力增加，动脉血压增加，其强心作用远较肾上腺素为弱。

将动脉导管插入颈总动脉的向心端，可以测得动脉血流的端压，该压力的变化经血压换能器转换成电信号再输入 MedLab 生物信号采集处理系统，在计算机屏幕上显示动脉血压的曲线。

【实验对象】

家兔。

【实验器材】

MedLab 生物信号采集处理系统、兔手术台、哺乳动物手术器械一套（包括手术刀、粗剪、手术剪、眼科剪、止血钳、镊子等）、动脉夹、动脉导管、血压换能器、棉线、手术灯、万能支架、保护电极、有色丝线、注射器、玻璃分针、20%氨基甲酸乙酯溶液、1000U/ml 肝素溶液、0.01%肾上腺素溶液、0.01%去甲肾上腺素溶液、0.01%乙酰胆碱溶液。

【实验步骤】

1. 准备检压系统

将动脉导管与血压换能器相连，通过三通开关用肝素溶液充灌血压换能器和动脉导管，排尽血压换能器和动脉导管中的气泡，然后关闭三通开关备用。若血压换能器没有定标，要对血压换能器定标。

2. 动物实验准备

①麻醉术：动物称重，在家兔耳缘静脉缓慢注射20%氨基甲酸乙酯（5ml/kg体重）进行麻醉。注射时速度要慢，并注意观察动物的反应。当动物四肢松软，呼吸变深变慢，角膜反射迟钝时，表明已被麻醉，即可停止注射。将动物仰卧固定在兔手术台上。

②气管切开术：剪去兔颈前部的毛，在紧靠喉部下缘，沿颈部正中线切开皮肤5~7cm的口。用止血钳分离皮下结缔组织，于正中线分开颈部肌肉，暴露气管。用弯头手术镊子将一根浸过生理盐水的棉线从气管下方穿过。然后用手术剪在气管上作一"⊥"形切口，横行切口不能超过气管口径的一半。如有黏液或血液，可用湿纱布拭去。然后夹住切口一侧，将气管套管插入气管。用原先穿好的棉线将套管与气管扎紧。再将线绕过套管的开衩处结扎住，以防止套管滑出。套管的两个管口分别连接人工呼吸器的两条橡皮管。

③颈部神经血管分离术：在颈部神经与颈总动脉被结缔组织膜束在一起，形成血管神经束位于气管外侧，其腹面被胸骨舌骨肌和胸骨甲状肌所覆盖。用止血钳分离上述肌肉之间的结缔组织后，用弯头止血钳分离颈总动脉外的结缔组织膜，将动脉分离约4cm，穿线备用。轻轻提起左侧颈总动脉下的线，即可清楚看到三条粗细不同的神经。迷走神经最粗，呈白色，一般位于外侧，易于识别；交感神经稍细，略呈灰色，一般位于内侧；减压神经最细，呈白色，一般位于迷走和交感神经之间。识别准确后，用玻璃分针小心分离其结缔组织膜。一般先分离减压神经，然后再分离交感神经和迷走神经。将神经分离出2cm即可穿不同颜色的丝线备用。

④动脉套管插入术：在分离出来的左侧颈总动脉的远心端（尽可能靠近头端），用丝线将动脉结扎，在颈总动脉之近心端（尽可能靠近心端），用动脉夹住颈总动脉。于两者之间另穿一线，打一活结。在紧靠结扎处的稍下方用锐利的眼科剪在动脉上做一斜形切口，切口大小约为管径的一半。将准备好的动脉导管由切口向心脏方向插入颈总动脉。用备用线将导管尖端固定于动脉管内，并将余线结扎于导管的侧管上。动脉导管另一端为血压换能器。血压换能器与动物心脏保持在同一水平。最后从耳缘静脉注入肝素（1000U/kg体重），以防凝血。

3. 实验装置

①将血压换能器的输入插头与MedLab生物信号采集处理系统的信号放大器输入盒的2通道相连，将刺激电极输入端与刺激输出口相连，将刺激电极输出端与保护电极相连。

②调零、压力定标和制压在实验前，一般已调整好测试系统，实验过程中，勿轻易改动。

③打开计算机，启动MedLab生物信号采集处理系统。点击MedLab菜单"实验/常用生理学实验"，选择"动脉血压记录"。采样和刺激参数见表4-2。

表 4-2　MedLab 采样和刺激器参数表

采样参数		刺激器参数	
显示方式	记录仪	刺激模式	串刺激
采样间隔	1ms	主周期	5s
X 轴显示压缩比	20:1	波宽	1ms
Y 轴压缩比	4:1	幅度	1V
通道	通道 2	间隔	50ms
DC/AC	DC	频率	30Hz
处理名称	血压		
放大倍数	100~200		

4. 实验观察

①慢慢放松动脉夹，开动采集系统，描记一段正常血压曲线。

②用动脉夹关闭另一侧颈总动脉 15 秒钟，观察记录血压变化。

③用手指压迫另一侧颈内动脉和颈外动脉分叉处，观察记录血压有何变化。

④用中等强度的连续电刺激刺激另一侧减压神经，观察血压变化。然后进行双结扎，切断。再以同样强度的电刺激依次刺激减压神经的中枢段和外周段，观察记录血压变化。

⑤用同样强度的电刺激刺激另一侧迷走神经，观察血压有何变化。在双结扎后切断，分别刺激其外周段与中枢段，观察记录血压变化。

⑥在耳缘静脉注入 0.01%肾上腺素溶液或去甲肾上腺素溶液 0.3ml，观察血压有何变化。

⑦在耳缘静脉注入 0.01%乙酰胆碱 0.3ml，观察血压有何变化。

【注意事项】

1. 一项实验后，须待血压基本恢复后再进行下一项实验。

2. 注意动脉套管的位置，特别是动物挣扎时，防止套管扭转而阻塞血流或戳穿血管。

3. 注意动物麻醉深度。如实验时间过长，动物麻醉过浅，经常挣扎，可补注少量麻醉剂。

4. 室温低时打开手术灯给动物保温，防止麻醉后体温下降。

【运用与评价】

1. 人体的动脉血压的调节同样也主要受神经和体液调节。心交感神经使心跳加快加强，传导加快从而使心输出量增加，动脉血压升高。心迷走神经使心率减慢，心房收缩力减弱，房室传导减慢，从而使心输出量减少，动脉血压下降。支配血管的植物性神经，绝大多数属于交感缩血管神经，兴奋时使血管平滑肌收缩，血管口径缩小，外周阻力增加。同时由于容量血管收缩，促进静脉回流，心输出量亦增加。中枢通过反射作用调节心血管的活动改变心输出量和外周阻力，从而调节动脉血压。心血管活动还受体液因素的调节，其中最主要的为肾上腺素和去甲肾上腺素。

2. 由于人体的心血管活动受神经和体液因素的影响，因此，在竞技运动中一些运动员常常借助外源性的药物（目前此类药物在竞技体育比赛中是明令禁止的）来达到提高运动成绩的目的。其表现主要在两个方面。

①拟交感药（如苯丙胺等）：此类药物在结构上与内源性儿茶酚胺有相似之处，并可以模拟内源性儿茶酚胺的生物活性。除对中枢神经系统有强烈的兴奋作用外，还作用于周围的α、β肾上腺受体，提高收缩压和舒张压，心率增快和反射性地减慢，扩张支气管，升高血糖，增加肌肉的紧张性等。

②β阻断剂：在临床医学上，β阻断剂常用于治疗高血压、心绞痛和某些心律失常。在运动实践中，高的交感活动会提高人体的运动能力，但过度的交感兴奋反而会损害运动能力，尤其在应激状态下进行的复杂操作时，技巧、协调和调整都将受到影响。因此，在射击、射箭、跳台、马术、高尔夫球等涉及手、足、眼协调和需要稳定性的运动项目中，β阻断剂被广泛使用。这是因为β阻断剂对肾上腺素β受体具有高度的选择，能竞争性地与β肾上腺素受体结合，从而抑制交感神经-肾上腺系统对心脏的兴奋作用和对支气管和血管的舒张作用等。

【思考与探索】

1. 插动脉导管前为什么要结扎头端血管？为什么动脉的近心端也要用动脉夹夹住？
2. 动物为什么要注射肝素？你认为是手术前注射还是在手术完毕后注射好？
3. 注射去甲肾上腺素后，血压上升，此时心率会有什么变化？为什么？

二、血液测定

（一）红细胞测定

方法一：采用血液稀释法测定

【实验目的】

学习微量采血法和用血液稀释法计算人体单位容积血液内的红细胞数。

【实验原理】

由于血液中红细胞数很多，无法直接计数，故需用适当溶液将血液稀释，然后将稀释血液滴入红细胞计数室内，于显微镜下计数一定容积的稀释血液中的红细胞数，再将所得结果换算为1升血液中的红细胞数。

【实验对象】

人。

【实验器材】

血细胞计数板、血红蛋白吸管、显微镜、玻璃皿、5ml吸管、采血针、75%酒精、消毒棉球、盖玻片、1%氨水、95%酒精（洗吸管用）、乙醚、红细胞稀释液（其成分为：NaCl 0.5g、Na_2SO_4 2.5g、$HgCl_2$ 0.25g，加蒸馏水至100ml）。

【实验步骤】

1. 血细胞计数板的构造（图4-2）

计数板是一块特制的长方形厚玻璃板，板面的中部有4条直槽，内侧两槽中间有一条横槽把中部隔成两长方形的平台。此平台比整个玻璃板的平面低0.1mm，当放上盖玻片后，平台与盖玻片之间距离（即高度）为0.1mm。平台中心部位各以3mm×3mm精确划分为9个大方格，称为计数室，每个大方格面积为$1mm^2$，体积为$0.1mm^3$。四角的大方格，又各分为16个中方格，适用于白细胞计数。中央的大方格则双线划分为25个中方格，每个中方格面积为$0.04mm^2$，体积为$0.04mm^3$。每个中方格又分成16个小方格，适用于红细胞计数。

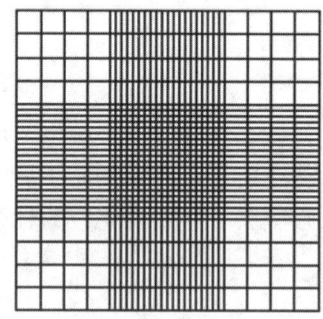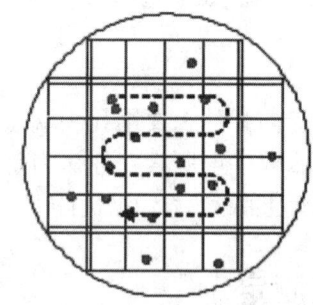

图4-2　血细胞计数板结构和计数方法

2. 熟悉血细胞计数板的构造，并轻压盖玻片，使其由计数板正中的一侧推向另一侧，让两者紧密接触。然后将计数板放置在显微镜的载物台上，用低倍镜正对室中央的大方格，调节光度，使计算室的方格能明显看出。

3. 用5ml吸管吸取3.98ml红细胞稀释液放入玻璃皿中备用。

4. 采血：先用手将耳垂或手指尖轻轻揉搓几下，使其充血，用75%酒精棉球将采血针及取血部位消毒，待酒精挥发后用采血针刺破皮肤，深2~3mm，使血能自然流出。用消毒干棉球擦去第一滴血，待流出第二滴血呈一大滴时，右手斜拿血红蛋白吸管，头朝上，管口前端浸入血滴但不要碰到皮肤。然后慢慢谨慎地将血液吸至刻度$20mm^3$处为止。

5. 稀释：取完血后，立即将吸管插入装有红细胞稀释液的玻璃皿内，将血液缓缓吹入，轻轻摇匀2~3分钟。

6. 充液：用小吸管吸取摇匀的稀释血液，将吸血管口轻轻斜侧于盖玻片和计算室接触处的边缘上，滴出一小滴稀释血液，此时液体即由于毛细血管作用而进入计数室内。

7. 计数：充液后静置2~3分钟，待红细胞充分沉淀后方可计数。计数中央大方格中的 5 个中方格（即 80 个小方格）的红细胞数目。计数中方格内红细胞时应循一定的路径，以免遗漏或重复。对横跨刻度上的血细胞，依照"数上不数下，数左不数右"的原则进行计数（图 4-2）。

8. 计算：将中央大方格中的 5 个中方格内数得红细胞总数再乘以 10000，即得每 mm^3 血液内红细胞的总数。因为：

①稀释液 3.98ml 加入血 20mm^3（即 0.02ml），使血液稀释 200 倍，换算成未稀释血要乘以 200。

②在计数室内只计算 0.02mm^3（即 1 个中方格的容积为 0.2×0.2×0.1=0.004mm^3，5 个中方格的容积为 0.004×5=0.02mm^3），换算成每 mm^3 时应乘以 50。这样把 5 个中方格内数得的红细胞总数乘以 10000（即 200×50=10000）即得每 mm^3 血液内的红细胞总数。

【注意事项】

1. 采血量必须准确，如血柱已超过规定处，可用干棉球在吸管下端开口处轻轻触碰，吸去多余部分。如果血柱中吸入气泡，应马上冲洗吸管后另采标本。

2. 血液稀释后，倘若发现管内有血丝，则应全部吹出洗净后取血重做。

3. 血液的稀释也可采用红细胞计数专用吸管。这种吸管用于吸取血液并加以稀释，在吸管的毛细管部分，有 0.5 和 1 两个刻度。在膨大部分上端，用于红细胞计数者为 10L。刻度表示吸管各段的容积比例。在使用红细胞计数吸管时，如先吸取血液至刻度 0.5，再吸稀释液至 10L 处，则血液被稀释 200 倍。如吸取血液至 1，则稀释倍数减半。吸管的膨大部分内有一粒小玻璃砂，供稀释血液时搅拌之用。

4. 倘若盖玻片下有气泡或因滴得过多，以致溢出室外时，应将盖玻片及计算室洗净擦干重做。

5. 如果各中方格的红细胞数最多与最少相差 20 个以上，表示血细胞分布不均匀，必须将同一吸管内的标本摇匀后再滴入计数室重新计数。

方法二：采用血细胞分析仪测定

【实验目的】

学习应用血细胞分析仪法计算人体单位容积血液内红细胞数的方法。

【实验原理】

用血细胞分析仪法根据血细胞非传导性的性质，对电解质溶液中悬浮颗粒在通过计数小孔时引起的电阻变化来进行血细胞计数和体积测定。当一个细胞通过小孔时，小孔感应区内电阻增加，在瞬间引起电压变化，出现一个脉冲信号，而脉冲的大小取决于细胞的体积，体积越大脉冲振幅越高，通过对脉冲大小的测量可以测定出细胞体积，记录脉冲数目可以得到细胞计数的结果。经过对各种细胞所产生脉冲大小的电子选择，可以区分出不同种类的细胞，并进行分析。

【实验对象】

人。

【实验器材】

血细胞分析仪、红细胞稀释液、溶血剂、血红蛋白吸管、采血针、75%酒精、消毒棉球、1%氨水、95%酒精、试杯。

【实验步骤】

1. 样品采集：按常规取指血或静脉血方法取 20 微升血，迅速加入到有 9.97ml 稀释液的塑料试杯中，轻轻混匀待测。

2. 将 1:500 倍稀释血样的试杯放在血细胞分析仪的样品稀释处，将微量吸管浸入稀释液中，按稀释开关吸入 100 微升稀释液，移去试杯，在微量吸管下放一新的试杯，按动稀释开关，排除按 1:50000 倍稀释的液体。

3. 在 1:500 倍稀释血样的试杯中加 3 滴溶血剂，迅速充分混匀，放在白细胞检测器处，随后将以 1:50000 倍稀释的血样试杯放在红细胞检测器处，按 count 键开始测定。

4. 仪器自动测定，并打印出测试结果。

【注意事项】

1. 由于不同部位取血的测试结果间存在着显著差异，因此，取血部位要固定，以便对结果进行分析。

2. 试杯必须清洁，用中性洗涤剂在超声波清洗机中洗涤试杯，不能用毛刷。

【运用与评价】

1. 正常人红细胞参考范围：红细胞数（RBC）为 $3.50\sim5.60\times10^{12}/L$；血红蛋白含量（Hb）为 110~170g/L；红细胞比积（Hct）为 0.320~0.540；平均红细胞容积（MCV）为 79.0~101.0fl；平均红细胞血红蛋白含量（MCH）为 26.0~36.0pg；平均红细胞血红蛋白浓度（MCHC）为 310~370g/L；红细胞分布宽度（RDW）为 11.5~14.5。

2. 由于血细胞分析仪法不仅可以测定红细胞数（RBC），而且还可以测定一些相关的指标。因此，在临床医学和运动实践中，通常将这些指标综合性地来诊断人体是否贫血以及贫血的类别。如维生素 B_{12}、叶酸缺乏时，MCV、MCH 均超过正常范围上限，而 MCHC 在正常范围内，据此可诊断为巨幼细胞性贫血。铁、卟啉和珠蛋白缺乏时 MCV、MCH、MCHC 均小于正常范围下限，据此可诊断为小细胞低色素缺铁性贫血。RDW 能直接、客观、及时地反映红细胞大小不等的程度，是筛选早期缺铁性贫血的简易指标。例如隐性缺铁时，血清铁蛋白及血清铁减少，而 Hb、MCH、MCHC 正常，但 RDW 异常。此外，RDW 更适宜用做缺铁性贫血的排除性诊断，即小细胞低色素贫血的患者，如果 RDW 正常，缺铁的可能性不大。

【思考与探索】

1. 采用血液稀释法测定红细胞数量时，哪些因素可能影响计数的准确性？
2. 在运动实践中，测定红细胞数量有何生理意义？

（二）白细胞测定

方法一：采用血液稀释法测定

【实验目的】

掌握应用稀释法计算人体单位容积血液内白细胞数的方法。

【实验原理】

由于血液中白细胞数很多，无法直接计数，故需用适当溶液将血液稀释，然后将稀释血液滴入白细胞计数室内，于显微镜下计数一定容积的稀释血液中的白细胞数，再将所得结果换算为1升血液中的白细胞数。

【实验对象】

人。

【实验器材】

血细胞计数板、血红蛋白吸管、显微镜、玻璃皿、1ml 吸管、采血针、75%酒精、盖玻片、消毒棉球、1%氨水、95%酒精、乙醚、白细胞稀释液（其成分为：NaCl 0.5g、Na_2SO_4 2.5g、$HgCl_2$ 0.25g，加蒸馏水至 100ml）。

【实验步骤】

1. 白细胞计数与红细胞的测定方法基本一致。具体操作步骤可参考红细胞测定。但在测定中要注意区别两点：

①用 1ml 吸管吸取 0.38ml 白细胞稀释液放入玻璃皿中备用。

②血细胞计数板四角的大方格，又分为 16 个中方格，适用于白细胞计数。计数白细胞时，数四角 4 个大方格的白细胞总数。

2. 计算：将 4 个大方格内白细胞数得白细胞总数再乘以 50，即得每 mm^3 血液内白细胞的总数。因为：

①稀释液 0.38ml 加入血 $20mm^3$（即 0.02ml），使血液稀释 20 倍，换算成未稀释血要乘以 20。

②计数四角上 4 个大方格内得白细胞总数，其容积为 $1×1×0.1×4=0.4mm^3$。换算成每 mm^3 时应乘以 2.5。这样把 4 个大方格内数得的白细胞总数乘以 50（即 20×2.5=50）即得每 mm^3 血液内的白细胞总数。

【注意事项】

1. 血液的稀释也可采用白细胞计数专用吸管

这种吸管用于吸取血液并加以稀释，在吸管的毛细管部分，有 0.5 和 1 两个刻度。在膨大部分上端，用于白细胞计数者为 11。刻度表示吸管各段的容积比例。在使用白细胞计数吸管时，如先吸取血液至刻度 0.5，再吸稀释液至 11 处，则血液被稀释 20 倍。

如吸取血液至1，则稀释倍数减半。吸管的膨大部分内有一粒小玻璃砂，供稀释血液时搅拌之用。

2. 计数白细胞时，如发现各大格的白细胞数最多与最少相差8个以上，表示血细胞分布不均匀，必须把稀释液摇匀后再滴入计数室重新计数。

方法二：采用血细胞分析仪测定

【实验目的】

学习应用血细胞分析仪法计算人体单位容积血液内红细胞数的方法。

【实验原理】

测定原理与红细胞分析仪法相同。

【实验对象】

人。

【实验器材】

血细胞分析仪、血红蛋白吸管、显微镜、采血针、75%酒精、盖玻片、消毒棉球、1%氨水、95%酒精、乙醚、红细胞稀释液（其成分为：NaCl 0.5g、Na_2SO_4 2.5g、$HgCl_2$ 0.25g，加蒸馏水至100ml）。

【实验步骤】

1. 样品采集：按常规取指血或静脉血方法取20μl血，迅速加入到加有9.97ml稀释液的塑料试杯中，轻轻混匀待测。

2. 在有稀释血样的试杯中加3滴溶血剂，迅速充分混匀，放在血细胞分析仪的红细胞检测器处，按count键开始测定。

3. 仪器自动测定，并打印出测试结果。

【注意事项】

1. 由于不同部位取血的测试结果间存在着显著差异，因此，取血部位要固定，以便对结果进行分析。

2. 试杯必须清洁，用中性洗涤剂在超声波清洗机中洗涤试杯，不能用毛刷。

3. 加溶血剂后应在40秒内进行测定。

4. 取血后应尽快测定，长时间室温下放置，白细胞皱缩变小影响分类的准确性。

【运用与评价】

1. 普通人白细胞参考范围为：白细胞数（WBC）为$4.0~11.0×10^9$/L；小型白细胞数（淋巴细胞）为$1.4~3.0×10^9$/L；中型白细胞数（单核细胞）为$0.1~0.7×10^9$/L；大型白细胞数（粒细胞）为$2.8~5.3×10^9$/L；小型白细胞比率（WS%）为25.0~45.0；中型白细胞比率（WM%）为40.0~70.0；大型白细胞比率（WL%）为45.0~70.0。在不同生理状态下，白细胞数目波动范围较大，如运动、寒冷、失血、剧痛、女子月经期及慢性炎症等，白细胞数均会明显增加。运动员的参考值可参照普通人。

2. 研究表明，运动员在基础状态下，白细胞平均值偏低，但从分类上看，其淋巴细胞较多，特别是训练程度良好的运动员更多。还有报道运动员中性粒细胞内糖原含量较多，碱性磷酸酶也偏高，认为这反映了个体白细胞的机能提高，虽然总数减少，但也能完成人体免疫和净化作用，这是一种白细胞"机能节省化"的反应。

3. 白细胞数也可以作为评定运动员免疫功能的指标。在运动实践中主要是观察、分析运动员在训练中各白细胞值动态变化。白细胞在运动后出现一过性增高，淋巴细胞在大强度段时间运动后增高，中等强度较长时间运动后粒细胞增高。当中性粒细胞百分比上升到90%，而淋巴细胞百分比下降到5%时显现出精疲力竭。

4. 从白细胞分类似乎更能反映出运动的强度和量。中性粒细胞是血液中数目最多的白细胞，占循环池中白细胞总数的50%~60%，它们是机体非特异免疫功能的一个重要组成部分。直接参与机体免疫系统的第一道防线。研究证明，从几十秒到半小时的急性短时运动，包括短距离划船、体操等项目，或者是长时间的马拉松运动，或者是间歇性高强度的足球比赛，都可引起外周血液尤其是中性粒细胞的急剧升高。中性粒细胞数恢复的时间取决于运动的性质，一般短时间运动后中性粒细胞恢复正常需要1小时；足球比赛后中性粒细胞仍然会继续上升，3~4小时后，外周血中白细胞才逐步恢复到运动前水平；马拉松运动后要在第二天，大约24小时后才恢复正常。

【思考与探索】

1. 比较白细胞和红细胞两种计数专用吸管是否存在差异，为什么？
2. 白细胞在人体是如何分类的，各种白细胞在人体内有何生理意义？
3. 在运动实践中，测定白细胞数量有何生理意义？

（三）血红蛋白测定

方法一：采用沙利氏比色法测定

【实验目的】

掌握用比色法测定人体血红蛋白含量。

【实验原理】

测定血红蛋白最常用最简单的方法是比色法。血红蛋白本身的颜色随着与氧结合量的多少而变化，不便于比色。但是加入稀盐酸可使血液中血红蛋白变成不易比色的、稳定的、棕色的高铁血红蛋白，用水稀释后即可与标准色相比，从而测出其含量：每升血液中含血红蛋白克数。我国正常成年男子含120~150g/L，成年女子含110~140g/L。

【实验对象】

人。

【实验器材】

沙利氏血红蛋白比色计、采血针、血红蛋白吸管、75%酒精棉球、0.1%N 盐酸、蒸馏水、玻璃棒、1%氨水等。

【实验步骤】

1. 在血红蛋白稀释管内加 0.1%N 盐酸到刻度 10%处（一般在 5 滴左右）。
2. 消毒指尖采血，血滴宜较大，用血红蛋白吸管吸血至 20mm³ 刻度处。用棉球拭去管尖外部黏附的血液。
3. 将吸管迅速浸入血红蛋白稀释管的盐酸内，徐徐吹血于液体底层，然后摇匀，使血与盐酸混合而呈褐色。把稀释管插入比色架中央的空隙中（使无刻度的两侧面处于空隙的前后方，以免妨碍比色）。
4. 放置 10 分钟使血红蛋白充分酸化，然后用滴管向稀释管内逐滴加入蒸馏水，同时用玻璃棒搅动混匀，边滴边观察色泽，直到颜色与标准玻璃色柱相同为止。读取管内凹形液面最低处的刻度数字，即为每 100ml 血液中血红蛋白的克数。

【注意事项】

1. 要轻轻地吹入血液勿造成气泡。
2. 每次加蒸馏水的滴数要少，边加边进行比色，以免一旦稀释过度而得不到正确的结果。

方法二：采用氰化高铁法测定

【实验目的】

掌握用氰化高铁法测定人体血红蛋白含量。

【实验原理】

氰化高铁测定法（简称 HICN）是国际公认的测定方法。1977 年国际血液学标准化委员会再次发表文件，重申 HICN 方法是血红蛋白测定的参考方法，所有其他方法如氧合法和测血铁法等都要参照此法。

基本原理是血红蛋白被高铁氰化钾 [$K_3Fe(CN)_6$] 氧化为高铁血红蛋白（Hi），再与氰离子（CN^-）结合成稳定的棕红色氰化高铁蛋白（HiCN），在规定的波长和溶液厚度的条件下，可根据其吸光系数计算出血红蛋白浓度，或用 Hb 标准液制成标准曲线，在测得吸光度后查曲线即可求出 Hb 浓度。该法的优点是能在很短时间内将血液中几乎所有循环形式的血红蛋白，都转化为非常稳定的氰化高铁血红蛋白。在良好控制实验条件下，方法误差仅为 2g/L 以内。

【实验对象】

人。

【实验器材】

采血针、微量吸血管、带塞试管、75%酒精棉球、721分光光度计、血红蛋白稀释液（高铁氰化钾200mg、氰化钾50mg、磷酸二氢钾120mg加蒸馏水稀释至1000ml，试剂pH应为7.0~7.4，如不到可用NaOH调整，配好的试剂置棕色瓶室温或冰箱4℃以上可保存数月，注意不能冰冻）。

【实验步骤】

1. 取液：拿一个带塞试管，在其内加入5ml血红蛋白稀释液，将塞子塞好，放置在试管架待用。

2. 采血：消毒指尖，采血针刺破皮肤2~3mm，用微量吸血管取耳血，要求取第二滴血，血滴宜较大，用血红蛋白吸管吸血至20微升刻度处，用棉球拭去管尖外部黏附的血液。

3. 配置：将吸管中血液轻轻加入已预备装有5ml血红蛋白稀释液中，用吸管在稀释液中慢慢吸吹血液3次以上，迅速盖紧试管，颠倒混匀，放置5分钟。

4. 以试剂空白调整零点，1cm比色杯，540nm波长读取吸光度，然后查血红蛋白含量换算表（表4-3）。

表4-3 血红蛋白含量换算表（单位：ml）

	空白管	标准管	测定管
氰化高铁Hb稀释液	5.0	5.0	5.0
新鲜耳血	–	–	0.02
氰化高铁Hb标准液	–	0.02	–

混匀后，倒入1cm光径比色杯中，在540nm波长处比色，测光密度OD值

5. 换算：

①将样品吸光度直接乘以一个K值36.77，即得出血红蛋白浓度，单位是g/dl。

$$Hb（g/dl）= OD（光密度）\times K（常数）$$

②用市售的HICN参考制品预先绘制出标准曲线，制作一张血红蛋白含量换算表。

【注意事项】

1. 采血针应该一人一根。严防交叉感染。

2. 试剂氰化钾有剧毒，配置和保存应严格注意安全，配置血红蛋白稀释液有弱毒性，实验完毕后一定要洗手。

3. 耳血与指血略有差别，最好固定采血的部位，以利于分析。

4. 试剂在存放过程中如果出现浑浊即不能再使用。

【运用与评价】

1. 我国普通人群安静时血红蛋白参考值范围，男子为120~160g/L血液，女子为

110~150g/L血液。血红蛋白正常范围和贫血诊断数值也适用运动员，即男子低于120g/L，女子低于110g/L，14岁以下男女均低于120g/L，作为贫血的参考值。联合国卫生组织（WHO）诊断贫血标准为6月~6岁<110g/L，6~14岁<120g/L；成年男子<130g/L，成年女子<120g/L。

2. 在运动实践中，血红蛋白能综合反映运动员在运动过程中血液携带氧的能力。当人体内血红蛋白的含量不足时会导致运动能力下降。当其含量较高时，则表现出良好的机能状态，从而提高运动能力，所以血红蛋白可作为运动机能评定的生理指标。血红蛋白的含量除受年龄和性别的影响外，久居高原地带和从事运动训练也会使血红蛋白增加。通过测定血红蛋白还可了解运动员的营养状况，以及机体是否处于贫血状况。在高原训练中，它是评定运动员对缺氧适应的指标。在运动队大负荷训练中，教练员可根据血红蛋白的高低掌握运动员的训练量是否合适，了解运动员是否处于疲劳状态，从而及时调整运动量的大小。

【思考与探索】

1. 根据自己的实验测定结果，评价血红蛋白水平是否正常？
2. 血液中血红蛋白含量的多少是否能反映机体的健康状况？为什么？
3. 测定血红蛋白在运动实践中的实际意义是什么？
4. 设计一个实验，如何运用血红蛋白指标来评价人体机能状态？

附：标准曲线及标准检量表制作

在实验检测实际工作中，由于试剂、仪器，以及实验室条件环境等因素引起的系统误差，使样品浓度和标准液浓度相距越远，其变异系数也越大，而人体内各种被测物质的含量又都有一个生理的波动范围。因此，所有标准物必须选用一个最适宜的浓度，以使测定结果的系统误差最小。一般所用标准物的浓度，都选在平均值附近。为了更好地解决误差，较理想的办法是利用一系列不同浓度的标准液，做出一个标准曲线，并且做出一个标准检量表。

一、作图法

1. 制备标准液：选择适当浓度范围的标准液，做至少六个不同浓度的稀释，以血清总蛋白测定为例，可以选取2、4、6、8、10/dL等浓度。
2. 加样：按照规定测定方法，取各不同浓度的标准液进行测定（为减少器材及操作误差，最好同时做双份，即每个浓度的标准液同样做两管）。
3. 比色：采用适当波长的光束在分光光度计上比色，分别读取各管的吸光度。
4. 作图：以标准液的浓度为横坐标，以各管相应的吸光度为纵坐标，在标准方格纸上标出各坐标点，连接各点应成一条直线，并通过"0"点即为标准曲线。

如果标准线的高端向下弯曲，则说明在弯曲部分的吸光度与标准物浓度已不符合Beer定律，不易使用，应尽量用其直线部分。

5. 做检量表。

根据实际实验需要，选定适当范围，查出选定范围内的各吸光度的相当含量，填入检量表内。

项目_____		方法_____			日期_____				
A×100	0	2	3	4	5	6	7	8	9
0									
10									
20									
30									
40									
50									
…									

需注意各吸光度的相应浓度并不是该测定管中物质的实际含量，而是相当于每分升或升中物质的含量故称相当量。

二、直线回归方程计算法

由标准液浓度选点到比色这一过程同前。将比色结果以已知浓度 X，以相应吸光度为 Y，按下式进行计算。

$$\hat{Y} = a + bx$$

式中 a 为截距，b 为斜率

$$A = \bar{Y} - b\bar{X}$$

$$b = \frac{n \cdot \sum xy - \sum x \sum y}{n \cdot \sum x^2 - (\sum x)^2}$$

实际工作中，比色测定所得数据为吸光度（y）值，根据吸光度再计算出浓度（x）其计算式为：

$$x = \frac{y - a}{b}$$

计算出 a、b 数值以后，选定实验工作中所需用的范围，由上式即或得到各不同吸光度的所测物质的相对含量，然后即可制成标准检测量。

注意当被测物质浓度过高时，由于直线回归的特性将使 a 值增高，这样就使得测定范围的高低端都出现较大误差。为减小这一误差，可用相关系数（r）进行校验。

（四）血型测定

【实验目的】

学会并掌握测定血型的方法。

【实验原理】

两个人的血液混合时，有时可能出现红细胞凝集成团，然后溶解。其原因是人类血液中的红细胞内含有两种凝集原（凝集原 A、凝集原 B）；血清内含有两种凝集素（抗 A 凝集素、抗 B 凝集素）。如果凝集原 A 与抗 A 凝集素相遇、凝集原 B 与抗 B 凝集素相遇，就会出现红细胞的凝集反应。根据红细胞中所含凝集原的不同，ABO 血型系统可分成 A、B、AB、O 四种血型（表4-4）。

表4-4 ABO 血型系统中的抗原和抗体

血型	红细胞的抗原（凝集原）	血清中的抗体（凝集素）
A 型	A	抗 B
B 型	B	抗 A
AB 型	A 及 B	无
O 型	无	抗 A 及抗 B

【实验对象】

人。

【实验器材】

标准 A 型血清（抗 B）、标准 B 型血清（抗 A）、玻璃片、消毒牙签、采血针、75%酒精棉球、干棉球、记号笔。

【实验步骤】

1. 在玻璃片两端标记 A、B（后简称为 A 端、B 端）。
2. 取标准 A 型血清一滴，滴在玻璃片的 A 端，取标准 B 型血清一滴，滴在玻璃片的 B 端。
3. 用75%酒精棉球对受试者的手指尖或耳垂、采血针及实验人员的手进行消毒。然后，用采血针刺手指尖或耳垂取血（刺的速度要快，深度为 2~3mm）。
4. 用消毒牙签的一端取血（只需在血滴上蘸一下即可），置于 A 端的标准血清中，并稍加搅动；用另一端取血，同样置于 B 端的标准血清中，并稍加搅动。放置 3~5 分钟后进行观察。
5. 根据下列情况判断血型（图4-3）。

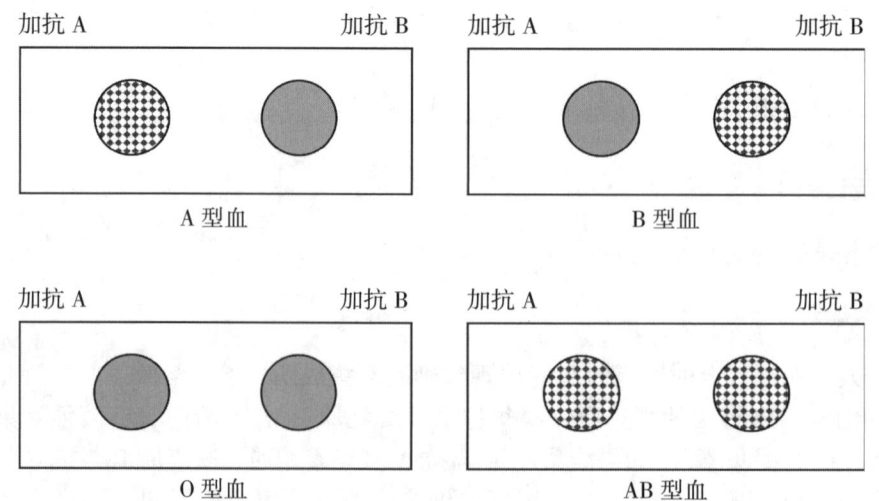

图4-3 血型的判断

①在 A 端发生血细胞凝集现象，而 B 端不发生凝集现象的，受试者的血型为"B"型。

②在 B 端发生血细胞凝集现象，而 A 端不发生凝集现象的，受试者的血型为"A"型。

③在 A、B 两端都发生凝集现象的，受试者的血型为"AB"型。

④在 A、B 两端都不发生凝集现象的，受试者的血型为"O"型。

【注意事项】

1. 严防两种血清接触。
2. 标准血清须新鲜，因污染后可产生假凝集现象。

【运用与评价】

1. 血型的鉴定在临床医学上具有极其重要的意义。在临床输血前，必须进行交叉配血试验，只有配血吻合才可进行输血。

2. 研究表明，中国人的血型分布为 A 型 27.07%、B 型 32.48%、AB 型 9.67%、O 型 30.77%。运动员中以 O 型和 A 型居多，大于均值 3% 左右。有研究认为，血型与运动员的神经类型、性格、身体素质以及从事的运动项目有一定的相关性。一般认为，A 型血的能吃苦耐劳；B 型血的好胜；AB 型血的沉着冷静；O 型血的敢于拼搏。

【思考与探索】

1. 根据自己的血型，说明你能接受和输血给何种血型的人？为什么？
2. 如何区别血液的凝集与凝固，其机理是否一样？
3. 已知甲某的血型为 A 型（或 B 型），在无标准血清的情况下，能否测出乙某的血型？

（五）红细胞压积测定

方法一：采用血液离心测定

【实验目的】

掌握红细胞压积（hematocrit）的测定原理和方法。

【实验原理】

加有抗凝剂的血液经离心沉淀后，有形成分和血浆分离。上层呈淡黄色的液体是血浆，中间很薄的一层为灰白色，即白细胞和血小板，下层为暗红色的红细胞，彼此压紧而不改变细胞的正常形态。根据红细胞柱和血浆的高度，可计算红细胞在全血中的容积比值，即红细胞压积。

【实验对象】

人或家兔。

【实验器材】

毛细玻璃管或温氏分血管、采血针、离心机、天平、75%酒精棉球、注射器、长针头、草酸盐抗凝剂。

【实验步骤】

1. 微量毛细管压积法

①配置草酸盐抗凝剂：草酸铵 1.2g，草酸钾 0.8g，40%甲醛溶液 1ml，加蒸馏水至 100ml。将抗凝剂吸入毛细管中，让溶液水分自然挥发或于 60~80℃烘干。

②采血：用酒精棉球消毒耳垂或手指端，酒精挥发后，用采血针刺破皮肤，让血液自动流出，用干棉球擦去第一滴血，待第二滴血流出后，将毛细管的一端水平接触血滴，血液自动流入管内，直至充满管的 3/4。

③离心：将毛细管一端封闭（可用小火焰封闭空端）后，以 3000r/min 离心 15 分钟。

④计算：测定红细胞柱和全血柱的高度，单位：毫米（mm）。

红细胞压积 = 红细胞柱（mm）/全血柱（mm）

2. 温氏分血管压积法

①将温氏分血管用抗凝剂处理，烘干备用。

②采血：兔心采血 2ml，然后沿管壁缓慢注入分血管内，直到 10cm 刻度处，避免气泡存在。

③离心：将分血管以 3000r/min 离心 30 分钟，取出分血管，观察并记录红细胞柱的高度。再以同样转速离心 5 分钟，如果记录相同，则该读数的 1/10 即为红细胞压积。如读数为 4.0，则压积为 0.40（或 40%）。

【注意事项】

1. 离心后，如果红细胞柱表面为斜面，则静止到表面平坦后再读数。
2. 分血管应加塞以防水分蒸发。
3. 血柱中不得有气泡。

方法二：采用血细胞分析仪测定

【实验目的】

学习应用血细胞分析仪法计算红细胞比积。

【实验原理】

采用电阻抗法进行红细胞比积测定。用血细胞分析仪法根据血细胞非传导性的性质，对电解质溶液中悬浮颗粒在通过计数小孔时引起的电阻变化来进行血细胞计数和体积测定。当一个红细胞通过小孔时，产生电压降，形成相应大小的脉冲，脉冲的高度取决于单个细胞的体积，脉冲高度的叠加经过换算可得到红细胞的比积，仪器内存的脉冲高度分析器将所有信号分选在不同通道内，并打印出红细胞体积直方图。

【实验对象】

人。

【实验器材】

血细胞分析仪、红细胞稀释液、溶血剂、血红蛋白吸管、采血针、75%酒精、消毒棉球、1%氨水、95%酒精、试杯。

【实验步骤】

1. 样品采集：按常规取指血或静脉血方法取 20 微升血，迅速加入到加有 9.97ml 稀释液的塑料试杯中，轻轻混匀待测。
2. 将 1:500 倍稀释血样的试杯放在血细胞分析仪的样品稀释处，将微量吸管浸入稀释液中，按稀释开关吸入 100 微升稀释液，移去试杯，在微量吸管下放一新的试杯，按动稀释开关，排除按 1:50000 倍稀释的液体。
3. 在 1:500 倍稀释血样的试杯中加 3 滴溶血剂，迅速充分混匀，放在白细胞检测器处，随后将以 1:50000 倍稀释的血样试杯放在红细胞检测器处，按 count 键开始测定。
4. 仪器自动测定，并打印出测试结果。

【注意事项】

1. 由于不同部位取血的测试结果间存在着显著差异，因此，取血部位要固定，以便对结果进行分析。
2. 试杯必须清洁，用中性洗涤剂在超声波清洗机中洗涤试杯，不能用毛刷。

【运用与评价】

1. 红细胞压积（Hct）指抗凝血在一定条件下离心后，红细胞在全血中所占体积的百分比。它与红细胞数量和大小有关。红细胞压积正常值，成年男性为 0.4~0.5（或 40%~50%），女性为 0.37~0.48（或 37%~48%）。红细胞压积增加常见于各种原因所致的血液浓缩（如出汗、缺血等），减少主要见于贫血或过度摄水后血液稀释。红细胞压积可作为诊断人体水合状态和贫血的指标。

2. 由于血液中红细胞数量的多少与运动员的有氧运动能力有着直接的关系，在竞技体育中运动员常采用各种手段来提高红细胞的含量。包括高原训练、血液回输以及使用兴奋剂 EPO 等。运动员使用 EPO 后能使红细胞和血红蛋白升高，这有助于氧运输增加而提高耐力。但使用 EPO 的同时会给机体带来不良影响。这是因为安静时运动员的 Hct 约为 45%，运动中升高为 55%，这一升高并不会带来危害和危险，一旦补充水分以后，血液黏稠度就会恢复到正常。然而，运动员注射 EPO 以后 Hct 可以达到 55%~60%（血液回输只使 Hct 升高到 50%），加上运动时血浆中的部分液体进入组织和经汗液丢失，血液变得黏稠，Hct 可以达到 70%，这就意味着血液中只剩下了 30% 的血浆。这时血液的流动速度明显减慢，可引起组织缺氧、凝血加快、静脉血栓形成，使中风和心脏病的发生率随之提高，这一危险甚至在停止运动后也不会终止。因此，运动员使用 EPO 已是国际奥委会明令禁止的。

【思考与探索】

1. 吸血入毛细管时如何防止有气泡？
2. 正常的红细胞压积是如何评价的，根据测定结果评价自己的红细胞压积？
3. 在体育运动实践中，测定红细胞压积有哪些实际意义？

三、心率的测定

【实验目的】

掌握人体心率的测定方法，观察运动时心率的变化。

【实验原理】

人体心率的测定方法有脉率指触法、心音听诊法和心率遥测法。

当心脏在收缩期时，血液被挤压入动脉，使得动脉血压升高，动脉管壁扩张；当心脏在舒张期时，心脏射血中止，动脉血压下降，动脉管壁回缩。因此，伴随心脏的缩舒活动，动脉管壁产生波动并可沿管壁向外周传播从而产生脉搏。由于心脏每缩舒一次，动脉管壁产生一次波动，故可通过测定脉搏来确定心率。

心脏在搏动中产生的心音可通过其周围组织传递到胸壁，因此，可通过听诊器在左胸壁心尖处听诊确定心率。

由于心脏在兴奋时伴随有电变化，此电变化可传至体表，通过表面电极将心脏的电信号接收后送入发射机，再经接收机接收后而显示心率。

【实验对象】

人。

【实验器材】

秒表、听诊器、POLAR 运动心率分析系统（包括 S810i 运动心率表或其他型号心率表、心率传输带、红外线接口、Polar Precision Performance 分析软件）。

【实验步骤】

1. 测量方法

①扪诊法：腕部桡动脉——多用于安静脉搏的测量；耳前颞浅动脉——多用于水上项目或运动后；把手或听诊器放在左胸部，直接测数心跳次数。

②听诊法：令受试者坐于测试人员对面，将听诊器胸端置于心前区听诊，记录 1 分钟的心跳次数。

③心率表法：使用运动心率表记录心率。

④心率遥测法：使用遥测心率仪记录心率。

2. 安静时心率测定

①以 15 秒为单位：将 15 秒的脉搏乘以 4 即为 1 分钟的脉搏频率。

②以 10 秒为单位：连续记数每 10 秒钟的脉搏频率，连续三个 10 秒的脉搏数是一样的，即以这个数字乘 6，得出被试者每分钟的脉搏频率。例如：连续三个 10 秒都测得被试者每 10 秒的脉搏为 10 次（即 10 次/10 秒，10 次/10 秒，10 次/10 秒），即以 10×6 得出被试者安静时每分钟脉搏频率为 60 次；如果被测者的脉搏是相邻两个 10 秒的频率只差一次，连续测时每两个 10 秒的情况都是这样，即可以用邻近两个 10 秒的频率相加乘 3，求得安静时每分的脉搏频率。如 10 次/10 秒，11 次/10 秒，10 次/10 秒，11 次/10 秒，10 次/10 秒，11 次/10 秒，即可以（10+11）×3 得出 63 次/分，为其安静时的脉搏频率。

3. 定量负荷运动时心率测定

①在安静时测定运动前心率。

②令受试者以 2 秒/次的速度（按节拍器节律）连续下蹲 30 秒。取坐位测定受试者运动后即刻、2 分钟、4 分钟、6 分钟的心率，将所有测试结果记录下来，然后进行分析。

4. 运动现场心率遥测测定（以 POLAR 运动心率表记录为例）

①受试者在腕部佩戴 POLAR 运动心率表，在胸前区佩戴心率传输带（使用前发射带内部的电极处涂抹少量的水），让湿润的电极部分充分与皮肤接触。

②开动 POLAR 运动心率表的"确定"按钮，即可开始测量心率，心形符号开始闪烁，心率（次/分）将在 15 秒钟内显示。再按"确定"按钮，秒表开始计时。

③受试者做适当的准备活动，然后在运动场上进行一定距离的跑（如 1500 米）。运动结束后，受试者做适当的放松练习。

④按动受试者手腕上 POLAR 运动心率表上的"停止"按钮，秒表功能停止，再一次按下"停止"按钮，心率测量将会停止；将运动心率表和心率传输带取下。

⑤启动计算机，打开 Polar Precision Performance 分析软件，选择菜单上"连接心率表"按钮，通过红外线接口将运动心率表上储存的运动前后的心率值下载到计算机，通过 Polar Precision Performance 分析软件对整个运动前后的心率变化进行分析。

【注意事项】

1. 测定心率一般不采用按压颈动脉的方法，原因是按压颈动脉会反射性引起心率减慢，而影响测定结果的准确性。

2. 如果采用触扪脉搏法测定运动中心率，测定时间一般不超过 10 秒，可测定 6 秒，再换算成 1 分钟心率。

3. 在运动现场，可同时对多个学生进行测定，运动结束后对完成同样距离运动的学生的心率变化进行分析。

4. 使用遥测法测定心率时，心率表与心率传输带的距离应保持在 1 米以内，测试中勿使用移动电话。测定结束后，应用中性肥皂和水溶液小心清洗心率传输带，清水漂洗干净后，用柔软的毛巾小心擦干心率传输带。

【运用与评价】

1. 正常成人每分钟脉搏 75 次左右。运动员在运动中，脉搏频率可达每分钟 200 次以上。在安静时，脉搏却可少到每分钟 30 次。在进行中小强度的定量活动时，往往未受过运动训练的人的脉搏频率比受过训练的人快。因此，在运动训练中，常采用脉搏作为评定运动员的训练水平、运动强度及身体机能状态变化的简易指标。

2. 基础心率随着训练年限的延长和训练水平的提高而减慢。基础心率突然加快往往提示有过度疲劳或疾病的存在，应特别注意。

3. 耐力项目运动员的安静时心率低于其他项目运动员，最低可达 36 次/分左右。评定运动员安静心率时，应采用自身前后比较，多用于运动时的对照。

4. 一般情况下，运动时心率的快慢与运动强度有关。强度越大，心率越快。运动后心率下降速度的快慢，反映运动员身体机能的恢复情况。

【思考与探索】

1. 在测定运动中心率时，可否采用按压颈动脉的方式，试分析产生的原因？
2. 基础心率在运动训练和机能评价中有何意义？
3. 设计一个实验，用心率来评价运动强度以及不同个体之间的差异。

四、人体动脉血压测定

【实验目的】

了解并掌握人体动脉血压的测定原理和方法；观察运动后动脉血压的变化。

【实验原理】

测定人体动脉血压最常用的方法是间接测定法。它是使用血压计的压脉带在动脉外加压，根据血管音的变化来测量动脉血压的。通常血液在血管中流动时没有声音。但如果给血管施加压力使血管变窄形成血液涡流时则可发出声音。用压脉带在上臂给肱动脉加压，当外加压力超过动脉的收缩压时，动脉血流完全被阻断，此时用听诊器在肱动脉处听不到任何声音。如外加压力低于动脉的收缩压而高于舒张压时，当心脏收缩时，动脉内有血流通过，舒张时则无。血液断续地通过受压血管狭窄处，形成涡流而发出声音。如果外加压力等于或小于舒张压时，则血管内的血液连续通过，所发出的声音会突然变调或消失。故恰好可以完全阻断血流所必需的最小管外压力（即发生第一次声音时），相当于收缩压。在心舒张时也有少许血流通过的最大管外压力（即音调突变或消失时），相当于舒张压。

正常人安静时血压正常值高压为 100~120mmHg，低压为 60~80mmHg。血压的变化可以反映出人体血液循环机能的变化，因此血压常作为评定血液循环机能的指标之一。

【实验对象】

人。

【实验器材】

医用血压计、听诊器、秒表。

【实验步骤】

1. 安静时动脉血压的测定（图 4-4）

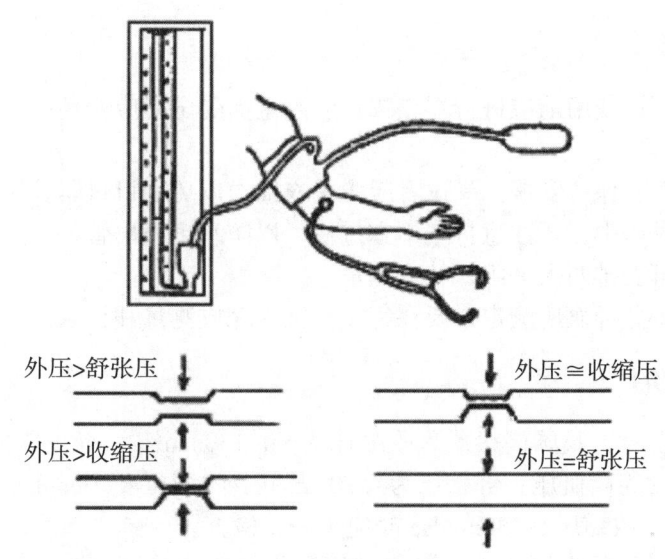

图 4-4　血压的测定原理

①将压脉带绑在被试者的上臂上，其下缘应在肘关节上约 3cm，松紧应适宜。

②以手指扪寻肘窝处的肱动脉，然后把听诊器的听头放在肱动脉上。

③把气球的气门旋紧，打气。随压脉带内的压力升高，逐渐可以听到有节奏的"咚咚"声。继续打气，等声音消失时，再使压力升高 20~30mmHg。然后打开气门徐徐放气。以每次搏动下降 2~4mmHg 为宜。

④在放气的同时注意听，当有节奏的"咚咚"声响的第一声出现时，水银面所指示的压力即为最高血压（收缩压）。

⑤继续放气，随压力逐渐下降，听到突然变音，此为舒张压变音点，再继续排气，脉搏声消失瞬间的水银柱高度为舒张压，15 岁以上以消音点作为舒张压。

⑥记录所得结果，例如最高血压为 110mmHg，最低血压为 70mmHg，可写成 110/70mmHg。

2. 运动前后血压的测定

下面以 30 秒蹲起 20 次的定量工作为例，测定运动前后血压。其步骤如下：

①被测者坐位测定其运动前的血压，并做好记录，要求测量准确。
②断开压脉带和血压计之间的连接，让压脉带仍绑在被测者上臂上。
③被测者手托气球，两腿分开与肩同宽，按20次/30秒的节奏，蹲起20次。
④运动后立即坐在桌旁，测其运动后的第一分钟血压，并记录结果。
⑤运动后第二分钟开始测时，仍按第一分钟要求；第三分钟的测定同第二分钟。
⑥将所有测试结果记录表中，然后进行分析。

指标	安静时	运动后		
		1分钟	2分钟	3分钟
血压				

【注意事项】

1. 水银血压计使用前应进行零点校正。测量前受试者应避免剧烈运动，并静息10~15分钟。
2. 测量环境应保持安静。受试者应脱去衣袖，以免袖口过紧，影响血液循环。
3. 在打气过程中，要注意打气不宜过快，以防水银喷出管外。
4. 测量中可安排两人一组，轮流测量。
5. 运动后每分钟血压测定，要在每1分钟内完成测量和记录。

【运用与评价】

1. 安静状态时，我国健康成人收缩压为90~130mmHg，舒张压为70~90mmHg。收缩压＞130mmHg为高血压；舒张压为＜70mmHg、收缩压＜90mmHg为低血压。安静舒张压＞90mmHg、收缩压＞130mmHg时应进一步检查。

2. 我国运动员的血压水平一般在健康青年血压值范围内，当运动员安静舒张压＞90mmHg、收缩压＞130mmHg时应引起注意。运动员晨起卧床血压较稳定，如果安静血压比平时上升20%左右且持续两天，可视为机能下降或过度疲劳的表现。

3. 运动训练中血压的变化与运动强度有关，大强度训练后收缩压上升和舒张压下降明显，且恢复较快，表明身体机能良好。训练后收缩压明显上升、舒张压亦上升或血压反应与强度刺激不一致、恢复时间延长等说明机能状况不佳。

4. 运动时收缩压一般随运动强度增加而上升。大强度负荷时，收缩压可高达190mmHg或更高，舒张压不变或轻度上升或下降。出现以下情况为运动员机能不良反应：①运动时脉压差增加的程度比平时减少；②出现梯形反应；③出现无休止音；④运动时收缩压的上升与运动强度的增加不相平行或突然下降。收缩压突然下降达20mmHg者必须立即停止运动。

【思考与探索】

1. 何谓收缩压和舒张压？其正常值各是多少？
2. 测量血压时，对袖带的使用有何要求？
3. 为什么不能在短时间内反复多次测量血压？

4. 试分析运动时人体血压的变化特点？

附：BYS-25 型电子血压计测压法

【测定原理】

测定人体动脉血压除用常规的血压计外，尚有多种用换能器来测定血压的装置。电子血压计即为其中的一种。

电子血压计测压的基本方法和原理与一般血压计大体相同。所不同的是用微音器代替听诊器检测血管音，再通过换能，将血管音转变为闪光来测定血压。将脉压带内的微音器置于肱动脉处，当外加压力低于收缩压高于舒张压而发生血管音时，微音器检拾血管音，然后将血管音转换为指示灯的闪光。第一次发出闪光的血压表指示值即为收缩压；当外加压力小于或等于舒张压时，血管音的音调发生突变或消失，此时的指示灯最后一次闪光的血压指示值即为舒张压。新型的电子血压计，本身带有气泵，可自动向压脉带充气和放气，同时以数字形式直接显示当时的脉搏和血压的数值。使用起来很方便。

【使用方法】

1. 将压脉带与主机连接好，绑在上臂，其下边沿距肘关节 4~5cm，传感器位于上臂内侧。压脉带松紧适中。被测者坐正，手臂放在桌上，使传感器位置与心脏同等高度。打开电源。

2. 关上阀门，挤压橡皮球给压脉带充气，直到压力表指针高出通常最高血压的 20~30mmHg 时，停止充气。此时仪器发出的声响与血压无关。然后打开阀门慢慢放气，压力表指针逐渐下降，当仪器发出正规的声音和闪光时，读出压力表所指示的数字。继续均匀放气，至仪器嘟嘟声和闪光消失。再读出压力表所指示数字。其第一声为收缩压，最后一声为舒张压。

3. 当声、光完全消失即舒张压读出后，将阀门开大，快速放气至零，方可做下一次测量。

4. 测完后关闭电源。

【注意事项】

1. 仪器供电 7~9V，电源不足时应换电池。
2. 充气时不要超过压力表最大量程 300mmHg。
3. 使用一段时间后应与水银柱血压计校对。
4. 不用时注意关闭电源。

五、心脏功能测定

（一）超声法

【实验目的】

了解采用超声心动图的方法来测量人体心脏功能。

【实验原理】

超声心动图是利用声波与反射的性能来观察心脏与大血管的结构和动态变化，了解心房、心室收缩及舒张情况与瓣膜关闭、开放的规律，以了解心脏的射血功能。

【实验对象】

人。

【实验器材】

超声心动图仪、检查床、卧式自行车功量计。

【实验步骤】

1. 打开超声心动仪，预热。
2. 令受试者仰卧或左侧卧在检查床上。
3. 采用左室长轴切面图进行左室功能的检查，具体操作如下：

①将心脏探头置于胸骨左缘第 3、4 肋间，探测平面与右胸锁关节（右肩）、左乳头（左腰）连线基本平行，探查出较清晰的左室长轴切面图，此图应清晰显示出右室、左室、左房、室间隔、主动脉、主动脉瓣与二尖瓣。探查时应注意使探测平面与其长轴平行，准确探及心尖后又让心尖滑出扇面 1~2cm，这样图形才不至失真，否则长轴较实际值变短。

②图像清晰显示后，调节心电图触发钮，收缩末期时相选择在电图 T 波结束处，图像固定后，用电子游标尺测量出其短径（前后径）和长径（左右径）的距离数。

③记录完毕后，再将心电图触发钮旋转，将时相调到 R 波开始处，固定左室舒张末期超声心动图像，用电子游标尺进行舒张末期短径和长径的测量。

④让受试者在卧位状态，按预先设计的功率值做蹬车运动，在每级运动结束后，立即测定，方法同上。

4. 根据所测数据进行心功能参数计算：

①左室收缩末期内径 LVIDs
②左室舒张末期内径 LVIDd
③每搏输出量（SV）= 左室舒张末期容积（LVIDd^3）− 左室收缩末期容积（LVIDs^3）
④每分输出量（CO）= 每搏输出量（SV）× 心率（HR）
⑤射血分数（EF）= 每搏输出量（SV）/左室舒张末期容积（EDV）×100%
⑥每搏量指数（SVI）= SV/BSA（体表面积）
⑦心指数（COI）= CO/BSA

5. 比较在安静状态和运动状态下，心脏功能的变化特点。

【注意事项】

1. 受试者在正式测定前，应保持适当的休息。测定前勿进行运动。
2. 采用左室长轴切面图进行左室功能检查时，要保证心脏探头所放置位置的准确。
3. 测定运动状态的心功能指标时，应在每一级负荷结束前 30 秒钟进行。

【运用与评价】

1. 正常成人安静状态下每搏输出量为 60~80ml，运动时可增加 150~170ml，运动员安静时由于心动过缓，每搏量可稍大，但由于残余血量增多，每搏量也可不大或稍小。正常男性成人安静时平均分输出量约为 5L/min，女性比男性低约 10%，剧烈运动时心输出量可达到 25~35L/min，国外文献报道优秀运动员运动中可高达 40L/min；射血分数是反映左室泵血功能敏感的指标，正常人安静时为 50%~60%，运动员和非运动员无明显区别；在安静状态下，一般身材的成年人的心指数为 3.0~3.5L/min/m^2，运动员和非运动员之间心指数差异不大，中小负荷时非运动员尚可通过心率次数的增加而得到补偿，但在较大负荷时，非运动员与运动员之间每搏量的差异明显加大，而心率的增加也受到限制，心功能不足的现象明显表露，以运动项目来看，耐力项目运动员心功能指数比速度和力量专项的为大。

2. 运动员心脏各房室内径及室壁厚度可较一般常人为大，我国耐力运动员左室舒末径为 52.86±3.82mm，左室后壁舒末厚度为 11.52±1.24mm，室间隔舒末厚度为 11.48±1.36mm，主动脉内径为 28.4±3.1mm，左室肌肉重量为 287.83±45.70g。

3. 在采用超声心动图测量运动员心脏结构和功能时，由于运动员心脏代偿功能强，测量安静时超声心动图，不能充分反映出来，只有运动超声心动图才能反映出左心功能的早期变化，测量中可分别在安静、运动中和恢复期连续同步探测超声心动图和心电图。

4. 运动实践中应用超声心动图的目的是了解运动员的心脏结构、功能与运动项目和训练强度的关系，以及运动员心脏结构适应性变化的特点、运动员心脏与病理性心脏的鉴别、运动员选材和预防运动猝死的筛选。超声心动图可对正常或病态心脏的左室收缩和舒张功能进行较准确的定量分析，并能动态地观察心功能变化。

【思考与探索】

1. 分析影响心输出量的因素。
2. 从事不同项目的运动员之间的超声心动图有何差异？
3. 设计一个实验，测定不同运动状态下人体心功能的变化特点。

（二）脉搏图法

【实验目的】

测定人体心脏功能。

【实验原理】

脉搏波能表示人体中许多生理病理特征。它可通过表浅动脉如颈动脉、肱动脉和桡动脉等部位很容易检测出。其中，桡动脉由于靠近外周血管，信息最为丰富，检测也最为方便。因此，是获取脉搏波常见的理想检测部位。根据理论分析、动物试验和临床实测结果得知，随血管外周阻力和血管壁硬化程度等生理因素的变化，人体脉搏波的波形将出现一系列规律性的动态变化。仪器采用压力传感器在被测者的腕部提取桡动脉的脉搏信号，经计算机处理、分析后，得出反映心脏基本功能的多项心功能参数和一幅脉搏波图，以作为检查和评价人体心脏功能的指标。

【实验对象】

人。

【实验器材】

血压计、听诊器、身高体重仪、TP-CBS I 型心功能血流参数无损伤检测仪、传感器、打印纸。

【实验步骤】

1. 将传感器插入检测仪右侧的传感器插座上，接通电源并打开仪器电源开关，显示器显示，仪器进入正常工作状态。
2. 受试者测量身高、体重，在静坐 5 分钟以后，测量血压。
3. 将受试者的测试日期、时间、身高、体重、收缩压和舒张压值输入检测仪。
4. 把传感器放置在受试者左手桡动脉跳动最强点，并用松紧带固定，束带要松紧适中，以刚好围绕手腕为宜。
5. 调节键盘的"基线"旋钮，使基线在纵坐标四分格附近，调节"幅度"旋钮放大或缩小监测波形，得到幅度最大、无失真、符合脉搏波规律的稳定重复的波形。
6. 波形平稳后，按"采集"键可在显示屏上得到处理的数据结果。按下"波形"键，显示屏上将显示一幅受试者的脉图。
7. 检测结果分析完成后，按"打印"键打印测试结果。

【注意事项】

1. 在仪器使用时，需要将受试者的当时身高、体重、血压值预先测定，作为基础数据输入仪器。
2. 注意受试者的检测姿势和传感器安放的位置。
3. 在采集脉搏波形时，注意观察显示器上的跟踪显示，确认其幅度相对最大，波形平稳，脉搏波特性明显可辨后，方可采集。

【运用与评价】

1. 评价指标和健康参考值：收缩压（SBP）为 90~140mmHg；舒张压（DBP）为 60~90mmHg；脉压差（DP）为 30~40mmHg；平均动脉压（MAP）为 70~105mmHg；心率（HR）为 60~90Beat/min；每搏输出量（SV）为 60~90mL/Beat；每分输出量（CO）为 4~8L/min；心搏指数（SI）为 30~60mmHg；心脏指数（CI）为 2.5~4.2mL/m^2B；血流阻力（TPR）为 0.9~1.2L/m^2.min，人体外周血管的总阻力，参考值范围内偏小为好；血管顺应性（AC）为 1.2~2ml/mmHg，该值反映血管弹性，参考值范围内偏大为好；波形系数（K）为 0.3~0.4，脉搏波形状的系数，反映血管硬化程度；血液黏性（V）为 3.8~4.5cP，反映血流黏稠度，参考值范围内，适中为好。

2. 脉搏图法作为检查和评价人体心脏功能的一种方法，具有测定简单、无损伤、测定速度快、结果可打印输出等优点，可在运动实践中予以采用。

3. 由于评价指标是根据压力传感器在被测者的腕部提取桡动脉的脉搏信号而得出的。因此，传感器所放的位置以及显示器上跟踪显示的波形幅度的大小判断是否准确，都可影响测定的准确性。在实际测量中，所测定的值仅作为参考。

【思考与探索】

1. 为什么测定脉搏图可以反映人体心血管机能的变化？
2. 如何运用所测指标来评价人体健康状况。

（三）阻抗法

【实验目的】

了解用阻抗法测定心输出量的方法。

【实验原理】

阻抗法是 20 世纪 40 年代发展起来的一种新型测量人体心输出量的方法，具有无损伤、操作较简单、应用方便等优点。人体是一个容积导体，当有电流通过人体时，人体对电流会有电阻抗存在，血液是良导体，当心脏收缩排血时，在胸部就存在一个与排血量变化相适应的胸部阻抗的变化。心阻抗测定是利用心动周期中胸部电阻抗的变化来测定左心室收缩时间和计算出每搏输出量，然后再演算出一系列心功能参数。因此，测出胸内阻抗变化的信号就可以测量心输出量的变化。

【实验对象】

人。

【实验器材】

心阻抗仪（或多道生理记录仪）、检查床。

【实验步骤】

心阻抗测定法以多道生理记录仪为例，同步描记心电图、心音图、阻抗图和微分图为例。

1. 仪器的调试

①打开多道生理记录仪电源，打开示波监视器、调节好辉度和四线的距离。

②记心电图准备工作。选择记录 [4]，连接主控制器的"4"输入选择开关，将开关置"⊓"位，并按下"⊓"旋钮进行定标。这时示波器上可见第四线上出现方波电压。打开记录 [4] 开关，调节和记录下幅值为 10 小格的方波（1V 为 10mm）。然后将主控制器的"4"输入选择开关置"∿"位，备用。

③记录心音图准备工作。选择记录 [3]，连接心音放大器。将心音换能器通过电缆

线插入心音输入盒。心音输入盒用连接线插入心音放大器面板处的"输入插口"。滤波选择开关可按受试者情况选择。增益开关一般置于"5"、"6"的位置。

④记录阻抗图和微分图的准备工作。

第一，将阻容放大器置于微分处理器的前置插位号的前一位。如阻容放大器插入"7号"位，则微分处理器插入"8号"位。

第二，阻容输入盒置"0"位，阻容放大器置"封闭"位。其在放大器后墙板上开关置"处理"位。用阻容放大器输入线连接阻容输入盒的输出插口与阻容放大器输入插口。

第三，微分处理器内部开关置"V/0.1s"位，时值置"5ms"，滤波置"75Hz"，输入选择置"倒置"。

第四，阻容输入盒由"0"转到"定标"位。旋动阻容放大器面板上的"30Ω校正"旋钮，使表头指准30Ω。

第五，选择记录［1］记录阻容放大器的输入讯号，并将记录开关置"开"。选择记录［2］记录微分器的输入讯号，记录开关置"开"。阻容放大器面板上"封闭"开关向下置"非封闭"位置。按动阻容输入盒0.1Ω按钮，在记录［1］描记0.1Ω方波，调节幅值为10mm。

第六，微分器输入由"测量"转到"定标"位。这时记录［1］出现三角波。调节微分器面板三角波金属旋钮，使幅值为10mm。另外使记录［2］到的记录放大器面板开关置开，这时在记录［2］描记dz/dt方波，调节峰值为20mm或10mm，这时10mm为0.1Ω/0.1s=1Ω/s。

第七，微分器输入选择由"定标"转到"0"，这时记录［2］一条线为基线，作为测量dz/dt的基准线。基线上方为正，基线下方为负。

2. 测试

①受试者仰卧在检查床上。

②接好心电图导联线（一般用Ⅱ导）。

③在心尖搏动最明显处安放心音换能器，将心音输入盒的开关置"通"位置。

④安置电极及连接电极线。颈电极带（短的一条）缚于颈部，胸电极带缚于胸部胸骨剑突下约2cm处，导电布一面贴人体。四电极线的红色线为供电极线，夹置外侧（I_1、I_2）；灰色线为检测电极线（E_1、E_2），夹置内侧。

⑤测量E_1和E_2的距离（L）。

⑥阻容放大器置"封闭"，阻容输入盒由"定标"转到"测量"位，并记录下表头指针所指的数值（Z_0）。阻容放大器封闭开关再置"非封闭"位。

⑦微分器由"0"转到"测量"位，令受试者全身放松，暂停呼吸，观察示波器上四线的波形，待稳定后，立即走纸记录。

3. 测试完，微分器置"0"位，阻容放大器置"封闭"，阻容输入盒置"0"位。

4. 结果计算

①dz/dt max的测量：从基线（A点）到最高峰点（B点）的数值。例如，测出为H格（mm），则

$$\frac{dz}{dt}\max = \frac{H}{1\Omega/s\text{的定标格数}}$$

单位为 Ω/s

②射血期 T (LVET) 的测量：是从 dz/dt max 的升支与基线的交点（A 点与第一心音主成分相关）到心音图的第二心音主成分的时间。

③按公式计算每搏输出量（SV）

$$SV = \rho \cdot \left(\frac{L}{Z_0}\right)^2 \cdot T \cdot \frac{dz}{dt}\max$$

④计算心率：从心电图计算 P—P 间期，并换算出心率。

⑤计算心输出量（CO）： CO = SV × HR

【注意事项】

1. 要保证颈电极和胸电极安置位置的正确。
2. 受试者在测试前不要进行运动，应作适当的休息。

【运用与评价】

阻抗法是一种无损伤测定人体心输出量的方法，但测定的心功能指标较为有限，测定过程相对比较烦琐。近年来国内根据心动力学资料顺序系统及心阻抗血流图原理制成无创性心功能电检测仪，可同时显示 CO、CI 等 16 项指标。此外，由于有人提出采用胸导纳（即电阻值的倒数）图来计算心排血量，使每搏输出量的计算公式更加精确。

【思考与探索】

1. 为什么采用阻抗法可以测定人体心输出量？其原理如何？
2. 试比较以上三种测定人体心输出量方法的异同。

六、心电图测试

【实验目的】

学会并掌握记录心电图的方法，辨认正常心电图的波形。

【实验原理】

心脏在机械收缩之前先发生兴奋性变化。在兴奋过程中，可产生微弱的电流自心脏向身体各部传导。由于电流的方向与身体各部的角度不同，周围组织与心脏的距离不等，以及身体各部导电介质含量的差异，故在不同的体表部位上表现出来的电位变化不同。

【实验对象】

人。

【实验器材】

心电图机、导电膏、分规、放大镜、检查床。

【实验步骤】

1. 准备记录仪：接好心电图机的电源线、地线和导联线，打开电源开关，预热 3~5 分钟。

2. 安装导联（图 4-5）：令受试者静卧检查床上，放松肌肉，在手腕、足踝和胸前先用酒精棉球清洗油污，然后涂上导电膏，安放好引导电极，接上导联线。肢导联的连接方法是：红色—右手，黄色—左手，绿色（蓝色）—左足，黑色—右足（接地），白色或其他颜色电极接心前区导联（注：三导心电图机上的胸前导联分别为 V_1—红，V_2—黄，V_3—绿，V_4—棕，V_5—黑，V_6—紫）。

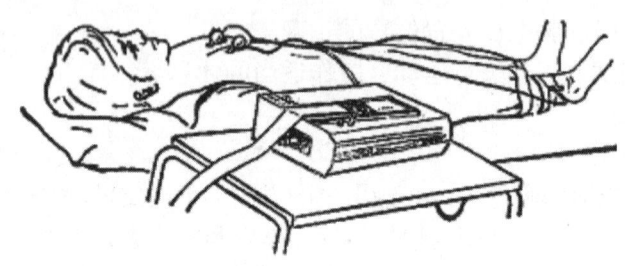

图 4-5 人体心电图的描记装置

3. 记录心电：调整心电图机放大倍数，使用 1 毫伏标准电压推动描记笔向上移动 10mm（或 5mm），然后依次记录 Ⅰ、Ⅱ、Ⅲ、aVR、aVL、aVF、V_1、V_2、V_3、V_4、V_5、V_6 各导联的心电图，或根据需要选择其中某几导联进行描记。

4. 分析结果（图 4-6）

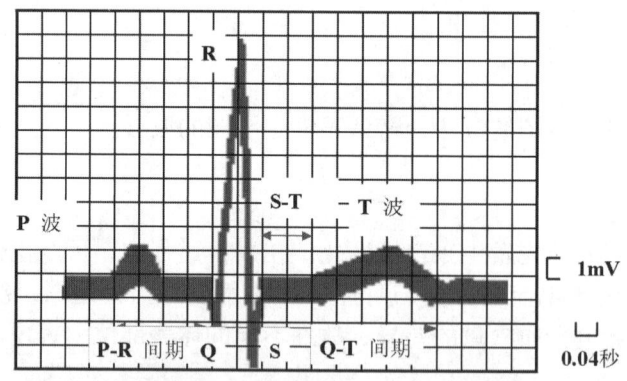

图 4-6 正常人心电图的波形及各波的命名（标准肢体导联Ⅱ）

①波幅测量：当定标 1mv 电压等于 10mm 时，纵坐标每一小格（1mm）代表 0.1mm。测量波幅时，凡向上的波形，其波幅应从基线的上缘测量至波峰的顶点；凡向下的波形，其波幅应从基线的下缘测量至波谷的底点。

②时间测量：心电图纸的走速由心电图机固定转速的马达自动控制，一般分为 25mm/s 和 50mm/s 两种。常用 25mm/s 的走速，这时心电图纸上横坐标的每一小格

(1mm)代表 0.04s。

③心率的测定：测量相邻两个心动周期中的 P 波与 P 波或 R 波与 R 波之间的间隔时间，按下列公式进行计算，求出心率。如果心动周期之间的时间间距显著不等时，可测五个心动周期 P-P 间隔或 R-R 间隔时间加以平均，代入公式即可。

$$心率（次／分）= \frac{60}{P \sim P 或 R \sim R 间隔时间（秒）}$$

④心律的分析：心律的分析包括主导节律的判定、心律是否规则整齐以及有无期前收缩或异位节律等。

⑤心电轴的测定：心电轴指的是额面 QRS 波群的平均向量，对心室肥厚，束支传导阻滞的诊断有价值。根据肢体导联 QRS 波群的方向和波幅可以测出心电轴。常用的方法是根据Ⅰ导联和Ⅲ导联 QRS 波波幅的代表和来做图求得。具体步骤如下：分别测量Ⅰ、Ⅲ导联 QRS 波群中各波电压（波向上为正、向下为负），并算出其代数和。例如Ⅰ导联中向上波幅为 7mm，向下波幅为 1mm 时，其代数和为 6mm；Ⅲ导联中向上波幅为 1mm，向下波幅为 6mm，则其代数和为-5mm。然后在Ⅰ导联的导联轴正侧 6mm 处作一垂直线，Ⅲ导联的导联轴负侧 5mm 处也作一垂直线，这两条垂直线相交于一点，将此点和中心点（轴心）相连得到一条直线，就是测得的心电轴，根据心电轴偏移分类图进行评定偏移度数，记入表内。

【注意事项】

1. 仪器应妥善接地，排除干扰。
2. 引导电极的安装应松紧适当，不能太松也不能太紧。
3. 受试者检查前避免饮用引起兴奋的饮料，应休息 30 分钟。测试时要充分放松，以防肌电干扰。

【运用与评价】

1. 心电图波形正常值（表 4-5）及其生理学意义。

表 4-5　心电图波形正常值

名称	电压	持续时间	意义
P 波	0.25 以下	0.06~0.10	心房兴奋
QRS 波群	0.5~1.5	0.05~0.10	心室兴奋开始
T 波	0.2~0.5	0.20~0.60	心室兴奋结束
P-R（PQ）间期		0.12~0.20	心房心室传导时间
ST 段		0.10~0.15	心室全部兴奋时间
Q-T 间期		0.30~0.45	心室的收缩时间

2. 心电图是心肌激动时的电变化在体表的记录曲线图，通过对图形和时相的分析，可以诊断某些心脏疾病，评定心脏功能。例如：对心律失常，心房、心室肌功能性和器质性的改变等，都具有重要的诊断价值。

3. 运动医学专家们对运动员的长期研究证明，运动员的心电图与一般健康人的超心电图有一定的区别。例如：运动员的心电图中出现窦性心动过缓，窦性心律不齐，P-R间期延长，P 波电压较低，R 波及 T 波电压增高及 S-T 段向上移位者较多。并提出一般健康人的心电图统计资料不能满足运动医学工作的需要，应该有运动员的心电图正常值。

4. 由于长期从事运动训练的运动员或体育锻炼者中可见到心血管系统变化，部分能在心电图中反映出来，其中有些属于心脏对运动的适应，有些具有病理意义。因此，在运动实践中测定心电图，用心电图来评定训练程度，进行医务监督等都是有价值的。心电图可作为参加运动训练或测验前是否可以从事激烈运动的判断依据；监视运动训练或测验过程中的心脏反应；评估运动强度及受试者的负荷；监测运动员对运动的适应。

5. 运动员心电图主要可分为以下几种变化

①电压增高：表现为 QRS 高电压，在运动员中较为常见。心电图主要表现为 $RI+SIII>25mm$（普通人<25mm），$RV_5+SV_1>40mm$（男）或 35mm（女），心电图诊断为左室高电压。运动员出现左室高电压的比例，不同作者统计结果差异较大，介于 5%~9% 之间。但要诊断左心室肥厚，除电压增高外，还应参考心电轴左偏对 QRS 时间延长、ST-T 改变等心电图综合变化。

②激动起源异常：运动员中常见窦性心动过速或过缓。正常窦性心律在 60~100 次/分之间，P-R 间期固定并超过 0.12 秒，最长与最短的 P-R 间期之差小于 0.128。但当窦房结发出的激动超过 100 次时，称之窦性心动过速。如运动、兴奋、身体受外界刺激等因素引起。当窦房结发出的激动在 60 次以下时，称之窦性心动过缓。普通人在闭气、呕吐、刺激迷走神经或服用某些药物，均可引起心动过缓。长期体育运动使心脏功能得到改善，迷走神经功能增强，心率减慢。运动员中窦性心律不齐占 30%~78%。房室交界性心率占 0.15%~0.18%，干扰性房室脱节少见。阵发性室上性心动过速占 0.3%~0.9%，过早搏动占 1%~4%，多数为室性。

③激动传导异常：不完全性右束支传导阻滞在运动员中较常见，占 20%~42%，一般不影响训练。完全性右束支传导阻滞占 0.1%~0.36%。Ⅰ度房室传导阻滞占 2%~8%，以马拉松运动员中较为多见。Ⅱ度房室传导阻滞占 0.8%~2%，多见文氏现象。

④运动员中常可见到非特异性 T 波，通常在 Ⅱ、Ⅲ、aVF、V_5 等导联出现平坦、双向或倒置的 T 波，可能与过度紧张或过度训练有关。

【思考与探索】

1. 心电图基线不稳、曲线毛糙的常见原因有哪些？如何处理？
2. 说明心电图各波的生理意义。如果 P-R 间期延长而超过正常值，说明什么问题？
3. 测定不同运动专项学生的心电图，分析他们之间有何不同，为什么？

七、血乳酸测定

（一）光电比色法

【实验目的】

了解光电比色的原理，掌握血乳酸的光电比色测定法。

【实验原理】

乳酸与浓硫酸共热生成乙醛，在铜离子存在时乙醛与对羟基联苯作用生成紫色化合物，其颜色的深浅与乳酸浓度成正比，通过比色可测定其含量。

【实验对象】

人。

【实验器材】

721分光光度计、吸血管、采血针、75%酒精棉球、95%酒精。

实验试剂：10%三氯乙酸溶液、1%氟化钠溶液、浓硫酸（GR.比重:1.838）、4%硫酸铜溶液、对羟基联苯试剂（1.5g对羟基联苯溶于10ml 5%NaOH溶液中，待溶解后用水稀释至100ml，储于棕色试剂瓶中）、乳酸空白液（取1%氟化钠溶液和10%三氯乙酸溶液按1:3混合而成）、乳酸标准储存液（1mg／ml。精确称取乳酸锂0.1088g，用10%三氯乙酸定容至100ml，冰箱4℃保存）、乳酸标准应用液（10μg／ml。准确量取乳酸标准储存液1ml，用乳酸空白液稀释定容至100ml，此液用时现配）。

【实验步骤】

1. 取血：受试者可进行1分钟原地的高抬腿跑，在运动前和运动后3分钟分别取耳垂血20μl，吹入预先存有0.48ml 1%氟化钠溶液的离心试管中，立即摇匀。

2. 无蛋白血滤液制备（表4-6）。

表4-6 无蛋白血滤液制备

步骤	测定管1（运动前）	测定管2（运动后）
1%氟化钠溶液（ml）	0.48	0.48
耳垂采血（ml）	0.02	0.02
10%三氯乙酸溶液（ml）	1.5	1.5
	混匀，离心（3500r/min，5min），取上清液分别倒入做好标记的两个离心管中，备用。	

3. 测定血乳酸浓度

取四只口径相同的大试管编号后按如下操作（表4-7）。

表4-7 测定血乳酸浓度步骤

样品或试剂	空白管	测定管1	测定管2	标准管
乳酸空白液（ml）	0.50	–	–	–
乳酸标准应用液（10微克/毫升）（ml）	–	–	–	0.50
无蛋白血滤液（ml）	–	0.50	0.50	–
4%硫酸铜溶液（滴）	1	1	1	1
浓硫酸（ml）	3.00	3.00	3.00	3.00

	置沸水浴中 5 分钟取出，冰水浴中冷却至 15℃以下			
对羟基联苯试剂（滴）	2	2	2	2
	混匀，37℃水浴保温 15min，每分钟振摇一次			
	100℃沸水浴 90 秒，用冷水冷却至室温			
	倒入 1cm 光径比色杯，空白管调零，560nm 波长比色			

4. 实验结果计算

血乳酸 mg% = OD 测（测定光密度）/OD 标（标准光密度）× 100

血乳酸 mmol/L = 血乳酸 mg%/9

【注意事项】

1. 水浴保温时温度和时间一定要准确。
2. 滴加对羟基联苯时防止其附着于试管壁上，应充分摇匀。
3. 滴加浓硫酸时，要边加边振荡，滴加速度要慢，防止产生的乙醛挥发。

（二）酶电极法

【实验目的】

了解酶电极法的测定原理，掌握乳酸的酶电极测定法。

【实验原理】

乳酸测定仪探头顶端的电极上装有一片三层的膜，其中间固定有乳酸氧化酶，带有酶膜的探头位于充满缓冲液的样品室内，样品注入后，乳酸被膜上的乳酸氧化酶迅速氧化，生成过氧化氢，后者随着在铂阳极上被氧化产生电子，电子流强度与乳酸浓度成正比。其反应式如下：

$L-乳酸 + O_2 \xrightarrow{乳酸氧化酶} H_2O_2 + 丙酮酸$

阳极：$H_2O_2 \dashrightarrow 2H^+ + O_2 + 2e^-$

阴极：$2AgCl + 2e^- \dashrightarrow 2Ag^0 + 2Cl^-$

【实验对象】

人。

【实验器材】

YSI 1500 SPORT 乳酸分析仪、缓冲液、5mmol/L 标准液、溶血剂（十六烷基三甲基溴化胺 1g、氟化钠 0.4g 溶于 100ml 蒸馏水中，常温保存）、采血针、酒精棉球、带盖塑料离心管。

【实验步骤】

1. 仪器的校准

①按仪器键盘上 MENU（菜单）键直至出现主选屏；按 ENTER（输入）键进入 RUN（测定）模式；按 1 键，再按 ENTER 键屏幕显示"WAIT…"，然后出现"INJECT 5mmol/L STANDARD"。

②注入 5mmol/L 标准液，仪器显示屏出现"RUNNING… STIR ON（搅拌器启动）"，随后依次出现"WASHING（清洗）"、"WAIT（等待）…"、"INJECT 5mmol/L CALIBRATOR CHECK"。

③再次注入 5mmol/L 标准液，可见"RUNNING（测试进行中）… STIR ON"、"WASHING"、"CAL CHECK ××.×× mmol"。

④当标准值显示在 4.9~5.10mmol/L 范围内进行样品的测定，此时按 MENU 键。如果不在该范围，应重复上述步骤。

2. 样品采集

按常规方法取指血 20μl，加到预先加有 40μl 溶血剂的 0.2ml 带盖塑料离心管中，均匀待测。

3. 样品测定

①按仪器键盘上 MENU 键直至出现主选屏；按 ENTER 键进入 RUN 模式；按 ENTER 键选择 SAMPLE（样品）。输入三位数字 ID 编号，按 ENTER 键，屏幕显示"WAIT…"，然后出现"INJECT SAMPLE…"。

②注入样品，当加样器拨回时，屏幕显示"RUNNING…，STIR ON"，接着出现"RUNNING…（测试进行中…），REF ON（参考液泵启动）"。

③显示器显示"#××× ××.×× mmol/L,WASHING…"。

④样品结果会伴随 #（编号）、日期和时间一起显示出来。"MM/DD/YY HH:MM，#××× ××.×× mmol/L"。

⑤按 MENU（菜单）键以返回 RUN（测定）选屏，进行下一个样品的测试。上述结果包括编号、日期和时间都会存储在存储器中，直至被删除为止。

【注意事项】

1. 如果仪器第一次通电或长期没有使用，首先确定仪器开关处于关的位置，然后接上充电器。
2. 在仪器开着时，要一直让仪器充电，以保证仪器的正常运行。
3. 溶血的样品一定要待液体完全清澈后才能测定，否则结果偏低。
4. 每测定 5 个样品应进行一次校准。

【运用与评价】

1. 血乳酸的变化和动用的能量系统有关，正常安静状态时血乳酸浓度在 2mmol/L 以下，运动员安静值与正常人无差异（表 4-8），但在赛前情绪紧张时，血乳酸浓度安静值有可能升高到 3mmol/L，这与肾上腺分泌增多有关。运动时血乳酸浓度上升，其上升的幅度与运动强度有关，以动用磷酸原供能为主时，血乳酸较少，一般不超过 4mmol/L；以糖酵解系统供能为主时，可达 15mmol/L 以上；以有氧氧化系统供能为主时，则在 4mmol/L 左右。

表 4-8 我国普通人和运动员安静时血乳酸数值

对象	人数	血乳酸（mmol/L）	研究者
健康成人	50	1.53±0.39	杨天乐等，1964
男	10	1.45±0.68	杨奎生等，1983
女	10	1.26±0.87	
体院学生	150	1.38	冯炜权等，1960
游泳（男）	13	1.22±0.41	许豪文等，1983
游泳（女）	23	1.02±0.22	
摔跤（男）	35	1.51±1.21	宋成忠等，1983
5000米障碍跑（男）	10	2.19	林建棣等，1986

（引自冯炜权等，1990）

2. 运动实践中，可根据血乳酸来反映肌乳酸的变化，通过血乳酸来制定训练方法、掌握适宜的训练强度及评定训练效果，从而为科学化的运动训练提供依据。训练水平可影响运动后血乳酸浓度。速度耐力性运动项目的高水平的运动员，运动成绩好，同时血乳酸最大浓度值也高；耐力性运动项目的运动员，在完成相同亚极量运动强度时，优秀运动员血乳酸值相对较低，这一特点可用以评定运动员训练水平或选材。若对同一个体大运动量训练前后血乳酸值进行比较，可以评定训练效果。运动后血乳酸的恢复速率还可以反映机体有氧代谢能力，恢复速度快，表示有氧代谢能力强。

【思考与探索】

1. 在运动实践中测定血乳酸有何实用价值？
2. 如何根据血乳酸值来评价人体的能量代谢状态以及对运动的适应能力？
3. 设计一个实验，运用血乳酸值来评价人体的运动强度和运动能力。

八、免疫测定

（一）免疫球蛋白的测定

【实验目的】

了解免疫球蛋白的测定原理和方法。

【实验原理】

利用蛋白质复杂结构所具有的抗原特性，当某种蛋白质作为抗原与相应特异的抗体结合后，在聚乙二醇（PEG）溶液中形成很微细的颗粒复合物沉淀，这些复合物颗粒经荧光照射后发生的光散射强度与被测蛋白质浓度呈正比。本方法可以快速测定血清中三种免疫球蛋白（IgG、IgA、IgM），具有微量、快速、准确的特点。

【实验对象】

人。

【实验器材】

930荧光光度计、4%PEG抗体稀释液（称取聚乙二醇40.0g，NaCl 0.85g，蒸馏水溶解至1000ml，中速滤纸过滤，室温可保存数月）、PEG抗体试剂（采用人抗血清免疫诊断试剂盒，分别用4%PEG抗体稀释液进行不同比例的稀释，免疫球蛋白IgM和IgA作1:25稀释，IgG作1:15稀释）、标准品。

【实验步骤】

1. 测定步骤：取待测血清和试剂盒所带标准品各20μl，加380ml生理盐水进行20倍稀释，充分混匀后作为稀释血清待测。由于IgG在血清中含量很高，故测定IgG时需用上述1:20稀释血清，再用盐水作10倍稀释（实际为1:200倍，IgG标准同此），然后备10×100试管按表4-9操作。

表4-9 免疫球蛋白测定的准备步骤

	IgM	IgA	IgG	空白
1:20稀释血清	60μl	25μl		——
1:200稀释血清（IgG）			20μl	
标准品（注）				
各自相应PEG抗体	3ml	3ml	3ml	3ml

室温放置30分钟，荧光光度计入射光400nm，发射光420nm散射比浊。

2. 计算：每项标准均带三只标准管，标准管稀释倍数和PEG加液量与该指标的测定管相同，计算时取三管平均值。

蛋白质浓度（g/L）=（测定管读数-空白管读数）/（标准管读数-空白管读数）× 标准品浓度

3. 标准曲线：将测定标准品按不同梯度浓度稀释后测定制标准曲线。实际测定中当被检测样品浓度超出该项指标曲线范围时需将样品继续稀释后重新测定。

【注意事项】

1. 由于本法属微量检测，灵敏度很高，应使用精密加液器或25~50μl玻璃微量进量器稀释血清样品和加样。

2. 全部实验要求所用试管、吸管保持十分清洁，防止灰尘颗粒进入，造成读数漂移，影响实验结果。

【运用与评价】

1. 血清免疫球蛋白的正常波动范围很大，对运动员的评定可参考普通人范围，IgG：7.6~16.6g/L、IgA 0.71~3.35g/L、IgM 0.48~2.2g/L（表4-10）。

表4-10　我国部分优秀运动员免疫球蛋白参考值

	IgG	IgA	IgM
N	384	384	384
X±D	11.4±1.4	1.63±0.38	1.10±0.26

2. 免疫球蛋白是人体主要的体液免疫物质成分，它的增高、降低与运动员身体疲劳、疾病和营养状况都有一定的关系。在对运动员进行评价时，如果运动员 Ig 低于参考值下限或在参考范围内较低，说明免疫机能可能下降，建议采取免疫机能调节措施（如保暖、服营养药品、调整训练等）；如果运动员 Ig 高于参考值下限或在参考范围内较低，提示运动员可能患有疾病。本指标的使用建议与白细胞数、T 淋巴细胞亚群等免疫指标及其一些生化指标结合起来。

【思考与探索】

1. 运动与免疫球蛋白的关系。
2. 运动员的免疫球蛋白和常人是否存在差异，为什么？
3. 如何运用免疫球蛋白来评价人体的机能状态？

（二）淋巴细胞亚群的测定

【实验目的】

了解免疫球蛋白的测定原理和方法。

【实验原理】

淋巴细胞亚群的测试是利用流式细胞术（Flow Cytometry，FCM）在流式细胞仪上完成的。流式细胞术是在单细胞分析和分选的基础上发展起来的一种新的细胞参数计量技术，其原理是悬浮在液体中的分散细胞一个个依次通过测量区，其测量速度可达每秒数千个乃至上万个细胞。当每个细胞通过测量区时产生电信号，这些信号可以代表荧光、光散射、光吸收或细胞的阻抗等。这些信号可以被测量、存储、显示，于是细胞的一系列重要的物理特性和生化特性就被快速地、大量地测定。上述特性可以是细胞大小、活性、核酸数量和酶抗原等。用直接/间接免疫荧光染色法提高了抗原检测的敏感性和准确性。此法还可根据所规定的参数把指定的细胞亚群从整体中分选出来，进行定量分析。本实验用直接荧光染色法对人体外周血淋巴细胞进行检测，得到各群淋巴细胞数占总淋巴细胞数的百分比。

【实验对象】

人。

【实验器材】

血细胞仪、SimulSet IMK-LympHocyte 原装试剂盒（包括试剂如下：A：CD45/

CD14；B：对照；C：CD3／CD19；D：CD3／CD4；E：CD3／CD8；F：CD3／CD16+56；G：10Xlysing Solution），用配套 SimulSet 自动分析软件对结果进行自动分析。

【实验步骤】

1. 取六支流式细胞仪专用试管分别标记 A、B、C、D、E、F。
2. 将试剂盒中标记 A、B、C、D、E、F 的荧光标记的单抗体分别加入对应的 A、B、C、D、E、F 试管中，每管 20 微升。
3. 在每支试管中加入肝素抗凝外周血 100 微升，混匀，室温避光孵育 30 分钟。
4. 将试剂 G10 倍稀释后每管加 2ml，混匀，室温避光孵育 10 分钟。
5. 300g 离心 5 分钟，弃上清液。
6. 用 PBS 洗一次，300g 离心 5 分钟，弃掉上清液。
7. 悬浮细胞后加 1%多聚甲醛每管 0.5ml，上机检测。
8. 用 SimulSet 软件自动分析结果。

【注意事项】

血样采集后应充分混匀，防止凝血，并尽早测试。如需短时间存放，应在常温下保存，避免低温冷藏。

【运用与评价】

1. 普通人参考值为：CD3（T 淋巴细胞），58.6%~83.1%；CD4（帮助性淋巴细胞），27.1%~49.8%；CD8（抑制性淋巴细胞），19.45%~41.1%；CD4／CD8，0.7~2.0；CD19（B 淋巴细胞），3.5%~15.4%；CD16+56（NK 细胞），6.95%~37.9%。

2. 运动员的测定值基本上都在普通人参考值范围之内，但不同项目、不同训练期的运动员 T 淋巴细胞亚群会有不同的变化。T 淋巴细胞亚群指标用于评价运动员训练周期中及赛前免疫功能的变化，适用于所有竞技项目。但建议使用时与其他免疫指标（免疫球蛋白、白细胞数、细胞介素等）、生理生化及内分泌指标一起综合评价。

3. NK 细胞是淋巴细胞亚群，在机体抗病毒的第一线防御系统当中起重要的作用。已有大量文献报道 NK 活性下降与免疫系统能力降低密切相关。在运动实践中，运动强度是影响运动过程中 NK 细胞变化的关键因素，运动强度越大，NK 细胞的变化就越明显，主要表现在外周 NK 细胞数量与功能的下降，这种现象除与巨噬细胞和中性粒子细胞的过度激活有关外，有人认为与运动时肌肉损伤有关。运动结束后外周血循环中 NK 细胞浓度回落，甚至低于运动前安静值，这种变化尤见于长时间的耐力性训练后，此时的 NK 细胞功能是低下的。

4. 运动可影响 CD4 细胞和 CD8 细胞的数量及比例，其中 CD4 细胞比 CD8 细胞更敏感，常使 CD4／CD8 下降。大强度运动（75%VO_2max，60min）后 CD4 细胞明显下降，低强度运动（30%VO_2max，4 分钟）后 CD4 也减少，但减少的程度和持续时间短。CD8 细胞在运动后增高、不变或稍减少。

大负荷训练后期，CD4／CD8 比值与 NK 细胞表现为非常显著地下降，表明运动员的免疫功能发生紊乱。而 NK 细胞如果高于正常值，机体有感染的可能。

【思考与探索】

1. 淋巴细胞亚群与运动有何关系？在运动实践中有何意义？
2. 为什么在使用淋巴细胞亚群评定人体机能时，要与其他免疫指标、生理生化以及内分泌指标一起综合评价？

九、内分泌测定

（一）血清睾酮的测定

【实验目的】

了解放射免疫法的测定原理，掌握血清睾酮的测定过程。

【实验原理】

血清睾酮的测定采用放射免疫法，其分析基础是标记抗原和被测抗原（即非标记抗原）限量的特异性抗体的竞争性抑制反应。由于标记抗原和非标记抗原的免疫活性完全相同，因此与特异性抗体具有相同的亲和能力。在标记抗原和特异性抗体量恒定时，由于标记抗原抗体复合物的形成受非标记抗原（待测浓度的物质）的含量制约，所以当样品中非标记抗原含量高时，非标记抗原对特异性抗体的竞争能力强，非标记抗原抗体复合物的形成量就多，实验结果所计量到的标记性抗原抗体复合物放射活性就低；相反，样品中非标记抗原抗体复合物形成就少，实验结果所计量到的标记性抗原抗体复合物放射活性就高。其之间形成一定的逆相关函数关系。

【实验对象】

人。

【实验器材】

γ计数器、高速离心机、振荡器、恒温水浴箱、2ml注射器、止血带、酒精棉球、包被—抗体—计数放射免疫试剂盒（包括总睾酮抗体包被试管、^{125}I 标记睾酮溶液和睾酮标准品）。

【实验步骤】

1. 上午 8 时前后抽取静脉血 2ml，受试者不必禁食。将全血室温下静置，待血液凝固后，以 3000 转/分的转速离心 7~10 分钟后，取血清待测。
2. 将包被试管、^{125}I 睾酮标记液及标准品处于室温状态，并充分混合标准品、碘标记液（轻轻翻转）。
3. 分取标准液 A、B、C、D、E、F 各 50μl 于包被试管中，做双管标准曲线以保证测试数据的准确。
4. 取样品血清 50μl，直接滴入包被试管底部。

5. 将 1.0ml ^{125}I 睾酮碘标记液加入每个已加入了标准品或测试样品的试管中，在振荡器上振荡混匀 1 分钟。

6. 将加入 ^{125}I 标记液的试管置于 37℃ 水浴箱中，温育 3 小时。

7. 将温育后的溶液全部倒出，在吸水纸上叩击试管，将试管内溶液尽力甩出。

8. 按标准管、样品管的顺序依次将试管放入测试架，在 γ 计数器上进行计数测定。

【注意事项】

1. 采集 1ml 全血，避免溶血，静置析出或离心后得到的澄清血清，血清量不少于 100μl。

2. 向包被试管中加入样品时，吸头不要触及管底部的药膜。

3. 温育时可用小盖子或塑料薄膜纸盖住试管，以防止蒸气形成的水滴掉入试管中。

【运用与评价】

1. 运动员睾酮参考值范围为：男子 270~1000ng/dl（或 9.5~35.0nmol/L）；女子 10~100ng/dl（或 0.35~3.50nmol/L）。运动员血睾酮值根据性别、年龄、个体、训练阶段和身体状态等不同，常常会有较大幅度的变化，因此，用血睾酮指标来评定运动员的机能状态，最好是采用对单个运动员积累个体的数据，进行系统监控的方法比较有效和可靠。

2. 在运动训练对人体形态和机能的改造中，尤其对运动成绩的影响中，雄激素起着重要的作用，因此测定运动员血睾酮值有着重要的意义。一般来说，身体机能良好时，血清睾酮水平变化不大，且有体能增强伴有血睾酮增加的趋势。而在疲劳、过度训练或机能状态不好时，血睾酮水平则会下降，所以可将血睾酮作为评定运动员机能状态的指标。

3. 基础浓度高适宜从事力量性运动项目，是运动员选材指标。大运动量负荷后血睾酮下降，皮质醇上升，CK 活性上升，为训练过度或机能差。相同训练条件下，浓度高是机能好的表现。男运动员血睾酮在 500ng/dl、女运动员在 100nm/dl 以上时，机能状态良好。

4. 当运动员血睾酮升高时，可认为机体合成代谢旺盛，可继续大强度训练，以获得更好的训练效果。当运动员血睾酮持续出现明显下降时，应考虑有血睾酮相对不足和下丘脑—垂体—性腺轴功能下降的可能。由于血睾酮值的个体差异较大，因此，仅用某一次血睾酮测值来评价该运动员血睾酮水平是不全面的，应注意积累资料进行纵向比较更为有意义。在不受任何药物干扰的情况下，当运动员增加训练量后血睾酮值低于训练前的 25% 以上，并持续不回升，即应进行调整。

【思考与探索】

1. 睾酮在人体有何生理意义？
2. 如何运用血睾酮值来评定运动员机能状态？

（二）血清皮质醇的测定

【实验目的】

了解放射免疫法的测定原理，掌握血清皮质醇的测定过程。

【实验原理】

测试原理同血清睾酮的测定。

【实验对象】

人。

【实验器材】

γ计数器、高速离心机、振荡器、恒温水浴箱、2ml注射器、止血带、酒精棉球、包被—抗体—计数放射免疫试剂盒（包括总皮质醇抗体包被试管、^{125}I标记皮质醇溶液和皮质醇标准品）。

【实验步骤】

1. 采集1ml全血，避免溶血，静置析出或离心后得到的澄清血液，血清量不少于50μl。
2. 将包被试管、^{125}I皮质醇碘标记液及标准品处于室温状态下，并充分混合标准品、碘标记液（轻轻翻转）。
3. 分取标准液A、B、C、D、E、F各25μl于包被试管中，做单管标准曲线。
4. 取样品血清25μl，直接滴入试管底部。
5. 将1.0ml ^{125}I皮质醇碘标记液加入每个已加入了标准品或样品的试管中，在振荡器上振荡混合1分钟。
6. 将加好碘标记液的试管置于37℃水浴箱中，温育45分钟。
7. 将温育后的溶液全部倒出，在吸水纸上叩击试管，将试管内溶液尽力甩出。
8. 按标准管、样品管的顺序依次将试管放入测试架，在γ计数器上进行计数测定。

【注意事项】

1. 血样收取最好为晨静脉血，离心后应达到血清澄清，血清量不少于50μl。
2. 向包被试管中加入样品时，吸头不要触及管底部的药膜。
3. 温育时可用小盖子或塑料薄膜纸盖住试管，以防止蒸气形成的水滴掉入试管中。

【运用与评价】

1. 皮质醇是一个非常灵敏的应激激素，在对其评价时也要采取个体、纵向和综合的办法，注意收集不同个体运动员不同状态血皮质醇的变化情况，并要结合其他生化指标才能较准确地评定运动员的机能状况。注意男女运动员在不同项目中评价标准可能有所不同。参考值范围：上午8时，6~26μg/dl（或165~720nmol/L）；下午4时，2~9μg/dl（或55~250nmol/L）；午夜零时，2~5μg/dl（或55~140nmol/L）。

2. 在实际应用中可以在某一阶段性训练期中做定期测试。一般认为，血皮质醇是代表机体分解代谢快慢的指标。当运动后血皮质醇仍然保持较高水平，就会导致机体分解代谢过于旺盛，不利于消除疲劳。如果长期保持较高浓度而不恢复到正常水平，就可能引起过度训练，此时还应注意运动员的免疫状况，较高的血皮质醇水平会抑制机体的免疫机能，使运动员出现感冒、发烧等症状。此外，为了达到好的竞技状态，运动员的下丘脑—垂体—肾上腺皮质机能应该处于一个正常状态，可用一次性大强度长时间定量负荷后血清皮质醇的变化幅度来评价，对于同样负荷的运动，运动后血清皮质醇上升越多或下降越少，则其肾上腺皮质机能越强，越能适应大负荷运动，越易取得好成绩。

3. 训练量过大，血浆皮质醇浓度上升幅度加大；相同负荷运动时，血浆皮质醇浓度上升的幅度下降，是适应运动量的表现；运动后恢复期下降速度慢，恢复时间长是机能状态差的表现。

4. 由于血清皮质醇浓度受多种因素影响，甚至连情绪激动时也会使其升高，所以测定安静状态时血皮质醇浓度尤其要注意控制实验条件，前后比较时一定要在一天中的同一时间，以避免昼夜节奏对血清皮质醇的影响。一般可采用在阶段性训练中每周一（一个小周期开始的第一天）晨起时取样来测定其血清皮质醇浓度，以避免其他因素的影响。

5. 在运动实践中，为监控运动员的机能状况，可以定期测试运动员安静状况下血清睾酮与皮质醇（T/C）比值。可在阶段性训练前测晨起值作为基础值，然后在阶段性训练中根据需要定期测定晨起值与基础值进行比较，反映机体总的合成代谢与分解代谢的平衡状况。因此，测定血睾酮与皮质醇（T/C）比值，可以了解体内合成代谢与分解代谢的平衡状态，是目前公认的评定和监测过度训练、疲劳恢复状况的最灵敏指标。比值高时，是机能状态好，对运动负荷适应的表现。当身体疲劳或对负荷不适应时，其比值下降。一般认为，当比值变化与原比值相比下降值大于30%时是过度训练的警戒值。

【思考与探索】

1. 运动员在运动训练后血清皮质醇如何变化才是适应运动量的表现？
2. 如何运用血睾酮与皮质醇的比值来评定运动员的机能状况？

（三）尿儿茶酚胺荧光测定法

【实验目的】

了解尿儿茶酚胺荧光测定法。

【实验原理】

本实验采用三羟基吲哚法测定尿中儿茶酚胺的浓度。尿液经煮沸、水解后，样品中的儿茶酚胺在 pH8.5±0.3 时，经氧化铝吸附、提纯，再用酸性溶液洗脱，然后在 pH6.2~6.5 的缓冲液中进行氧化，最后再以碱性抗坏血酸溶液作用下转化成荧光物质。

【实验对象】

人。

【实验器材】

活性氧化铝、3M 硫酸、140g/L 无水碳酸钠、0.2M 醋酸钠溶液、0.2M 醋酸、正丁醇、1M 氨水、0.25%铁氰化甲、5N 氢氧化钠、0.2%抗坏血栓、肾上腺素标准储存液（100ug/ml）、肾上腺素标准应用液（0.25ug/ml）。

【实验步骤】

1. 尿样收集：留尿后立即用浓盐酸调 pH 至 3.0 以下（100ml 尿约加浓盐酸 0.5ml）。
2. 水解：取尿样 30ml 置于带塞三角烧瓶中，用 3M 硫酸调 pH 至 1.5~2.0。瓶塞上盖一小漏斗防止煮沸时瓶塞迸出，将烧瓶置沸水浴中煮沸 20min，取出置流水中冷却。
3. 吸附与洗脱：取 3g 活性氧化铝加入已水解的尿中，以 140g/L 无水碳酸钠溶液（1~2ml）慢慢滴入并不断搅动，调尿样 pH 至 8.2~8.5。立即将瓶置振荡器。振荡吸附 5min（275r/m），静置数分钟后吸取并弃去上清液，取 0.2M 醋酸钠溶液 10ml 置于烧瓶内连同氧化铝一起倒入直径 40mm 的 G2 酸性过滤漏斗，滤干。然后用 5ml 双蒸水清洗烧瓶两次，洗液均倒入过滤漏斗，滤干。最后用 0.2M 醋酸清洗烧瓶并将液体倒入漏斗，用 100ml 带塞量筒收集此洗脱液 50ml。
4. 正丁醇处理：将 20ml 正丁醇加入上述洗脱液，倒转振摇 2min，待溶液澄清后，仔细吸去正丁醇，即得澄清洗脱液。
5. 荧光物质生成的操作步骤（表 4-11）。

表 4-11 荧光物质生成的操作步骤

试剂（ml）	样品	标准	空白
洗脱液	2.5	2.5	2.5
双蒸水	0.5		0.5
标准应用液		0.5	
用 1N 氨水准确调 pH 至 6.2~6.5			
0.25%铁氰化钾	0.25	0.25	0.25
准确氧化 2min			
碱性抗坏血酸	1.0	1.0	
5N 氢氧化钠			1.0
双蒸水	2.75	2.75	2.75

均匀离心 5~10 分钟，以激发光波长 405nm，发射波长 515nm，两单色器狭缝均为 10nm，进行荧光测定。

6. 计算与换算

儿茶酚胺 nm/ml 尿=（样品荧光读数 – 空白荧光读数/标准荧光读数 – 样品荧光读数）× 0.125 × 20 × 1/30

μg/24h（常用单位）× 5.91 = nmol/day（国际单位）

【注意事项】

1. 洗脱液 pH 的过碱性可能使儿茶酚胺产生不可逆的变化而导致荧光强度的降低，在操作过程中一定要严格控制溶液的 pH 值。
2. 标准应用液要在当天配制。
3. 1M 氨水应在使用时临时配制。
4. 荧光法是高灵敏度的方法，容易遭受各种干扰就成为必然的缺点。因此，洗涤试管时不能用重铬酸钾浸泡。用洗涤剂刷洗后要彻底冲洗干净，在测试过程中尽量避免使用橡皮塞、滤纸等。
5. 样品测定最好采用平行管测定，以提高测定的准确性。

【运用与评价】

1. 目前正常人安静时尿儿茶酚胺的排出量的参考值应在 115 以下，运动员的正常值参照此值。
2. 剧烈运动引起机体产生一系列变化，如心率加快、血压升高、能源物质的代谢加强，这些均与交感神经儿茶酚胺的分泌密切相关。因此，测定血液或尿液中的儿茶酚胺来评价机体应激程度，在对运动员进行机能评定中具有潜在的实用价值。相同负荷运动时血浆或儿茶酚胺浓度上升的幅度减少，是适应能力提高的表现。

【思考与探索】

1. 血液中儿茶酚胺和尿液中儿茶酚胺有何关系？
2. 在运动实践中，测定尿儿茶酚胺对评价运动员机能有何实用价值？

第五章 呼吸机能的测定

一、肺通气机能测定

【实验目的】

学会测定肺通气功能各项指标的方法。

【实验原理】

人体为了维持正常的新陈代谢，就必须不断地从外界摄取氧气，并不断地将体内的代谢产物二氧化碳排出体外。肺就是完成这一任务的器官。通过肺的活动，人体不断地同大气进行气体交换。因此，测定肺通气功能就具有重要意义。

肺通气功能受许多因素影响。如：胸廓的大小、呼吸肌的力量及呼吸道的通畅程度等。要想比较确切地反映肺通气功能，就必须考虑这些因素。为此，设计了如下几种指标：①肺活量；②时间肺活量；③最大通气量。

肺活量测定方法简便、可重复性好且应用很广。但肺活量反应肺通气功能有其局限性。如果测定肺活量时不加以时间限制，肺气肿患者和正常人的深呼吸量和呼吸运动幅度，没有显著差异。因此，提出了另一些测定肺通气功能的方法。

时间肺活量是指在最大吸气之后，以最快速度完成呼气到不能再呼出气体为止的所呼出的气量。由于是记录了一定时间内所能呼出的气量，因此叫作时间肺活量。其正常值用呼出气量占肺活量的百分比表示。其中以第一秒末的意义最大。

最大通气量是指以尽可能快和深的呼吸频率和呼吸深度进行呼吸时所测得的每分钟肺通气量。一般只作 15 秒钟的测验，再将所测值乘以 4，即得每分钟最大肺通气量。测最大通气量，可评定受试者的通气贮备能力。

【实验对象】

人。

【实验器材】

改良式肺量计（或便携式肺功量计）、一次性口嘴、鼻夹、75%酒精、消毒棉球、钠石灰 500 克。

【实验步骤】

（一）采用改良式肺量计测定

1. 认识肺功能计的构造和使用方法（图 5-1）

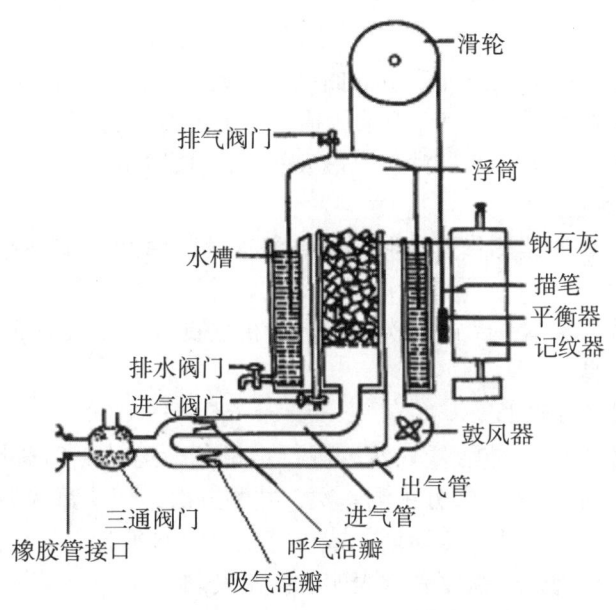

图 5-1 改良式肺量计各部名称

改良式肺量计与简单肺量计相似，主要由套在一起的外筒和浮筒所组成。外筒是盛水的圆筒，筒底有排水阀门可以放水，圆筒中央有进气管，管底上端露出水面，管下端有三通阀门，可控制呼吸气体的出入。浮筒顶端有细绳和平衡锤相连，悬吊在滑轮架上。浮筒内的容量可通过平衡锤上描笔的升降在记纹器上进行记录。在进行实验前先将浮筒慢速上提，使筒内充有新鲜空气 4~5L，然后关闭阀门。

肺功能计的转动部分是由小型电动机带动不同的齿轮来控制转速的。操作部分有"0""1""15""30"四个电键。在不同的转速下，记录纸移动的速度不同。按下电键"1"时，记录纸每秒移动 25mm；按下电键"15"时，记录纸每 15 秒移动 25mm；按下电键"30"时；记录纸每 30 秒移动 25mm；"0"键为停止键，按此键停止记录。如要改变转速，首先按"0"键，然后再按控制你所需要转速的键。

两通气口一个是通到肺功能计内，另一个通气口是与放入钠石灰的铁笼相通。两个口的一端分别由两条橡皮管连接。橡皮管的另一端接三通活栓。钠石灰的作用是吸收呼出气中的二氧化碳。

2. 肺容量的测定

①将肺功能计的外筒盛上水，水量为外筒容量的 80%。将钠石灰装进铁笼内。安装记录纸，并准备好记录笔；接通电源，打开总开关；将记录笔尖与记纹器接触，将浮筒按下，检查记录笔是否能正常工作；按下"30"键，待走一段（1cm 左右）纸后，按下

"0"键，停止转动。

②用酒精棉球将口嘴消毒。受试者口衔橡胶接口，并用鼻夹夹鼻，稍加练习。进行下列各项测定。

③潮气量：按下"30"键，记录平静呼吸约30秒。各次呼或吸气量的平均值，即为潮气量。

④补吸气量：在一次平静吸气之末，再继续吸气直至不能再吸气为止所吸入的气量。

⑤补呼气量：在一次平静呼气之末，再继续呼气直至不能再呼气为止所呼出的气量。

⑥肺活量：令受试者深吸一口气，之后用尽全力将肺内的气体呼出（时间不限）。此时浮筒带动描记笔而描记出肺活量的曲线。在此种情况下，记录纸的每一大横格表示1000ml，每一小横格表示100ml。根据所描记出的曲线，计算出受试者的肺活量。连续测三次（每次之间间隔10~15秒钟）取最大的一次作为肺活量值。

⑦五次肺活量试验

方法：让受试者连续测量五次肺活量，每次间隔时间为15秒钟（吹气时间在内），记录各次结果。

评定：各次数值基本一致或逐次增加者为机能良好；逐次降低，特别最后两次明显下降者，为机能不良。

⑧肺活量运动负荷试验

方法：先测安静时的肺活量，然后进行定量负荷运动（负荷量可根据不同对象而定），运动后立即测肺活量。每分钟测一次，共测五次，记录每次的结果。

评定：负荷后五次肺活量逐渐增加或保持安静时水平者，为机能良好；运动后肺活量逐渐下降，第五分钟仍未恢复者，表明机能不良。

3. 时间肺活量（用力呼气量）的测定

①在肺量计内重新充灌新鲜空气4~5L，受试者按前述方法，按下"30"键，记录平静呼吸次数。

②令受试者深吸一口气，按下电键"1"，之后用尽全力以最快的速度将肺内的气体呼出。此时浮筒带动描记笔而描记出时间肺活量的曲线。在此种情况下，记录纸每移动一大纵格需要时间是1秒钟。

③根据所描记出的曲线（图5-2），分别计算出第一秒末、第二秒末和第三秒末所呼出的气体占总肺活量的百分数。

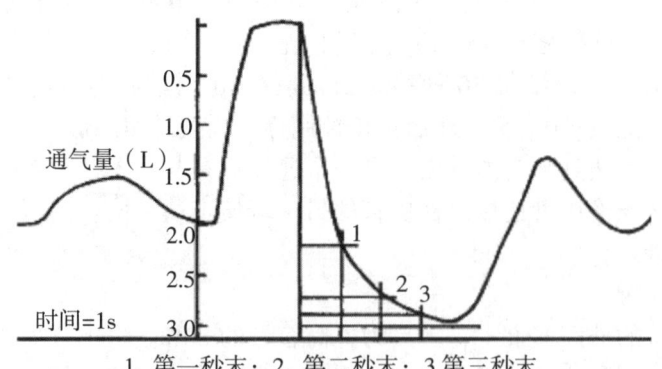

1. 第一秒末；2. 第二秒末；3.第三秒末

图 5-2 时间肺活量测量曲线

4. 最大通气量的测定

①各步骤的操作方法与测量肺活量的第一步相同。

②按下电键"15"。

③受试者在实验人员的指导下，进行几次测最大通气量的练习。然后，以尽可能快而深的呼吸运动，进行 15 秒钟的测试。此时描记笔将随着浮筒的上下运动而描记出锯齿状的曲线。

④将记录纸上每次呼出（或吸入）气体所画的曲线的高度换算成呼出（或吸入）气体的量相加，而得到 15 秒钟肺最大通气量。将其乘以 4 就得到受试者的每分钟最大通气量。

（二）采用便携式肺功量计测定（以意大利 COSMED 便携式肺量计为例）

1. 便携式肺功量计的构造（图 5-3）

意大利 COSMED-PANY 便携式肺量计采用先进的微电脑处理系统，内置超低阻涡轮，精确度高、异常敏感，通过呼吸流量传感器，能精确地测量气流量，传感器双向测试可测吸入和呼出气量和流速，再经过分析、处理，测量出人体的呼气功能和吸气功能，由液晶显示器（LCD）显示和图形打印机打印出结果。可测量肺功能各种指标：FVC、FEV、IVC、VC、MVV、气道阻力、小气道测试等。可及时打印报告，也可连接 PC 机，在 WINDOWS 下进行数据处理，打印详细报告。超大的屏幕可显示图表、曲线。

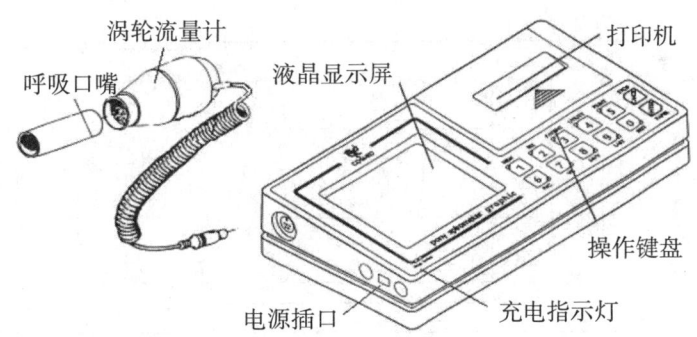

图 5-3　COSMED-PANY 便携式肺量计各部名称

2. 仪器的准备

①在正式使用前，先给仪器充电。也可采用合适的变压器接到 110~220V 的电源上。

②安装涡轮流量表。

③检查打印机（包括打印纸和打印色带）。

④安装呼吸口嘴。

3. 操作面板及按键（图 5-4）

①1 键（或 New 键）：数字 1 键或首次使用该仪器者的数据输入键。

②2 键（或 Sex 键）：数字 2 键或性别的输入和更改键。

③3 键（或 Patient 键）：数字 3 键或显示或修改最后输入者的数据窗口键。

④4 键（或 Utility 键）：数字 4 键或设置执行菜单键。
⑤5 键（或 Print 键）：数字 5 键或打印受试者的数据单位或测试结果键。
⑥6 键（或 FVC 键）：数字 6 键或进行快速肺活量测试键。
⑦7 键（或 VC 键）：数字 7 键或进行肺活量测试键。

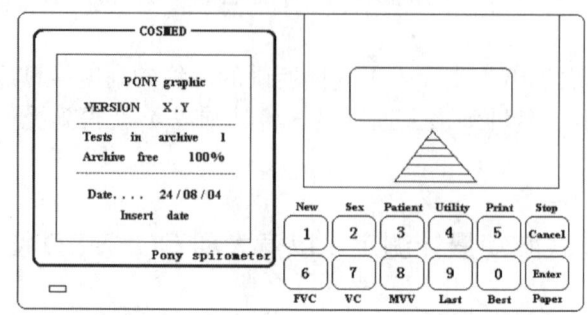

图 5-4　COSMED-PANY 便携式肺量计操作面板

⑧8 键（或 MVV 键）：数字 8 键或进行最大通气量测试键。
⑨9 键（或 Last 键）：数字 9 键或显示最后测定结果键。
⑩0 键（或 Best 键）：数字 0 键或显示最佳结果键。
⑪Cancel 键（或 Stop 键）：暂停上一个操作键和测试停止键。
⑫Paper 键（或 Enter 键）：打印机走纸键或确认操作键。

4. 潮气量和肺活量的测定（图 5-5）

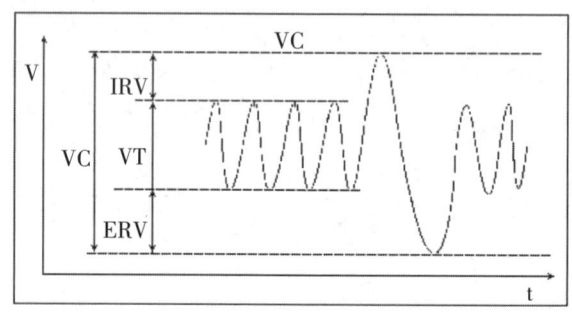

图 5-5　肺活量的测量曲线

①打开仪器电源开关，显示屏启动，按动仪器上"New"键，屏幕上将显示"Select a function"字样，按"New"键两次（第二次是确认）。

②输入受试者 ID 号码或自动确认 ID 号码，输入病人的数据单位：性别（按"Sex"键选择性别）、年龄、身高、体重，在每一个数据输入后按"ENTER"键确认。屏幕上显示"Select a function"。

③受试者将呼吸口嘴放入口内，夹上鼻夹。按动仪器上"VC"键，开始测定肺活量。

④受试者按如下步骤测试：正常呼吸数次；最大限度吸气；最大限度慢呼气；正常呼吸。

此外，肺活量的测定也可采用简易的单筒肺量计测定。

5. 快速肺活量的测定（图5-6）

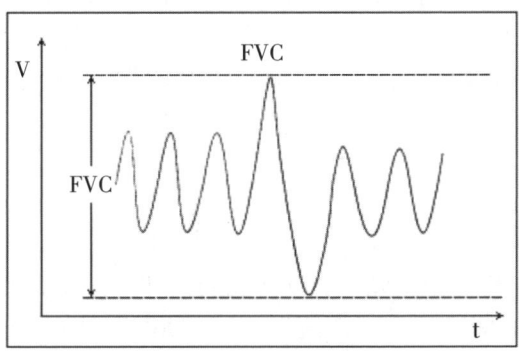

图5-6　快速肺活量的测量曲线

①测完肺活量后，让受试者拿掉呼吸口嘴和鼻夹，略微休息。

②受试者重新将呼吸口嘴放入口内，夹上鼻夹。按动仪器上"FVC"键，开始测定快速肺活量。

③受试者按如下步骤测试：正常呼吸数次；最大限度吸气；最大快速呼气；正常呼吸。

6. 最大通气量的测定（图5-7）

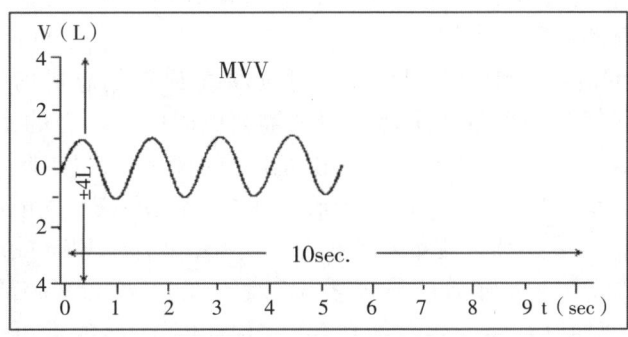

图5-7　最大通气量的测量曲线

①测完快速肺活量后，让受试者拿掉呼吸口嘴和鼻夹，稍加休息。

②受试者重新将呼吸口嘴放入口内，夹上鼻夹。按动仪器上"MVV"键，开始测定最大通气量。

③受试者按照30次/分的呼吸频率进行深呼吸，12秒钟后测试结束。

④以上各项指标测定结束后，按动仪器上"Print"键，肺量计上配备的打印机可自动将测试结果打印出来。

7. 其他通气指标的测定

在通过COSMED便携式肺量计测定上述指标时，可以同时伴随测定多项肺通气指标，包括：第一秒最大呼出率（$FEV_{1.0}$）、第一秒时间肺活量（$FEV_{1.0}/FVC\%$）、最大呼气中期流速（MMF）、最大呼气流量—容积曲线（MEFV）等。

【注意事项】

1. 在测定肺活量、时间肺活量及最大通气量时，要注意对呼吸口嘴消毒。
2. 在测量时，要戴好口嘴及鼻夹，不要漏气。
3. 测定最大通气量时，受试者呼气和吸气均在仪器中进行，因此不要在吸气时将口嘴拿开，以免造成漏气。在保证呼吸频率的情况下，受试者要尽可能地达到最大呼吸深度。

【运用与评价】

1. 正常人参考值：潮气量（VT）约为500ml；肺活量（VC）男性为3500~4000ml，女性为2500~3500ml；时间肺活量正常值为83%、96%、99%；最大通气量男性为104±2.7L/min，女性为82.5±2.2L/min。运动训练或体育锻炼能使人的肺活量和最大通气量提高，高水平的运动员肺活量可达7000ml，运动时最大通气量可达180~200L/min。其他常用指标为：

①用力肺活量（FVC）是以最快的速度所作的呼气肺活量，正常人FVC≈VC，男性为3900ml，女性2700ml，气道阻塞时FVC<VC。

②第一秒最大呼出率（$FEV_{1.0}$）是FVC测定中第一秒内用力呼出的气量，男性为3200ml，女性2300ml，$FEV_{1.0}$至少要大于1200ml，否则说明有阻塞性障碍。

③第一秒时间肺活量（$FEV_{1.0}/FVC\%$）：在用力肺活量曲线上可计算出1秒、2秒、3秒时所呼出的气量及其占FVC的百分比，正常值分别为83%、96%、99%，<80%~60%反映大气道阻塞性障碍。

④最大呼气中期流速（MMF）是将用力呼气曲线FVC的总量均分4等份，取中间部分（$FEV_{25\%-75\%}$）的呼气量和这部分呼气量所需要的时间，两者的比值即为MMF（L/s）。男性为3.37L/s，女性为2.89L/s。MMF值降低反映中等气道阻塞，较用力肺活量更为敏感，在$FEV_{1.0}$尚正常时MMF即可降低，MMF尚能反映小气道通气状况，为测定气道阻塞的敏感指标；最大呼气流量—容积曲线（MEFV）：MEFV曲线主要用于检查小气道功能。主要指标为50%肺活量最大呼气流量（V_{50}）及25%肺活量最大呼气流量（V_{25}），以正常预计值加以判断，如实测值/正常预计值<80%时即可认为异常，提示有小气道功能障碍。

2. 最大通气量和肺活量数值的大小随训练或锻炼年限增加而增长，其中最大通气量数值增加较肺活量明显，故通气储量也明显增加。这与运动促进呼吸肌发达，促进呼吸肌和呼吸动作的良好协调性有关。时间肺活量的数值大小，反映通气舒畅程度及肺的弹性回缩力。据认为，从事要求快呼、快吸运动项目的运动员，其第一秒末的百分数较大。

3. 在运动训练中，可以通过测定肺功能指标，以确定训练量大小和机体适应能力。一般来说，如果训练后所测得的最大通气量比训练前明显小，或者在恢复期数值逐渐降低，这说明训练课的运动量过大。如果最大通气量在运动后稍增加、不变或轻度下降，下降者在较短的时间内已复原者，则说明训练课的运动量不大。有训练者在负荷后数值变动甚小，在较大负荷后数值降低，但恢复很快。缺乏训练者在负荷后，尤其在较大的负荷后最大通气量的数值下降甚多，而且恢复至安静水平甚慢。

【思考与探索】

1. 呼吸通气量受哪些因素影响，是如何调节的？
2. 试比较肺活量和时间肺活量两者的异同。
3. 设计一个实验，运用肺功能指标来评价和监控人体的运动能力。

二、呼吸运动的调节

【实验目的】

观察缺氧或二氧化碳过多时，呼吸运动的变化；观察并分析肺牵张反射；学习动物呼吸运动的记录方法。

【实验原理】

呼吸运动之所以能有节律地不断进行气体交换，以保证机体代谢的需要，是由于机体内存在着一系列的调节机制。体内各种各样的刺激（如缺氧、二氧化碳浓度升高、pH值升高等）可直接作用于呼吸中枢调节呼吸运动，或通过不同的感受器反射性地影响呼吸运动。肺牵张反射也是保证呼吸节律性运动的机制之一。

【实验对象】

家兔。

【实验器材】

MedLab生物信号采集处理系统、呼吸换能器、哺乳动物手术器械一套、兔手术台、气管插管、螺丝夹、长橡皮管（长约40cm，内径为0.7cm）、注射器（5ml、50ml、20ml）、N_2气囊、CO_2气囊，20%氨基甲酰乙酯溶液、2%乳酸溶液、生理盐水、纱布、粗棉线、纯氮气球。

【实验步骤】

1. 麻醉固定：动物称重后，按5ml/kg体重从家兔耳缘静脉缓慢注射20%氨基甲酰乙酯溶液。待兔麻醉后，仰卧固定在手术台上。
2. 手术操作：剪去颈前部兔毛，在颈前正中切开皮肤5~6cm，分离气管，在环状软骨下1cm处做"⊥"形切口，并插入气管插管，用粗棉线结扎固定。分离出颈部迷走神经，穿线备用。手术完成后用温生理盐水纱布覆盖。
3. 连接实验装置（图5-8）：将呼吸换能器与MedLab生物信号采集处理系统相连，皮管连接插管和呼吸换能器（使用前应先定标）。打开计算机，启动MedLab生物信号采集处理系统。

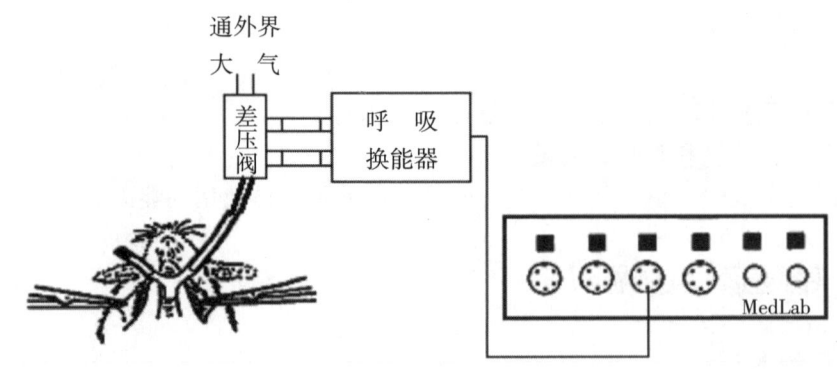

图 5-8 呼吸运动调节实验装置

4. 实验记录：点击 MedLab 生物信号采集处理系统菜单"实验/常用生理学实验"，选择"呼吸运动的调节"；启动"记录"，描记一段正常的呼吸运动曲线作为对照。采样和刺激器参数见表 5-1。

表 5-1 MedLab 采样和刺激器参数表

采样参数			刺激器参数	
显示方式	记录仪		刺激模式	串刺激
采样间隔	1ms		主周期	5s
X 轴显示压缩比	20:1		波宽	2ms
Y 轴压缩比	4:1	64:1	幅度	1V
通道	通道 3	通道 4	频率	30Hz
DC/AC	DC	记录刺激标记		
处理名称	潮气量	刺激标记		
放大倍数	500	5~50		

5. 观察缺氧对呼吸运动的影响：将 N_2 气囊管口与气管插管的通气管用小烧杯罩住，打开气囊（避免气囊内气体直接冲击气道，影响描记结果），使吸入气中含较多的 N_2，造成缺氧，观察并记录吸入气中缺氧时呼吸运动的变化。移开气囊和烧杯，待呼吸恢复正常后再进行下一步实验。

6. 二氧化碳对呼吸运动的影响：同上法换上二氧化碳气囊，以相同气流速度，使动物吸入，观察并记录呼吸运动的变化。移开气囊和烧杯，观察呼吸运动的恢复过程。

7. 血液中 H^+ 升高对呼吸运动的影响：由耳缘静脉注射 2%的乳酸溶液 3ml，观察呼吸运动的变化。

8. 增加无效腔对呼吸运动的影响：将橡皮管连于气管套管的一个侧管，堵塞另一侧管，使无效腔增加，观察并记录呼吸运动的变化。

9. 肺牵张反射的观察和分析：于气管套管的一个侧管上，借细橡皮管连以 50ml 注射器。记录一段对照呼吸运动曲线。在吸气之末，先将气管套管的另一侧管堵塞，然后立即将注射器内预先装好的空气（约 20ml）迅速注入肺内，使肺维持在扩张状态。可以观察到膈肌舒张，呼吸运动暂停于呼气状态。当呼吸运动恢复后，开放堵塞口。待呼吸运动平稳后，于呼气之末，再堵塞管的另一侧管，用注射器抽取肺内气体，使肺维持在萎缩状态。可观察到呼吸运动暂停于吸气状态。当呼吸运动恢复后，开放堵塞口。以上观察可以反复进行。上述项目观察结束后，可继续进行下面实验。

10. 迷走神经在呼吸运动调节中的作用：切断一侧迷走神经后，观察呼吸运动是否发生变化。切断另一侧迷走神经，观察呼吸运动是否改变，与迷走神经完整时有何异同，并进行分析。

11. 以中等强度电刺激迷走神经的中枢端，观察呼吸运动有何变化。

【注意事项】

1. 插管前应检查插管口是否光滑通畅。插管时应动作轻巧，避免损伤气管黏膜引起出血而堵塞插管。

2. 每一项前后均应有正常呼吸运动曲线作为对照。

【运用与评价】

1. 由于大脑皮质能对呼吸运动进行有限的"随意"调节。呼吸肌是骨骼肌，直接受大脑皮质的控制。在自然条件下，呼吸频率、深度和形式在一定范围内受意识的控制。因此，在运动实践中为提高呼吸的效率应做到减少呼吸道阻力，节制呼吸频率、加大呼吸深度、提高肺泡通气量，以及呼吸方法适应于技术动作变换的需要。

2. 由于缺氧、二氧化碳浓度升高、pH 值升高等变化，可直接作用于呼吸中枢调节呼吸运动。因此，当运动员从平原到达高原后，最初往往会感到呼吸频率加快，通气量加大，胸闷气急，甚至呼吸困难。在运动时，通气量增加得更多。这是急性适应初期的基本变化。产生的原因主要是由于高原缺氧，导致低氧刺激化学感受器而引起呼吸中枢活动加强，反射性引起呼吸频率加快和呼吸深度加深。通气量的增加可以提高肺内的血氧饱和度。

3. 在递增运动过程中，当达到一定运动强度时，血乳酸骤然增多，来自乳酸的 H^+ 引起 H_2CO_3 形成，后者分解出 CO_2，这样血液中 CO_2 的分压和 H^+ 的增加，会刺激调节体内气体代谢的化学感受器和呼吸中枢，为了保持体内的正常平衡，排出增多的 CO_2 而导致肺通气量的加大。因此，在运动实践中也可根据肺通气量骤然增加的这一拐点来判断无氧阈。

【思考与探索】

1. 血液中二氧化碳增多或缺氧时，呼吸运动有何改变？通过哪些途径？
2. 双侧切断迷走神经以后，呼吸运动的变化说明什么问题？
3. 电刺激迷走神经中枢端，呼吸运动会发生什么变化？为什么？
4. 试分析初上高原时，人体的呼吸系统为什么会发生变化以及是如何变化的。

第六章 神经系统和感觉机能的测定

一、视觉机能的测定

(一) 视力测定

【实验目的】

了解视力表的原理;掌握测试视力的方法。

【实验原理】

视力 (vision),即视敏度 (visual acuity),是指黄斑部中心凹的视力功能,也就是眼分辨得出小目标物的能力。

通常以能分辨两点间的最小视角为衡量标准。相距 5 米远,空间两点距离为 1.5 毫米的视角为 1 分角。临床规定,当视角为 1 分角时,能分辨两个可视点或看清细致形象的视力为正常视力。视力表就是根据视角的原理制定的。

目前我国规定视力测定采用标准对数视力表(5 米距离两用式),受试者视力可用小数记录或 5 分记录。两者的推算公式如下:

$$受视者视力(小数记录) = \frac{受试者辨认某字的最远距离}{正常视力辨认该字的最远距离} = \frac{2.5}{5} = 0.5$$

受视者视力(5 分记录)= $5-\log\alpha'$(α' 为视角)

视力表每行字旁边的数字即依上式推算而来的,表示在 5 米处能辨认该行字的视力。如:受试者在 5 米远处能辨认第 10 行的 E 字,该 E 字每一笔画两边发出的光线在眼的节点处恰好形成 1 分视角,受试者视力 = 5/5 = 1 或视力 = 5 – log1 = 5。

【实验对象】

人。

【实验器材】

标准对数视力表(图 6-1)、指示棍、遮眼板、米尺。

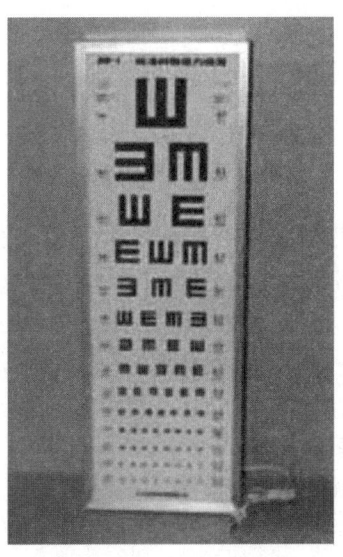

图 6-1　标准对数视力表

【实验步骤】

1. 将视力表挂在光线均匀而充足的场所，其高度以表上第十行字母与受试者眼睛平视为准。受试者站立或坐在距离视力表 5 米远的地方。

2. 受试者自己用遮眼板遮住一眼，用另一眼看视力表，按实验者的指点说出表上的字或图形。由表上端的大字或图形开始向下测试，直至测试到受试者能辨认清楚最小的字行为止。依照表旁边所注的数字来确定其视力。检查时倘若对某行标记部分能够看对，部分认不出，如"0.8"行有三个字不能辨认，则记录"0.8 – 3"，如该行只能认出三个字，则记录为"0.7 + 3"，余类推。

3. 若受试者对最上一行字也不能辨认清楚，则令受试者向前移动，直至能辨清最上一行字为止。测量受试者与视力表的距离，再按上述公式推算出视力。计算方法为：视力=0.1×被检者所在距离（米）/5（米）。例如：4 米处能认出则记录"0.08"（0.1×4/5=0.08）；同样如在 2 米处认出，则为"0.04"（0.1×2/5=0.04）。

4. 如被检者在 1 米处尚不能看清"0.1"行标记，则让其背光数医生手指，记录能看清的最远距离，例如在 30cm 处能看清指数，则记录为"30cm 指数"或"CF/30cm"。如果将医生手指移至最近距离仍不能辨认指数，可让其辨认是否有手在眼前摇动，记录其能看清手动的最远距离，如在 10cm 处可以看到，即记录为"HM/10cm"。

5. 用同样的方法检查另一眼的视力。

【注意事项】

1. 视力表处光线要充足，受试者测试时勿压眼球。
2. 受试者距视力表距离要准确。
3. 安装视力表应注意：
①表面须清洁平整。
②表的高度以表上 1.0 视力（对数视力表上 5.0）的标记与被检查的眼等高为准。

③表上必须有适当、均匀、固定不变的照明度，一般为400~1000Lux，且必须避免由侧方照来的光线及直接照射到被检者眼部的光线。阴晴不定的自然光线亦不适宜，以免引起不准确的检查结果。

【运用与评价】

1. 视力的好坏是衡量眼机能是否正常的尺度，也是分析病情的重要依据。1973年世界卫生组织规定了低视力标准。低视力是指手术、药物或一般验光配镜无法改善的视功能障碍，主要包括视力下降和视野缩小等方面。世界卫生组织（WHO）在1973年制定的低视力诊断标准是：双眼中好眼的最佳矫正视力为0.3以下，但不低于0.05。

2. 视力是运动员（如射击、球类、跨栏、跳高、跳远运动员等）和裁判员（如竞走裁判员）主观判断的客观基础。在第26届奥运会前夕，国际田联首次令各大洲的国际竞走竞赛裁判员培训班成员接受视力检测，这是对竞走裁判员提出客观素质要求的一种努力。竞走裁判员的视力水平非常重要。在参加国际竞走比赛中有黄种人，又有白种人，还有黑种人，并且在比赛中运动员的腿部是裸露在外的。不同肤色运动员的腿对竞走裁判员的视力水平有一定的影响，因此，有学者提出有必要检测竞走裁判员的肤视力（识别不同肤色的竞走运动员腿部运动状态的视敏锐程度）。

3. 随机抽样形式所调查视力状况调查结果发现，中学生近视率高达50%，其父母视力、家庭采光、书写姿势、用眼习惯、发现近视年龄和患近视后是否戴眼镜6个因素，是导致学生近视率高的最主要原因。

调查资料显示，父母一方为高度近视者，后代近视发病率为50%，父母双方均为高度近视的，后代发病率高达93%~100%，而这种近视，一般为染色体隐性遗传所致。调查资料还显示，不良的看书姿态和习惯对青少年视力影响大，近视的发生和发展与不良用眼习惯密切相关，走路看书、乘车看书、躺在床上看书、长时间看书、阅读距离过近对初中生视力均有不同程度的影响。而且患近视后，如不坚持配戴眼镜，可导致近视进一步加重。同时，近视发生的年龄越小，近视的度数就越深。此外，6岁以前儿童患近视多为遗传性近视，这些患儿随年龄增长，近视度数也可能不断加深。

4. 科学的体育锻炼有助于改善视力。有人通过多年从事乒乓球少儿业余训练发现，长期坚持乒乓球训练的少儿，他们的视力比未经过训练的少儿普遍要好，其近视率较低。为此本文对乒乓球训练对少儿视力的影响进行了对比和跟踪研究，旨在为乒乓球运动对视力的良好影响提供科学的理论依据。提倡少儿通过从事该项运动，使其对视力产生良好影响，在一定程度上可预防近视，改善视力。

【思考与探索】

1. 分辨物体的精细结构时，为什么眼睛必须注视正前方某点而不能斜视？请从视网膜的组织结构特点加以说明。

2. 请分析视力、视角、视标大小和被检测者与视标间距是什么关系。

3. 某受试者在1.5米远的地方能看清视力表上的第一行（由上向下数），他的视力是多少？

（二）视野测定

【实验目的】

了解测定视野的意义，学会视野计的使用方法和视野的测定方法。

【实验原理】

视野（visual field）：当一眼注视一目标时，除了看清这个注视目标处，同时还能看到周围一定范围内的物体，当眼球固定注视正前方一点所能看到的空间范围叫作视野。视野的大小取决于视网膜上圆柱细胞与圆锥细胞的分布情况、人的面部骨骼结构以及视野感觉皮层部分的机能状态。

【实验对象】

人。

【实验器材】

视野计、各色色标、视野图纸。

【实验步骤】

1. 了解视野计的构造

手持式视野计的主要构造（图6-2）。

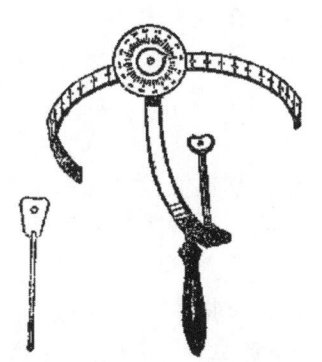 

图6-2 视野计

有一金属制半圆弧称弧架。弧架直径30厘米，上有刻度由0°~90°，能围绕轴心旋转。视野计的背面还有一圆形分度盘，当半圆弧旋转时，与轴心相连的指针就在圆形分度盘上标示出来弧架与地面垂线之夹角的角度。另外有一支架与弧架的手柄相连，上面有托颌架和眼眶托。此外，还有视标数个。视标杆的一端涂有各种颜色（白色、黄色、蓝色、红色、绿色）。

2. 让受试者背向光源，手持视野计，将下颌放在托颌架上，眼眶下缘靠在眼眶托上，调整托颌架的高度，使弧架的中心点与眼睛恰好在同一水平位置高度。另一眼用眼罩遮蔽。

3. 旋转弧架使之与地面垂直（指针指示在"0"）。然后将视标从周边向中心慢慢移动，边移边问受试者是否能看见视标，让受试者说出视标的颜色。待受试者回答正确时，将视标前、后移动或换一种颜色，重复测试一次，结果一致时，读出视标所在的刻度，并将该视标所在读数记在视野表相应经线上。

4. 依次转动弧架，继续检查45°、90°、135°、180°、225°、275°、315°各方位的视野。检查完毕后，将上述所测8个点连接起来就构成该颜色的视野图（图6-3）。

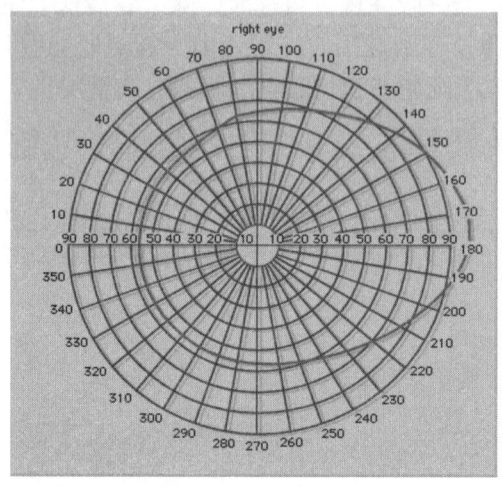

图6-3 右眼视野图

5. 同法可测定眼的各种颜色的视野。用彩笔画在视野表上。
6. 用同法测出另一眼的视野。

【注意事项】

1. 最好在正式实验之前先试做一次，待受试者掌握实验方法后正式开始。
2. 在实验过程中，受试者常易发生猜测的现象，为了避免这种情况，可采取以下措施：
①可以先对受试者说明实验的意义。要求他实事求是地来实验。
②测定不同颜色的视野时，视标的顺序可经常更换。避免受试者掌握实验者的规律。
③假如发现受试者有眼移动或猜测的可疑情况时（如视野范围过大，超过一般正常人时），可重测一次，来验证所测结果是否正确。

【运用与评价】

1. 视野反映黄斑部以外整个视网膜的功能。对劳动、学习和生活都有很大的影响。临床上视野检查对于许多眼病及某些视觉传导路疾患的诊断有重要意义。
2. 正常单眼视野的范围：颞侧约90°以上，下方约70°，鼻侧约65°，上方约55°（后两者由于受鼻梁和上眼睑的影响）。各种颜色视野范围并不一致，白色最大，其次是黄色、蓝色、红色，绿色视野最小。两眼同时注视时，大部分视野是互相重叠的。有研究表明，有训练的运动员，绿色视野的范围比一般人大。

3. 在球类比赛中，运动员不仅应该具备在相对静止情况下运用视野观察的能力，而更要具备在人体及被注视对象不断快速运动的情况下运用视野观察的能力。视野的观察能力是球类运动员形成球类运动意识不可缺少的条件之一。

4. 视野的提高不可能像基本技术训练那样很快就能见到成效。像球类意识训练一样，要从少儿训练开始就把它纳入训练计划，并且结合基本技术和基本战术及素质训练提出具体要求，采取丰富多彩、适合少儿年龄特点生理特点的训练手段和训练方法，像抓基本技术和基础战术训练那样来抓视野的训练。

5. 本实验介绍的是一般实验室常用的方法。但因要求所测角度较多，花费时间过长，比赛或训练后的视野变化情况就不能真实地反映出来，因此往往简化成只测0°、90°、180°、270°四个主要角度的视野。在这四个角度所测得的数据总和代表视野的大小。此外，测定视野时常常只测白、绿两色。

【思考与探索】

1. 夜盲症患者的视野将会发生什么变化？为什么？
2. 视交叉病变时，患者视野将会出现何种改变？为什么？
3. 测试篮球或足球运动员训练前、后同一颜色和同一角度视野的变化。为什么？
4. 试设计一个实验测量并分析某一运动专项的视野的特点。

（三）视深度测定

【实验目的】

掌握视深度的测定方法，比较单眼和双眼在辨别远近中的差异。

【实验原理】

深度觉（depth perception）又称深径觉，是用眼来辨别物体的空间方位、深度、凸凹等相对位置的能力，除受眼的辐合与调节、双眼视差等因素影响外，也受注意集中、视觉线索利用等心理作用的影响。左右眼捕捉到的平面图像在传入大脑后被转变成一个立体图像，其结果可以使人类更清楚和容易地去判断空间物体的距离。常用拉杆法进行检查。

【实验对象】

人。

【实验器材】

视深度测定仪（图6-4）、眼罩、小挡板。

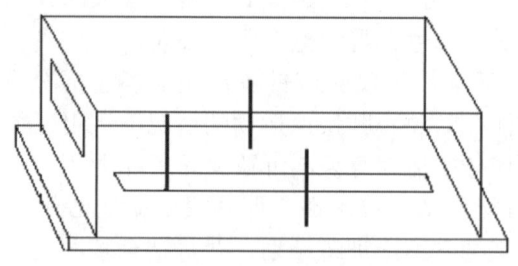

图 6-4 视深度测定仪

【实验步骤】

1. 受试者坐于仪器前 6 米处，两眼从窥视窗恰好能注视木棍中部。
2. 实验者用小挡板遮住窗口，把变异刺激移到较远位置，使两木棍相隔较远，然后打开窗口，令受试者观察并在 1~1.5 秒内说出两木棍是否平行。
3. 实验者听从受试者指示，向前或向后移动木棍，直至受试者认为两木棍平行为止。
4. 根据指针所指刻度，记录两木棍间距离。
5. 每组测 3 次，取平均值。
6. 测完双眼后，左右眼再各测一组。

【注意事项】

1. 最好在正式实验之前先试做一次，待受试者掌握实验方法后正式开始。
2. 实验室光线要充足。

【运用与评价】

1. 对于高空作业等许多工作，尤其对飞行员来讲，深度觉是重要的项目之一。用双眼区别两个物体间的距离时，误差在 20 毫米之内。但用单眼观看时，其误差不少于 120 毫米间距。
2. 某些运动项目如赛车、越野自行车、跨栏、跳高以及球类等，要求运动员有较好的深度觉，因此，可作为该项目的选材指标之一。
3. 某些运动项目如射击、篮球、排球、乒乓球等，能提高立体视觉敏感能力。疲劳时，立体视觉敏感度下降。

【思考与探索】

1. 比较双眼和单眼视深度是否有差异并分析原因。
2. 试设计一个实验来比较体育专业学生同普通大学生之间、男女之间有无差异。

(四)色觉测定

【实验目的】

掌握检查色觉的测定方法。

【实验原理】

正常人能辨别各种颜色,凡不能准确辨别各种颜色者为色觉障碍。临床上按色觉障碍的程度不同,可分为色盲与色弱。色盲中以红绿色盲较为多见,蓝色盲及全色盲较少见。色弱者主要表现辨色能力迟钝或易于疲劳,是一种轻度色觉障碍。

色觉是不同波长的光线作用于视网膜而在人脑引起的感觉。色觉是视觉系统的基本机能,对于图像和物体的检测具有重要意义。人眼可见光线的波长是 390~780 毫微,一般可辨出包括紫、蓝、青、绿、黄、橙、红 7 种主要颜色在内的 120~180 种不同的颜色。辨色主要是视锥细胞的功能。因视锥细胞集中分布在视网膜中心部,故该处辨色能力最强,越向周边部,视网膜对绿、红、黄、蓝 4 种颜色的感受力依次消失。由物理学可知,用红、绿、蓝 3 种色光作适当混合,可产生白光以及光谱上的任何颜色。

关于色觉的机理,目前多用"三原色学说"来解释。这个学说认为,在视网膜上存在着分别对红、绿和蓝三种光线的波长特别敏感的三种视锥细胞或相应的感光色素,当不同波长的光线入眼时,可引起敏感波长与之相符或相近的视锥细胞发生不同程度的兴奋,于是在大脑产生相应的色觉;三种视锥细胞若受到同等程度的刺激,则产生白色色觉。如缺乏色觉或色觉不正常,就是色盲或色弱。色盲是由于缺乏某种视锥细胞而出现的色觉紊乱,包括红色盲、绿色盲、蓝色盲和全色盲(单色觉)几种类型。其中红色盲和绿色盲较为多见,习惯上统称红绿色盲,患者不能分辨红、紫、青、绿各色,仅能识别整个光谱中的黄、蓝两色。全色盲极少见,患者视物只有明暗之别,犹如观黑白电影一样。色弱患者的三种视锥细胞并不缺乏,但对某种颜色的分辨力较弱。色弱多为后天性的,与健康及营养条件有关,可以防治。

色觉检查方法较多,现多采用假同色表(色盲本)检查法。常用的国外有石原忍氏、司狄林氏及拉布金等表,国内亦有俞自萍等检查表,通常采用其中一种检查,遇有疑问时,可与其他表对照。

【实验对象】

人。

【实验器材】

色觉检查图。

【实验步骤】

1. 检查时,将色盲本置于明亮的自然光线下(但阳光不得直接照射在色盲本上),

距离被检者 70cm，让被检者迅速读出色盲本上的数字或图形，每图不得超过 10 秒钟。

2. 按色盲本所附的说明，判定是否正确，是哪一种色盲或色弱。

【注意事项】

1. 检查者必须参照受试者文化程度、反应灵敏度、有否作假以及年龄等情况，随机应变进行检查，选图不必依照次序，可根据情况决定。

2. 遇可疑情况时，不妨停顿一下再予检查。色觉正常而反应迟钝者有时可能回答错误，所以不能仅以一图或一字之差就判断受试者为色盲或色弱。

3. 受试者在检查时，不得戴用有色眼镜。

【运用与评价】

1. 色觉是视器的重要功能之一，色觉功能的好坏，对要求辨色力的工作具有一定的影响。体育中许多项目都对色觉有较高要求，尤其是集体项目运动。

2. 色盲有先天性及后天性两种，先天性者由遗传而来，后天性者为视网膜或视神经等疾病所致。偶见于服药之后，如内服山道年可以发生黄视，注射洋地黄可以发生蓝视。我国先天性色盲的发生率，男性约 5.14%，女性约为 0.73%。

3. 色盲对有些运动项目有着至关重要的影响，尤其是集体项目的运动。例如，在两队比赛服是红色和绿色的比赛时，患有程度不同的红色盲者，就容易因红、绿两种颜色的衣服分辨不清，而导致比赛的失误。因此，为避免此类现象的发生，要注意：

①选拔队员时，要做好色盲的检查。

②已经成才但患有色盲的队员，应分清是何种主要颜色的色盲。在比赛时，应尽量回避穿着易与对方颜色混淆的服装。

③加强技、战术的磨炼，通过默契的配合将色盲的影响降到最低程度。

4. 色盲者看颜色的主要错误如下：

①红色盲者对淡红色与深绿色诸色、青蓝色与蜂色（即紫红色）、紫色不能分辨，而最容易混淆的是红与深绿、蓝与紫。

②绿色盲者不能分辨淡绿与深红，紫与青。绛色与青色虽不混淆，但对绛色与灰色则视之混乱。

③紫色盲者（青黄色盲）只能分辨红和青两种颜色。

④全色盲者，无颜色感觉，只有黑色、灰色和白色感觉。

【思考与探索】

1. 查阅有关资料，了解色盲的遗传规律。

2. 红绿色盲可以从事哪些运动？为什么？

（五）视觉闪光融合频率测定

【实验目的】

学习视觉闪光融合频率的测定方法，了解其测定意义。

【实验原理】

闪光融合频率（Flicker Fusion Frequency，FFF），又称闪烁融合频率、临界融合频率（Critical Frequency）或闪烁值。

人眼在撤光后，尚残留瞬间感光称为后作用。后作用的持续时间与光刺激的强度有关，刺激越强，后作用的持续时间也越强。用闪光刺激人眼时，若刺激频率较低，则产生一闪一闪的光感。当频率逐渐增高到超过一定界限后，则人眼产生连续光感，此现象称为融合现象，此时频率即为闪光融合频率。融合频率可以表示视网膜经过视神经以致视觉中枢的整个视觉系统的兴奋程度。

有的研究者认为，其可作为判断大脑功能的兴奋水平和频率状态的一个指标，如在正常情况下感到是闪光，而发生疲劳后则感到是连续光点，可看作是视觉系统的兴奋水平下降，即大脑功能水平降低。

【实验对象】

人。

【实验器材】

闪光融合频率仪（图6-5）。

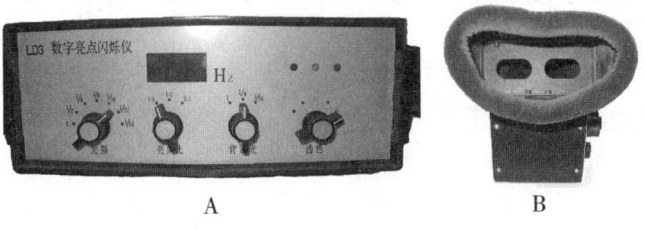

图6-5 闪光融合频率仪

【实验步骤】

1. 先调试主机（图6-5-A），使光强度、亮度等达到受试者适宜条件。
2. 受试者注视闪频仪眼罩（图6-5-B）的光源。告诉受试者"当看不到灯闪时，向实验者报告"。然后旋转眼罩底座上的调节频率的旋钮，由低频到高频，当受试者报告时，记下主机上显示的该闪光频率。
3. 再以高频到低频，按同样方法记录受试者报告时的频率。
4. 上述方法各做3次，共做6次，求出平均数。

【注意事项】

评定疲劳时应严格控制或充分考虑训练之外的影响因素，如生活状况、伤病、睡眠等。

【运用与评价】

1. 运动时FFF的变化，一般是随着运动开始，在一段时间内逐渐增大，随后就开始下降。运动量越大，下降就越快，并且下降的幅度也越大。所以，根据FFF的变化，基本上可以推测中枢神经系统的功能状态，进而闪光频率实验可以作为测试由于运动训练引起的中枢神经系统急性和慢性疲劳状态的一项常用指标。

2. 运动员正常值为32~38周/秒，疲劳时闪光频率会下降，依据下降数字（正常值减去疲劳时值）评定疲劳程度（表6-1）。

表6-1 "闪光融合"测定的评定标准（依中西光雄）

疲劳程度	(正常值)-(疲劳时值)	恢复速度
轻 度	1.0~3.9 周/秒	休息后当日可恢复
中 度	4.0~7.9 周/秒	睡一夜即可恢复
重 度	8.0 周/秒以上	休息一夜不能完全恢复

3. 不同颜色的闪光融合频率也不同。正常视力者的红色与黄色的CFF均存在统计学差异。

4. 闪光融合频率受声音（如播放音乐）等干扰因素的影响。

【思考与探索】

1. 设计一个实验采用闪光融合频率对某人进行运动疲劳程度的测定。
2. 设计一个实验，观察长时间操作电脑后闪光融合频率的变化，并且提供有依据的时间长度建议。

二、前庭机能稳定性的测定

【实验目的】

利用旋转加速度刺激前庭感觉器官研究其稳定性，并学会评定前庭机能的方法。

【实验原理】

前庭感受器位于内耳前庭，由椭圆囊、球囊和三个相互垂直的半规管组成。当人的身体或头在空中做直线或旋转运动时，由于直线加速度和角加速度的变化，就会引起前庭感受器的兴奋，从而使人体感受到在空间的位置和身体姿势。

过度刺激前庭感官，可引起许多反射性反应，其中包括感觉反应，如头晕和旋转的感觉；躯体性反应，如肌紧张发生改变；植物性反应，如心脏血管系统、呼吸系统、消化系统、排泄系统（汗腺）的机能变化等。前庭受刺激的强度越大，这些反应也就表现得越明显。

【实验对象】

人。

【实验器材】

旋转椅（或手动转椅或前庭功能测定仪）、血压器、听诊器、节拍器、评分表、皮尺、秒表。

【实验步骤】

（一）植物性反射的观察

前庭分析器受刺激时，可根据前后脉搏和血压变化，观察植物性神经机能的反应。按陆查诺夫和柏柯所制定的评分表，评定前庭机能的稳定性。实验步骤如下：

1. 令受试者坐在旋转椅（图6-6）上，过五分钟后测定受试者安静时的脉搏血压。

图6-6　旋转椅

2. 令受试者头前倾30°，闭眼。试验者以2秒钟一周的速度旋转转椅5周（逆时针）。

3. 旋转停止后，令受试者快速抬头睁眼，并立刻测出旋转后第一个10秒的心率，接着测出血压（测血压要迅速，最好在30秒钟内完成）。

4. 根据所得的实验结果，查评分表（表6-2），评定前庭机能的稳定程度。例如：受试者在安静时脉搏为11次/10秒，动脉血压为116/64毫米汞柱。旋转后的脉搏是13次/10秒，动脉血压是122/60毫米汞柱。旋转后脉搏增加了2次，收缩压上升6毫米汞柱。那么从评分表上端所表示的"收缩压变化"和表的右端所表示的"脉搏变化"，可以查出"脉搏变化"＋2的一行数字和"收缩压变化"＋6的一列数字的交叉点为4分。即为受试者前庭机能稳定性的评分。受试者在旋转后脉搏和血压的变化越小，所得的评分也越高，前庭机能的稳定性也越高。在3分以下是前庭机能稳定性差的表现。

表 6-2 刺激前庭器官植物性机能变化评分表

心率变化（10秒）	收缩压变化（毫米汞柱）												
	+30	+26	+23	+20	+17	+14	+11	+8	+5	±2	−5	−8	−11	−14	−17
+5	--	--	2.00	2.25	2.50	2.75	3.00	3.25	3.50	3.75	2.50	2.25	--	--	--
+4	--	2.00	2.25	2.50	2.75	3.00	3.25	3.50	3.75	4.00	3.00	2.75	2.50	--	--
+3	2.00	2.25	2.50	2.75	3.00	3.25	3.50	3.75	4.00	4.25	3.50	2.75	2.75	2.25	--
+2	2.25	2.50	2.75	3.00	3.25	3.50	3.75	4.00	4.25	4.50	4.00	3.50	3.00	2.50	2.00
+1	2.50	2.75	3.00	3.25	3.50	3.75	4.00	4.25	4.50	4.75	4.50	4.00	3.50	3.00	2.50
0	2.75	3.00	3.25	3.50	3.75	4.00	4.25	4.50	4.75	5.00	4.75	4.25	3.75	3.25	2.75
−1	--	2.50	2.75	3.00	3.25	3.50	3.75	4.00	4.25	4.50	4.25	3.75	3.25	2.75	2.25
−2	--	--	--	2.50	2.75	3.00	3.25	3.50	3.75	4.00	3.75	3.25	2.75	2.25	--
−3	--	--	--	--	2.00	2.50	2.75	3.00	3.25	3.50	3.75	2.75	2.50	--	--
−4	--	--	--	--	--	2.00	2.25	2.50	2.75	3.00	2.75	2.25	--	--	--
−5	--	--	--	--	--	--	--	--	--	2.25	--	--	--	--	--
−6	--	--	--	--	--	--	--	--	--	2.00	--	--	--	--	--

（二）躯体性反应的观察

1. 眼震颤的观察法

（1）受试者坐在转椅上，闭眼，头前倾30°，按逆时针方向，每2秒一周的速度旋转10周。

（2）旋转结束后马上抬头，并睁开眼睛，注视竖立在右侧前方的目标（手指或小棒）。这时可以观察眼球在规律地左右震动。

（3）记录旋转停止后的震颤次数和持续时间。

2. 运动反射观察法

（1）用粉笔在旋转椅正中的地上画一条直线（图6-7），长6~7米。

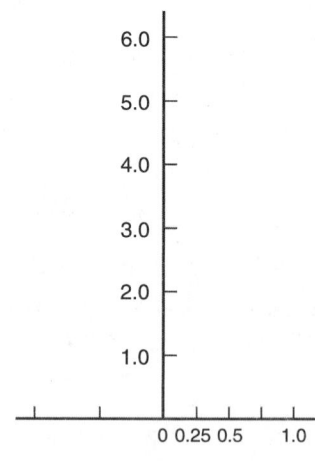

图 6-7 运动反射观察场地图

（2）受试者坐在旋转椅上，双脚蘸一点水。然后用上述方法旋转 10 周。让受试者旋转停止后立刻抬头睁眼，并站起沿直线行走（不要跑）。事先要告诉受试者，如果有身体倾斜感觉或已经偏离直线时，要努力控制自己沿直线前进。

（3）实验者站在旁边保护，并用粉笔记下受试者的脚印，量脚印离直线的距离。

（4）评价

①旋转停止后，受试者能沿直线全程行走，偏离中线不超过 0.25 米，属于前庭机能稳定性良好，得 5 分。

②旋转停止后，受试者能全程行走，偏离中线超过 0.25 米而不超过 0.5 米者，属于前庭机能稳定性较好，得 4 分。

③旋转停止后，受试者能全程行走，偏离中线超过 0.5 米而不超过 1 米者，属于前庭机能稳定性一般，得 3 分。

④旋转停止后，受试者 2 秒钟内站不起来、不能行走、或走时偏离超过 1 米者，属于前庭机能稳定性差，评分为不及格。

【注意事项】

1. 运用评分表时应注意的事项："最高血压变化"下面的一行数字，正数表示最高血压上升的差数，负数表示最高血压下降的差数。因此，当旋转后最高血压上升时按正数查表，下降时则按负数查表。

2. 在进行实验时，要尽可能使实验的条件恒定，因为对同一个人，用同样强度的前庭刺激，结果常常是恒定的，但在不同条件下（如不同的时间，受试者处于不同的机能状态等），进行实验时所得到的结果可能有较大的变动。

3. 实验的组织：用上述的方法，测定旋转前后脉搏和动脉血压的变化，以及沿直线行走的偏倚度作为评定前庭器官的指标，如果每人只进行一次实验的话，实验的人数就要多些，可以用条件相同的人（如年龄、性别、运动项目、训练程度等）。最好以 25 或 25 人以上为一组，这样就使实验所得结果的准确性较高。如果实验人数很少，每人在相同的条件下可以多重复几次相同的实验。

4. 在进行沿直线行走的偏倚度的实验时，要注意保护，避免受试者跌倒；但也不要扶他，以免影响实验的结果。

5. 测定血压的技术是比较困难的，需要多次的练习，熟练地掌握技术以后，才可以进行正式的实验。

在进行结果分析时应注意同一人在不同时间，不同机能状态下的差异。

【运用与评价】

1. 某些项目运动员（如体操、铁饼）和航空航海等工作人员，如果前庭感觉器官的稳定性不高，就会直接影响运动成绩和工作。有系统地参加体育锻炼，能提高前庭器官的稳定性。也就是说，即使前庭器官受到较强烈的刺激，所引起的反应也会变小。

2. 当机体前庭器官承受过强的劣性刺激时，就会产生躯体性的、感觉性的和植物性的功能反应，此时激发脑干"催吐中枢"和"化学感受触发区"的活动，明显出现运动病（motion sickness）的症状，表现为恶心、呕吐、脸色苍白、出冷汗、头痛、瞌睡及肌紧张失控等。

3. 人体对各种加速度刺激的反应并不是恒定不变的。根据前庭习服原理而进行的运动锻炼可增强前庭功能的稳定性,降低前庭—植物神经反射的反应性。研究证明体操运动中那些具有角加速度的身体训练在提高前庭功能稳定性上有着重要作用。

4. 提高前庭适应性的训练方法和手段方面,主要为主动的、被动的以及两种相结合的综合训练方法。此外,在运动训练实践中还有专门的前庭训练法及体质训练、前庭训练相结合的方法。采用一般体质训练和专门前庭训练相结合的方法能使人体前庭功能稳定性得到明显的提高。

【思考与探索】

1. 根据实验结果,评定受试者的前庭机能稳定状况,并根据全体受试者的训练年限及训练项目不同,进行统计分析。
2. 身体中止旋转后,有向哪个方向倾倒的趋势?为什么?
3. 人体旋转后出现的眼震机制和半规管的适宜刺激是什么?

三、肢体本体感受器敏感性的测定

【实验目的】

学习如何测定本体感受器敏感性变化的方法。

【实验原理】

在做任何动作时,即使闭着眼睛,也可以感觉到身体各部分所处的位置和动作的变化。这是因为肌肉、肌腱、韧带和关节囊内部有本体感受器,当人体做各种动作的时候,都会引起本体感受器的兴奋,这种兴奋沿着传入神经传到大脑皮层前中央回的动觉细胞,引起复杂的神经活动,这样由于已经建立的条件反射性联系,所以能够感觉到动作的变化。训练程度越高,本体感受器区分动作变化的能力也越强。因此把本体感受器区分动作差别的能力,叫作本体感受器的敏感性,敏感性越高就标志着肌肉对空间位置感觉越精细。

【实验对象】

人。

【实验器材】

肩、肘、腕关节角度测试仪(或电子关节角度测试仪)。

【实验步骤】

(一)普通关节角度测试仪法

1. 肩关节本体感觉

①仪器构造:本仪器(图6-8)主要由一直径2米左右的圆形木制板(或其他材料)。在圆板面上划分成若干度数(精确度0.5°)。其圆板由一支架固定在可升降的底座

上（多用关节测量仪）。在大圆板面上，用不同颜色画制另一小圆周，其直径为1米左右（同样画有精细刻度）。大圆周作为测量肩关节及髋关节本体感受器用，而小圆周则为测量肘关节而设制。

②实验方法：测量肩关节本体感受器敏感度时，要求受试者两臂下垂，侧立于仪器前。调整仪器高度，使测量仪器的圆心正对着被测者的肩峰，然后让受试者手心向内，直臂外展，展到一定位置（角度），然后又返回原处（下垂），重复做3次，让受试者体会肩部肌肉的感觉。接着令受试者闭上双眼，再按上面所要求的角度做5次。实验者观察每次外展的角度和原来的要求角度相差多少，或超过多少，将其结果记录下来。

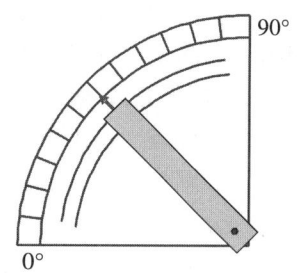

图6-8　多用关节测量仪

为了研究第二信号系统和标记物在运动活动中的作用，可采取在受试者试做时先令其闭上眼睛，实验者在规定的角度上放一挡板，使受试者手臂外展到规定的位置有自我感觉，3次试做后，开始正式实验。实验者移开挡板代之以语言指示。例如：受试者第一次外展超过原规定的角度一度，实验者就说"正一"。如果外展少一度才达到原规定的角度，就说"负一"。相等时就说"零"（"正"、"负"、零"的含义，在实验前告诉受试者）。将所得不同结果进行对比分析。

令受试者背向仪器，使圆心正对着第七颈椎（大椎处）。可以测定单臂或两臂外展时的敏感度。实验方法步骤同上。

2. 肘关节本体感觉

肘关节本体感受器敏感度的测定，可以在上述仪器的小圆周上进行。实验开始前让受试者侧立于仪器前，让肘关节的中心点（肱骨外上髁处）正对小圆周的圆心。上臂固定，以肘关节为轴心屈伸前臂进行实验，其测量方法和测定肩关节本体感受器敏感度的方法类似。使用仪器亦可按另行制作简便的肘关节敏感度测量仪。

3. 腕关节本体感觉

双手腕关节本体感受器敏感度的测定

①仪器构造（图6-9）

本仪器由原北京体育学院运动生理学研究生马树勋所设计。利用一个篮球（上装有指针）和一个半径为34.5厘米的半圆形铁标尺（标尺上刻有度数，精确度为0.5°）做成。球固定在一个轴上能上下活动，篮球上的指针正指在弓尺上，测定双手持球腕关节外展或内收的活动情况。

②实验方法

受试者站在仪器的后方，将仪器高度调整到球与受试者胸部相平，令受试者两前臂固定在托板上，两手持球有如胸前投篮姿势，然后令受试者闭上眼睛，实验者将挡板放在弯尺上的一定位置，令受试者持球活动到挡板处，还原。这样重复3次，去掉挡板，让受者根据试做时的感受再做3次，

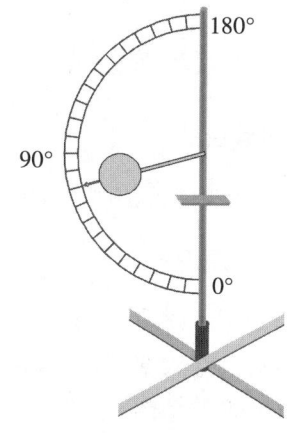

图6-9　腕关节本体感觉测试仪

看每次所到位置与原来位置相差多少，记录下来，求出平均值，进行分析。此仪器可测手腕向上和向下（即外展和内收）两种情况。

（二）电子关节角度仪法（参考有关柔韧素质测试的章节）

任选一关节，按上述实验方法，使关节运动至某一角度，感受3次后，让受试者根据试做时的感受再做3次，看每次所到位置与原来位置相差多少，记录下来，求出平均值，进行分析。

【注意事项】

应尽量控制和避免训练、伤病、疲劳等影响因素的干扰。

【运用与评价】

1. 本体感受器的反馈从位于肌肉、关节囊、内耳前庭器和眼睛中的感受装置到达中枢神经系统。骨骼肌系统的运动刺激了肌肉和关节中的感受器，当身体姿势发生改变时，前庭器接受刺激并提供整个身体位置的信息。

2. 眼睛可根据环境帮助调整头部和身体。比赛时，由于运动员必须注意与运动相关的刺激，所以他们要依靠肌肉、关节内的感受器、前庭器获取信息以维持平衡和保持身体姿势。

3. 本体感受器的训练常用于损伤恢复训练中。当视觉刺激被消除或分散时，损伤的肌肉和关节内的感受器要想为中枢神经系统提供准确的位置信息，就要对肌肉和关节进行重新训练，从而提高感受能力。

【思考与探索】

1. 设计一实验，了解不同运动项目对本体感受器机能的影响。
2. 本体感受器的敏感性高低与哪些因素有关？

四、反射活动的观察

（一）反射弧的分析

【实验目的】

分析反射弧的组成，明确反射弧的完整性与反射活动的关系。

【实验原理】

在中枢神经系统参与下，机体对刺激所产生的具有适应意义的反应过程称为反射。反射活动的结构基础是反射弧，包括感受器、传入神经、中枢、传出神经和效应器五部分。反射弧的结构和功能的完整是实现反射活动的必要条件。一旦其中任何一个环节的解剖结构和生理完整性受到破坏，反射活动就无法实现。

【实验对象】

蟾蜍或蛙。

【实验器材】

蛙类手术器械一套、万能支架、肌夹、纱布、培养皿、小烧杯、小滤纸、0.5%和1%的硫酸溶液。

【实验步骤】

1. 制备脊蛙：用探针捣毁脑组织，保留脊髓。用肌夹夹住蛙下颌，将蛙悬挂在万能支架上（图6-10）。

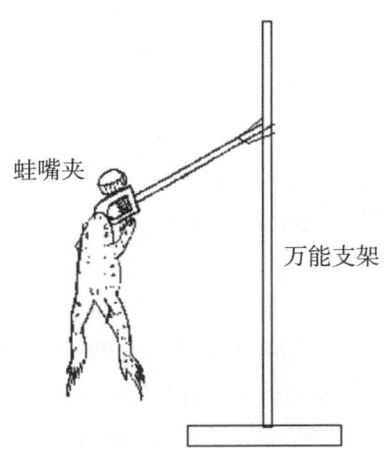

图6-10 脊髓反射实验装置图

2. 检查屈腿反射：用培养皿盛0.5%硫酸溶液分别刺激双侧后肢中趾趾端皮肤，观察有无屈腿反射。然后用清水洗去皮肤上的硫酸溶液。

3. 剥去一侧脚的皮肤：在一侧膝关节下，将皮肤做一环状切口，剥去切口以下的皮肤（足趾的皮肤要剥干净）。再用0.5%硫酸溶液刺激无皮肤中趾趾端，观察有无屈腿反射。

4. 用步骤2的方法刺激另一侧脚趾。

5. 剪断未剥皮肤侧的坐骨神经后，0.5%硫酸溶液刺激该侧后肢中趾，观察有无屈腿反射。

6. 用浸泡1%硫酸溶液的滤纸贴在蛙腹部皮肤上，观察有无反射发生。

7. 捣毁脊髓后，用浸泡1%硫酸溶液的滤纸贴在蛙腹部皮肤上，观察有无反射发生。

【注意事项】

1. 离断颅脑部位要适当，太高可能保留部分脑组织而出现自主活动，太低也会影响反射的引出。

2. 每次用硫酸溶液或纸片处理后，应迅速用浴缸中清水洗去皮肤上残存的硫酸，并用纱布擦干，以保护皮肤并防止冲淡硫酸溶液。

3. 浸入硫酸溶液的部位应限于一个趾尖，每次浸泡范围也应恒定，切勿浸入太多。

【运用与评价】

反射弧的任何一部分缺损，原有的反射不再出现。由于脊髓的机能比较简单，所以在教学和科研中常选用只毁脑的动物（如脊蛙或脊蟾蜍）为实验材料，以利于观察和分析。

【思考与探索】

1. 试自行设计实验，证明反射弧有 5 个组成部分。
2. 运用本实验提供的条件，如何证明坐骨神经是既有传入又有传出纤维的混合神经？

（二）反射时的测定

【实验目的】

掌握测定反射时的方法，了解刺激强度与反射时的关系。

【实验原理】

反射时又称反射潜伏期，是反射通过反射弧所用的时间。机体从受到刺激到产生反应开始需要一定的反射时间（感受器→传入神经→中枢→传出神经→效应器）。潜伏期的长短与中枢神经系统兴奋性有着密切的联系。当严格控制外界的刺激条件，可以根据反应潜伏期的长短，判明中枢神经系统的机能状态。动物在生理状态基本稳定的情况下，用阈上刺激后肢引起后肢的屈反射，在一定范围内，刺激越强，反射时越短；刺激越弱，反射时越长。

【实验对象】

蟾蜍或蛙。

【实验器材】

蛙类手术器械一套、秒表、支架、纱布、培养皿、小烧杯、硫酸溶液（0.1%、0.3%和0.5%各20ml）。

【实验步骤】

1. 制备脊髓动物（破坏大脑保留脊髓）并悬挂在支架上。
2. 用 0.1%硫酸刺激一后肢的中趾趾端，同时记录刺激开始到出现反应所需的时间，即反射时。连续测 3 次，取平均值。然后休息 3~5 分钟。
3. 用 0.3%硫酸刺激同一后肢脚趾，连续测 3 次，取平均值。然后休息 3~5 分钟。
4. 用 0.5%硫酸刺激同一后肢脚趾，连续测 3 次，取平均值。然后休息 3~5 分钟。

【注意事项】

1. 每次酸刺激后，一定要用清水冲洗脚趾并揩干，以保护皮肤，并防止冲淡酸溶液。

2. 硫酸的浓度应由低到高，每用某一浓度试验后，应休息 3~5 分钟，再改换另一浓度的硫酸溶液。

3. 蛙趾每次浸入硫酸的深度应恒定，浸入硫酸的部位应限于趾尖，均勿浸入太深。

【运用与评价】

反射时是构成反应时的一个重要组成部分，而反应时常作为选材指标之一。

另外，也可通过训练来缩短反射时。当刺激强度适宜，中枢神经系统兴奋性较高，又是经常出现的反射，则反射时就越短。运动员灵活性的高低，与反射时的长短有关。为此，通过缩短反射时的特殊训练，让运动员随变动着的各种不同刺激信号来做各种快速动作，无疑能提高其反应速度和灵敏素质。

【思考与探索】

1. 叙述反射时与刺激强度之间的关系。
2. 捣毁脊髓对反射时有无影响？为什么？

（三）反应时的测定

【实验目的】

1. 掌握测定声、光简单反应时的仪器使用和测定方法。
2. 掌握反应时的简易法。

【实验原理】

反应时指人体的感受器官接受刺激，通过传导，引起肌肉收缩过程。反应时越短，机体对刺激的反应越迅速，灵活性也越高。反应时可分为简单反应时（光反应时、声反应时等）、选择反应时和辨别反应时，各反应时又有自身的规律与特点。本实验主要学习简单反应时和选择反应时的测量。

简单反应时是一个单一简单刺激（声、光）与被试者做出单一简单反应（按下电键、放开电键或做出其他简单动作）之间的最小的延迟时间。选择反应时有两个（或多个）刺激和两个（或多个）反应。每个刺激都有自己独特的反应。从多个可能出现的刺激中，某一刺激的出现到做出正确反应的时间就是选择反应时。测量时，一般应重复测量多次，求其平均值为反应时的测定结果。

【实验对象】

人。

【实验器材】

反应时测定仪（图 6-11）、反应尺。

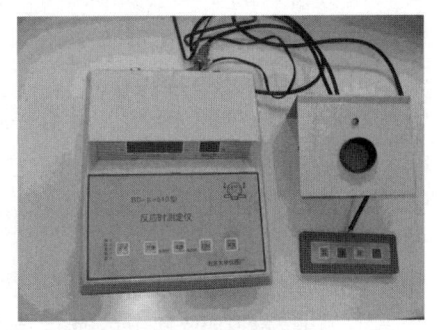

图 6-11 反应时测定仪

【实验步骤】

1. 光反应时测定

（1）测试者将反应时测定仪调整好。

（2）令被测者右手食指轻触电键，在仪器发出预备笛声后，集中注意刺激器的红灯亮。

（3）当被测者看到刺激器上的红灯亮时（同时计时器开始计时），迅速按下电键。此时计时器停止计时。

（4）记录下测试结果。一共重复测试10次。

（5）同法可测绿光。

2. 声反应时测定

测定声反应时，测试者只将按控制盒上的红灯开关改为声响开关，其他操作步骤同上。

3. 反应时的简易测定方法

（1）手反应（图6-12）

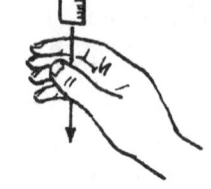

图6-12 手反应测试

①受试者将有利手置于桌边，虎口向上，拇指与食指成"U"字形，拇指、食指平齐。

② 测试者将尺的零端与受试者的虎口上缘平齐。让受试者注视醒目区，当尺下落时，快速捏住。

③记录手指上缘的读数。

④测20次，取中间10次，计算平均值。

表6-3 声、光反应时测定结果登记表（单位：毫秒）

姓名_____ 性别__ 年龄__ 日期_____

指标	1	2	3	4	5	6	7	8	9	10
光反应时										
声反应时										

（2）足反应

①受试者坐在距墙2.5厘米的桌上（或诊断床），把有利腿放在桌面上，足跟距墙5厘米，前脚掌距离墙2.5厘米。

②测试者将尺的零端与受试者的大脚趾上缘平齐，尺身贴墙。让受试者注视醒目区，当尺下落时，快速压于墙上。

③记录大脚趾上缘的读数。

④测20次，取中间10次，计算平均值。

（2）选择反应时

①测试者将反应时测定仪调整好，按预先列出的程序，刺激信号为"红、黄、绿、白"四种光。

②令被测者右手食指轻触电键板，在仪器发出预备笛声后，集中注意刺激器的红灯亮。

③当被测者看到刺激器上的某种色光时，迅速按下相应颜色的电键（即受试者要对四种不同的刺激相应做出四种不同的反应）。计时器记下时间。

④记录下测试结果。如果反应错了,计时器不计时间,安排受试者重新做一次,每种色光测试 20 次,随机排列。

⑤计算不同色光的平均值和标准差,进行比较。

【注意事项】

1. 要求受试者听到声响、看到灯光或尺动时,再按开关。
2. 如发现受试者有提前动时,须重测。

【运用与评价】

1. 反应时主要与先天遗传有关,但是通过训练也可得到提高。通过反应时测试可评定运动员的训练水平及发展潜力。
2. 以反应时作为反应变量,经常应用于运动心理学、运动生理学、运动医学及其相关学科。简单反应时一般在 0.13~0.22 秒范围内。男优秀运动员光简单反应时为 0.15~0.17 秒,声简单反应时为 0.13~0.14 秒;女优秀运动员光简单反应时为 0.155~0.175 秒,声简单反应时为 0.13~0.14 秒。
3. 除个别项目以外,大多数项目的运动员声反应时明显快于光反应时。
4. 评定运动员机能状态时,必须用跟踪测试。

①在冬训前和调整期后的较短时期内,多次测试后定下该运动员反应时的正常值,即获得一个稳定值。

②将多次的跟踪测试数值与稳定值进行比较,以获得运动员机能状态的信息。根据增减情况调整运动量。

【思考与探索】

1. 根据实验结果说明视觉与听觉简单反应时的差别及其可能原因。
2. 根据实验结果分析简单反应时是否受练习的影响。
3. 不同运动项目之间,反应时有无差异,试设计一个实验进行比较。

五、支配运动功能协调活动的观察

(一)兴奋扩散的观察

【实验目的】

观察和了解中枢神经系统各部位间的抑制现象。

【实验原理】

由于中枢神经系统内各神经元之间存在着错综复杂的联系,各中枢神经系统之间的机能上也存在着相互联系;不仅兴奋过程在各中枢之间相互影响,抑制过程也存在相互影响。各种脊髓反射的中枢间可出现抑制关系,亦可受神经系统高级部位的抑制。如果除去高级部位的抑制,脊髓反射中枢的兴奋性将提高,如反射时缩短,反射强度增大；如果同时刺激皮肤的两个不同部位，较弱刺激原可引起的反射将被抑制或延迟出现。

【实验对象】

蟾蜍或蛙。

【实验器材】

蛙类手术器械一套、眼科手术刀、秒表、万能支架、滤纸、纱布、培养皿、小烧杯、滴管、浸透盐水后烘干的滤纸、0.3%硫酸。

【实验步骤】

1. 中枢抑制（谢切诺夫抑制）

（1）沿蛙颅顶正中线开皮肤，并剪去颅顶的皮肤，自鼻孔向后小心地剖开颅骨，暴露整个脑组织。

（2）用眼科手术刀切去大脑半球及部分。数分钟后，待蛙的脊髓休克现象过去，将蛙挂在支架上。

（3）用硫酸测定一侧后肢屈反射的反射时，同时注意观察动物的姿态。共测 3 次。如反射时比较恒定，即可进行下列试验。

（4）取一小块浸透盐水后烘干的滤纸，放在已用滤纸吸干的视叶断面上，立即测反射时，并观察动物的姿态。此时可见反射时延长，反射强度减弱。

（5）取下含盐的滤片，用任氏液洗断面数次，再测反射时，有时还能看到抑制的后作用。

2. 脊髓反射的外周抑制

（1）在延脑与脊髓间切断。待脊髓休克消失后，用硫酸测定一侧后肢的反射时。

（2）测定一侧后肢对硫酸刺激的反射时的同时，将镊子用力夹另一后肢的脚趾，硫酸刺激原应引起的屈反射可被抑制。放松镊子，则受硫酸刺激的后肢立即发生屈反射。

【注意事项】

1. 剪开颅骨时，要防止损伤脑组织。
2. 暴露脑组织后，用棉花止血时不能重压，以免损伤脑组织。
3. 浸透盐水后烘干的滤纸放在视叶断面以后，不论是否出现反射的抑制，都不能超过 50 秒，时间过长，会损伤脑组织而影响实验结果。
4. 夹动物的后肢时，用力不能太大，以防损伤脚趾。

（二）交互抑制

【实验目的】

观察对抗肌活动时的交互抑制现象。

【实验原理】

某一中枢兴奋时，在功能上与它相对抗的中枢便发生抑制，这种抑制现象叫作交互抑制。脊髓的屈肌中枢和伸肌中枢之间，就是交互抑制的关系。当脊蛙一侧肢体皮肤受到伤害性刺激时，到达脊髓的传入冲动，使同侧的屈肌中枢兴奋，伸肌中枢抑制，出现屈肌反射。同时，又借助中间神经元的作用，使对侧伸肌中枢兴奋，屈肌中枢抑制，产生横过伸肌反射。

腓肠肌和胫前肌是一对对抗肌。前者收缩时，后者舒张；前者舒张时，后者收缩。在整体中使后肢伸直或屈曲。

【实验对象】

蟾蜍或蛙。

【实验器材】

蛙类手术器械一套、二导记录仪、万能支架、刺激器、刺激电极、支架及凹夹、蛙板。

【实验步骤】

1. 制备脊动物。
2. 在一侧后肢的膝关节处做环形切口，剥去小腿皮肤。
3. 胫前肌在足背上有两个附着点，将两个附着点的肌腱分别结扎后剪断（外侧附着点的肌腱与血管和神经伴行，应将血管和神经一起结扎剪断）。提起肌腱，将胫前肌仔细地游离出来。
4. 将腓肠肌的肌腱结扎后剪断，再将整块肌肉分离出来。
5. 固定动物的髋关节，将腓肠肌和胫前肌的肌腱分别与记录仪的两个通道相连接。
6. 用强的连续电刺激刺激同侧的背部皮肤，同时开动记录仪，记录腓肠肌和胫前肌的收缩曲线。可发现腓肠肌收缩，而胫骨前肌舒张。

【注意事项】

1. 在胫前肌腹面，接近肌肉的中部有神经和血管分支，分离时不要损伤神经和血管分支。
2. 两支描记笔的笔尖，必须在同一水平线上，这样描记的曲线才能进行对比。

【运用与评价】

1. 适时、恰当的抑制作用是机体协调活动的重要保证。
2. 在体育教学中，根据动作技能的形成规律，在粗略掌握动作的阶段，由于兴奋的扩散，内抑制尚未建立，在掌握动作上出现这样那样的错误是必然的，诸如动作紧张、不协调、出现多余动作，动作方向、幅度、节奏等出现差错等。因此，及时防止错误动作的产生和纠正已经出现的错误动作就成了体育教学重要的一环。

【思考与探索】

1. 中枢抑制实验中，反射时为何延长？试分析原因。
2. 分析对抗肌交互抑制的原因及其意义。
3. 将动物的另一侧后肢夹住，可见原有的屈反射被抑制，为什么？与中枢抑制实验结果有何区别？
4. 交互抑制实验中，为何收缩曲线幅度大于舒张曲线幅度？

（三）去大脑僵直

【实验目的】

观察去大脑僵直，了解脑干在姿势反射中的作用。

【实验原理】

在中脑上、下叠体（上、下丘）之间切断，使脊髓仅与延髓相联系。此时动物并不出现脊髓反射的抑制，而是立刻出现动物全身伸肌紧张明显加强。表现为四肢直伸、坚硬、脊柱后挺、头尾昂起（角弓反张）。这种现象叫去大脑僵直。去大脑僵直是一种反射性伸肌紧张亢进现象。

脑干网状结构中既有下行易化作用，又有下行抑制作用。在正常的情况下，通过这两种作用使骨骼肌保持适当的紧张性。网状结构的下行抑制作用有赖于高级中枢的下行始动作用。网状结构中的易化区虽然也有来自高级中枢的下行影响，但也接受上行传入系统的激动，包括起源于肌肉的冲动。所以在中脑水平切断脑干后，网状抑制系统的活动降低。易化系统因失去对抗而占优势，导致伸肌反射亢进。

【实验对象】

兔。

【实验器材】

哺乳动物手术器械一套、颅骨钻、咬骨钳、竹刀、兔解剖台、麻醉口罩、乙醚、骨蜡（或止血海绵）。

【实验步骤】

1. 用乙醚将动物轻度麻醉。
2. 将动物翻转俯卧于解剖台上，做开颅术。尽量暴露大脑两半球的后部，剪开硬脑膜。
3. 松开动物的四肢，去掉头夹。左手将动物的头托起，右手用竹刀将大脑两半球轻轻向前拨开。在中脑的上叠体与下叠体之间，朝着颅底向下将脑干切断（图6-13）。

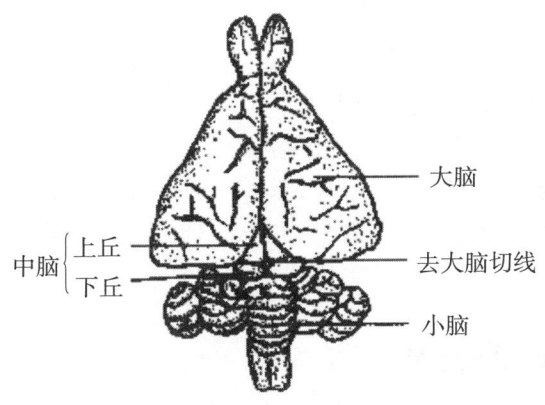

图 6-13 去大脑僵直实验的脑干切断线示意图

4. 将动物侧卧。几分钟后，它的躯体和四肢慢慢变硬伸直（兔的前肢比后肢更明显），形成僵直状态。

5. 将动物仰卧桌上，它只能被动地改为侧卧，不能翻正。

6. 将动物的头扭向左转，左侧前后肢伸直，右侧肢体屈曲；相反，头向右转，右肢伸直，左肢屈曲。使其头后仰，前肢更向前伸直而后肢屈曲；头前倾，则前后肢的紧张性变化与头后仰时正相反。

【注意事项】

1. 动物麻醉宜浅，麻醉过深不易出现去大脑僵直现象。
2. 手术时，注意勿伤及矢状窦及横窦，避免大出血，否则会影响僵直现象的出现。
3. 切断部位要准确，过低将伤及延脑呼吸中枢，导致呼吸停止。
4. 为避免切断脑干出血过多，可用拇指与食指在第一颈椎横突后缘压迫椎动脉数分钟。
5. 僵直往往在切断脑干后数分钟出现，术后应等待 10 分钟左右。如不出现僵直，可将切断水平略向后移，再次切断。但不能过分偏后，以免伤到延髓。

【运用与评价】

1. 状态反射是头部空间位置改变时反射性地引起四肢肌张力重新调整的一种反射。状态反射对完成动作有重要的意义。

2. 状态反射包括迷路紧张反射与颈紧张反射两部分。其规律是：头部后仰引起上下肢及背部伸肌紧张性加强；头部前倾引起上下肢及背部伸肌紧张性减弱，屈肌及腹肌的紧张性相对加强；头部侧倾或扭转时，引起同侧上下肢伸肌紧张性加强，对侧上下肢伸肌紧张性减弱。由于高位中枢的调节，这类基本反射常被抑制而不易表现出来。但通过去了大脑的动物这种状态反射就会表现明显。

3. 体育运动中有些时候要借助状态反射，使运动技能更好地发挥，如举重挺举的上挺抬头动作；有些时候也要消除状态反射的影响，如短跑起跑时不能过早的抬头。

【思考与探索】

1. 图解说明去大脑僵直的发生机理。
2. 去大脑僵直为何表现为伸肌紧张性增强？
3. 改变动物头和躯体的体位时，为何能影响全身的肌紧张？
4. 试一试，当面向正前方 20 米远处确立一目标，然后闭眼头向左（或右）扭转并走向目标，你会发生怎样的变化？为什么？

六、人脑电图的测试

【实验目的】

学习人体脑电图的记录方法，观察正常脑电波的波形和不同思维活动对脑电图的影响。

【实验原理】

大脑皮层的神经元也像其他细胞一样具有生物电活动。将人脑的电活动经过头皮电极引导、放大并显示或记录下来的图形，称为脑电图（electroencephalogram, EEG）。脑电图主要由各种节律性电活动组成。根据频率（周/s 或 Hz）将脑波进行分类（图6-14）。

α 波：频率 8~13Hz，波幅为 20~100μV，是成年人安静闭目状态下的正常波形，在顶、枕区活动最为明显，数量最多，而且波幅也最高。

β 波：频率 14~30Hz，波幅为 5~20μV，在额（安静闭目时）、颞、中央区活动最为明显。

θ 波：频率 4~7Hz，波幅为 100~150μV，常见于婴幼儿，成年人困倦时也会出现。

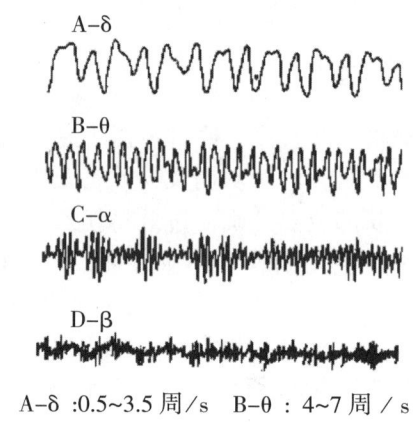

A-δ : 0.5~3.5周/s   B-θ : 4~7周/s
C-α : 8~13周/s   D-β : 14~30周/s

图 6-14 脑电图波形

δ 形：频率 0.5~3.5Hz，波幅为 20~200μV，表示大脑处于无梦深睡状态，是婴儿大脑的基本波形，成人只有在深睡的情况下才可记录下这种波。

【实验对象】

人。

【实验器材】

脑电引导电极、脑电极帽、脑电图机、酒精棉球、浓盐水、电极盘。

【实验步骤】

1. 电极安放

通常使用国际脑电图学会标定的 10/20 法。一般左右各取 8 个点，即额极、额、中央、顶、枕、前颞、中颞和后颞，在中线上有额、左右耳垂为无关电极。计取 19 个电极区。给受试者戴上电极帽，按安放位置拨开头发，先用酒精棉球擦拭放置电极部位头皮以脱脂，然后安装用盐水浸泡的电极。

2. 导联方法

采用单机导联方法。把头皮各脑区对应点的有效单机都安放在第一栅极上，把无关电极接在第二栅极上。

3. 观察并记录闭目、心情平和、清醒、无思维活动状态的脑电图，识别 α 波。请受试者睁眼、闭眼，观察 β 波是否受干扰。

4. 令受试者分别处于心情愉悦状态和回忆气愤事件，观察脑电波的变化。

【注意事项】

为保证安全，测试前一定要检查机器接地良好后再开机。

【运用与评价】

1. α 指数（α 波占全部脑波百分比，安静、闭目时为 75%）可以作为情绪表现的指标。指数越高情绪越稳定思维越广博。α 波优势者，易与人合作。多数运动员脑电活动以 α 波为主。

2. β 波优势的人常表现为：精神紧张、情绪不稳、感情强烈、易于冲动、固执己见、善于独立等，善于抽象思维，喜欢靠"推理"解决问题，同时持久力差，易于疲劳。

3. 由于专项运动的特点所决定，脑电图是运动员医务监督的重要指标之一。检测分析其脑电波的变化，有助于对运动员大脑皮层机能状态的正确诊断，保护运动员训练比赛的正常进行。冬训后期对运动员进行脑电图检查，也有助于监测运动员的身体机能状态。

【思考与探索】

1. 分析不同思维活动对脑电图影响的机理。
2. 设计实验，观察比较两个运动专项的脑电图特征。

第七章 有氧工作能力的测定

一、最大摄氧量测定

(一) 最大摄氧量的直接测定法

【实验目的】

掌握直接测定最大摄氧量的原理和方法。

【实验原理】

最大摄氧量是指一个人从事最剧烈的运动时组织细胞每分钟所能消耗或利用的氧的最高值。国内外学者所设计的测定最大摄氧量的具体方法虽然各有不同,但其基本原理是相同的,其测定的基本原则是:在逐渐增加运动负荷的过程中,不断测定摄氧量。当负荷继续增加,而摄氧量不再增加时,所获得的数据就是受试者的最大摄氧量。

【实验对象】

人。

【实验器材】

自动气体分析仪、自行车功量计(或电动跑台)、自动心率记录仪、酒精棉球等。

【实验步骤】

(一) 在自行车功量计上测定最大摄氧量

1. 让受试者戴上呼吸口罩,装好自动心率记录仪,先以相当于最大摄氧量50%的运动强度,做准备活动5~10分钟。

2. 然后每2或3分钟增加负荷300~400千克/分,直到受试者蹬不动为止。同时在每一级上测定摄氧量和心率。在最后一级负荷上的摄氧量即是此人的最大摄氧量。

(二) 在电动跑台上测定最大摄氧量

1. 受试者先以10公里/小时的速度,坡度为1°的负荷跑做准备活动5~10分钟。

2. 然后以12公里/小时的速度,坡度为3°负荷跑2分钟,再以每分钟增加2公里/小时的速度,使速度增加到18公里/小时。若此时还未达到最大摄氧量,可以每分钟增加坡度1°继续测试。同时在每改变一次速度和坡度时,测量一次摄氧量和心率。当速度和坡度增加而摄氧量不再增加时,即为最大摄氧量。

【注意事项】

1. 测量时的起始负荷要根据受试者的性别、年龄和体力而确定。一般可做些预备试验来判断受试者的运动能力。

2. 测定最大摄氧量时受试者是否配合极为重要。因此必须事先向受试者宣传测试的意义和要求，以求得受试者积极配合。

3. 一般来说，判断最大摄氧量是否达到了受试者的实际水平的基本指标是：当负荷强度继续增加时，摄氧量不再增加，摄氧量曲线出现平台。前一负荷和后一负荷的摄氧量的差数不应超过 2 毫升 / 公斤 / 分。

4. 是否到达最大摄氧量的其他参考标准有：

血乳酸值　　高于 70~80mg%
心率　　　　达到 185~200 次 / 分。
呼吸商　　　超过 1

（二）最大摄氧量的间接推测法

【实验目的】

掌握间接推测最大摄氧量的原理和方法。

【实验原理】

间接测定法是指让受试者在自行车功量计上、台阶实验或采取跑步，进行次最大强度或最大强度运动，测定出当时的生理反应值，然后推测出该受试者的最大摄氧量。

本实验是按照 Astrand-Ryhnuiy 设计的方法，让受试者以次最大强度（即低于百分之百最大摄氧量的强度）运动，测定出当时的心率及输出功率，然后推测出该受试者的最大摄氧量。

Astrand-Ryhnuiy 法和台阶法实验的依据是心率、功率和摄氧量间的密切相关。输出功率增加时，摄氧量也成比例增加，最后达到最大摄氧量且形成稳定状态。心脏对增加功率的表现与摄氧量一致。最大摄氧量与最大心率几乎同时达到。这样，如果知道了表示功率—摄氧量和功率—心率变化相关直线的斜率，通过次最大强度运动测验出的耗氧量和心率，就可以近似地推测出受试者的最大摄氧量。

实验证实，所有技术熟练的受试者蹬自行车的效率几乎完全一样，因此，在一定功率下蹬踏自行车时，每个人消耗的氧量几乎相同。控制自行车测功计的输出功率，测量出心率和耗氧量就可制出相当精确的心率—耗氧量相关直线，并借此推测最大摄氧量。

12 分钟跑法的实验依据是库珀的研究结果：12 分钟跑的成绩与每公斤体重最大摄氧量之间呈高度相关，相关系数达 0.897。日本学者浅见以日本人为对象的研究结果也证实它们之间的相关系数达 0.897，与库珀的研究结果十分相近。这一结果提示，可以由 12 分钟跑的成绩间接推算每公斤体重的最大摄氧量。日本体育科学中心以 18~25 岁男女成年人的实验数据为资料所计算的、由 12 分钟跑的成绩间接推算每公斤体重的最大摄氧量的结果并无年龄及性别的显著差异,所以《推算表》(见后)男女成年人各年龄组均可通用。

【实验对象】

人。

【实验器材】

1. Astrand-Ryhnuiy 法:自行车功量计、自动心率记录仪、节拍器、秒表、体重计。
2. 俄亥俄台阶试验:45 厘米高台阶、秒表、节拍器。
3. 奎因台阶试验:43 厘米高台阶、秒表、节拍器。
4. 12 分钟跑法:秒表、运动场。

【实验步骤】

1. Astrand-Ryhnuiy 法

实验的过程是:要求受试者以中等功率蹬踏自行车测功计,直到得到一个稳定的心率为止。然后,根据功率和心率使用 Astrand 和 Ryhnuiy 制定的表格(或列线图解)推测出最大摄氧量。最后,根据年龄修正表推测出最大摄氧量。具体步骤如下:

(1)受试者应穿运动服,测试前一小时不得进食和吸烟。

(2)记录受试者的姓名、年龄、性别、体重以及从事的运动专项等。

(3)调整车座高度,使受试者踏到最低点时腿略有弯曲。将自行车测功计的阻力指示器调整到零。

(4)令受试者以 50 转/分的速度蹬踏自行车测功计。调整负荷,女子开始可为 300 千克米/分,男子为 600 千克米/分。持续运动 6 分钟。

(5)休息 5 分钟(坐于车座上),然后再重复上述步骤,但负荷适当增加(女子可选择 450、600、750、900 千克米/分中的任一负荷,男子可选择 600、900、1200、1500 千克米/分中的任一负荷)。两次负荷运动时的心率都要在 120~170 次/分之间。

(6)记录前后两种负荷下,每 1 分钟后 30 秒钟的心率,用运动中第 5 和第 6 分钟所记录下的心率平均值来推测最大摄氧量。前后两分钟所测心率间不得相差 5 次/分以上。否则,继续运动 1 分钟,使用第 6 和第 7 分钟心率来推算最大吸氧量。

(7)计算两种负荷时的稳定状态心率(即实验中第 5、第 6 分钟心率平均值)。具体计算顺序如下:

①记录每次负荷的功率:

第一次负荷　　千克米/分

第二次负荷　　千克米/分

②记录每次负荷最后 2 分钟的平均心率:

第一次负荷　　次/分

第二次负荷　　次/分

③推测的最大摄氧量平均值(表 7-1、表 7-2)。

表 7-1 最大摄氧量推算表（男性）（Astrand，1960）

心率	最大摄氧量（升/分）				
	300	600	900	1200	1500
	千克米/分（kpm/min）				
120	2.2	3.5	4.8		
121	2.2	3.4	4.7		
122	2.2	3.4	4.6		
123	2.1	3.4	4.6		
124	2.1	3.3	4.5	6.0	
125	2.0	3.2	4.4	5.9	
126	2.0	3.2	4.4	5.8	
127	2.0	3.1	4.3	5.7	
128	2.0	3.1	4.2	5.6	
129	1.9	3.0	4.2	5.6	
130	1.9	3.0	4.1	5.5	
131	1.9	2.9	4.0	5.4	
132	1.8	2.9	4.0	5.3	
133	1.8	2.8	3.9	5.3	
134	1.8	2.8	3.9	5.2	
135	1.7	2.8	3.8	5.1	
136	1.7	2.7	3.8	5.0	
137	1.7	2.7	3.7	5.0	
138	1.6	2.7	3.7	4.9	
139	1.6	2.6	3.6	4.8	
140	1.6	2.6	3.6	4.8	6.0
141		2.6	3.5	4.7	5.9
142		2.5	3.5	4.6	5.8
143		2.5	3.4	4.6	5.7
144		2.5	3.4	4.5	5.7
145		2.4	3.4	4.5	5.6
146		2.4	3.3	4.4	5.6
147		2.4	3.3	4.4	5.5
148		2.4	3.2	4.3	5.4
149		2.3	3.2	4.3	5.4
150		2.3	3.2	4.2	5.3
151		2.3	3.1	4.2	5.2
152		2.3	3.1	4.1	5.2
153		2.2	3.0	4.1	5.1
154		2.2	3.0	4.0	5.1
155		2.2	3.0	4.0	5.0
156		2.2	2.9	4.0	5.0
157		2.1	2.9	3.9	4.9
158		2.1	2.9	3.9	4.9
159		2.1	2.8	3.8	4.8
160		2.1	2.8	3.8	4.8
161		2.0	2.8	3.7	4.7

162		2.0	2.8	3.7	4.6
163		2.0	2.8	3.7	4.6
164		2.0	2.7	3.6	4.5
165		2.0	2.7	3.6	4.5
166		1.9	2.7	3.6	4.5
167		1.9	2.6	3.5	4.4
168		1.9	2.6	3.5	4.4
169		1.9	2.6	3.5	4.3
170		1.8	2.6	3.4	4.3

表 7-2 最大摄氧量推算表（女性）（Astrand, 1960）

心率	最大摄氧量（升/分）				
	300	450	600	750	900
	千克米/分（kpm/min）				
120	2.6	3.4	4.1	4.8	
121	2.5	3.3	4.0	4.7	
122	2.5	3.2	3.9	4.7	
123	2.4	3.1	3.9	4.6	
124	2.4	3.1	3.8	4.5	
125	2.3	3.0	3.7	4.4	
126	2.3	3.0	3.6	4.3	
127	2.2	2.9	3.5	4.2	
128	2.2	2.8	3.5	4.2	4.8
129	2.2	2.8	3.4	4.1	4.8
130	2.1	2.7	3.4	4.0	4.7
131	2.1	2.7	3.4	4.0	4.6
132	2.0	2.7	3.3	3.9	4.5
133	2.0	2.6	3.2	3.8	4.4
134	2.0	2.6	3.2	3.8	4.4
135	2.0	2.6	3.1	3.7	4.3
136	1.9	2.5	3.1	3.6	4.2
137	1.9	2.5	3.0	3.6	4.2
138	1.8	2.4	3.0	3.5	4.1
139	1.8	2.4	2.9	3.5	4.0
140	1.8	2.4	2.8	3.4	4.0
141	1.8	2.3	2.8	3.4	3.9
142	1.7	2.3	2.8	3.3	3.9
143	1.7	2.2	2.7	3.3	3.8
144	1.7	2.2	2.7	3.2	3.7
145	1.6	2.2	2.7	3.2	3.7
146	1.6	2.2	2.6	3.2	3.7
147	1.6	2.1	2.6	3.1	3.6
148	1.6	2.1	2.6	3.1	3.6
149		2.1	2.6	3.0	3.5

150	2.0	2.5	3.0	3.5
151	2.0	2.5	3.0	3.4
152	2.0	2.5	2.9	3.4
153	2.0	2.4	2.9	3.3
154	2.0	2.4	2.8	3.3
155	1.9	2.4	2.8	3.2
156	1.9	2.3	2.8	3.2
157	1.9	2.3	2.7	3.2
158	1.8	2.3	2.7	3.1
159	1.8	2.2	2.7	3.1
160	1.8	2.2	2.6	3.0
161	1.8	2.2	2.6	3.0
162	1.8	2.2	2.6	3.0
163	1.7	2.2	2.6	2.9
164	1.7	2.1	2.5	2.9
165	1.7	2.1	2.5	2.9
166	1.7	2.1	2.5	2.8
167	1.6	2.1	2.4	2.8
168	1.6	2.0	2.4	2.8
169	1.6	2.0	2.4	2.8
170	1.6	2.0	2.4	2.7

④根据年龄修正最大摄氧量值。用最大摄氧量值乘以年龄修正系数（表7-3）。

表7-3 推测最大摄氧量的年龄修正系数

（Astrand，1960）

年龄	修正系数	最大心率	修正系数
15	1.10	210	1.12
25	1.00	200	1.00
35	0.87	190	0.93
40	0.83	180	0.83
45	0.78	170	0.75
50	0.75	160	0.69
55	0.71	150	0.64
60	0.68		
65	0.65		

⑤求出最大摄氧量的相对值。用最大摄氧量的绝对值除以体重（公斤）。

$$最大摄氧量（相对值）=\frac{最大摄氧量（绝对值）（单位：毫升）}{体重（公斤）}$$

⑥身体机能评定（表7-4）。

表 7-4　不同性别和年龄的体质等级表（Astrand，1960）
（上面数值的单位：升/分；下面数值的单位：毫升/公斤/分）

性别	年龄	最大摄氧量				
		低	较低	中等	高	很高
女	20~29	≤1.69	1.70~1.99	2.00~2.49	2.50~2.79	≥2.80
		≤28	29~34	35~43	44~48	≥49
	30~39	≤1.59	1.60~1.89	1.90~2.39	2.40~2.69	≥2.70
		≤27	28~33	34~41	42~47	≥48
	40~49	≤1.49	1.50~1.79	1.80~2.29	2.30~2.59	≥2.60
		≤25	26~31	32~40	41~45	≥46
	50~65	≤1.29	1.30~1.59	1.60~2.09	2.10~2.39	≥2.40
		≤21	22~28	29~36	37~41	≥42
男	20~29	≤2.79	2.80~3.09	3.10~3.69	3.70~3.99	≥4.00
		≤38	39~43	44~51	52~56	≥57
	30~39	≤2.49	2.50~2.79	2.80~3.39	3.40~3.69	≥3.70
		≤34	35~39	40~47	48~51	≥52
	40~49	≤2.19	2.20~2.49	2.50~3.09	3.10~3.39	≥3.40
		≤30	31~35	36~43	44~47	≥48
	50~59	≤1.89	1.90~2.19	2.20~2.79	2.80~3.09	≥3.10
		≤25	26~31	32~39	40~43	≥44
	60~69	≤1.59	1.60~1.89	1.90~2.49	2.50~2.79	≥2.80
		≤21	22~26	27~35	36~39	≥40

2. 俄亥俄台阶试验（ohio step test）

此练习适用于男受试者。练习共分为三段，每段又分为六组。

第一段的六组受试者以每分钟 24 次的频率上下台阶。

第二段的六组受试者以每分钟 30 次的频率上下台阶。

第三段的六组受试者以每分钟 36 次的频率上下台阶。

（1）每组工作 30 秒，也就是从 1~6 组每组上下台阶 12 次/30 秒；第 7~12 组每组上下台阶 15 次/30 秒；第 13~18 组每组上下台阶 18 次/30 秒。

（2）每组工作后间歇 20 秒。在间歇休息时测定第 5~15 秒的 10 秒钟心率。

（3）第一段的六组负荷完成后，通知受试者把上下台阶的速率改为 30 次/分。

（4）第二段的第十二组完成后，把上下台阶的速率改为 36 次/分。

（5）三段工作连续进行，只要心率达到 10 秒钟 25 次，即 1 分钟 150 次，测验即可停止。

如果完成了 18 组心率仍不到 25 次/10 秒，组数为 19。

评定：男性大学生的最大摄氧量推算公式：

最大摄氧量（毫升/公斤/分）=（1.69975×上下台阶的组数）–［0.137544×体重（kg）］+ 47.12525

例如：某受试者体重 68 公斤，共完成 15 组上下台阶的练习，心率达到 150 次/分，试问该生的最大摄氧量是多少？

最大摄氧量 =（1.69975×15）–（0.137544×68）+ 47.12525=63.3 毫升/公斤/分

3. 奎因台阶试验（Queens Step Test）（适用于女受试者）

让受试者按每分钟 22 次的频率上下台阶（图 7-1）3 分钟。结束工作后，让受试者采取站姿测定运动后第 5~20 秒之间的 15 秒钟心率。

图 7-1　台阶试验

评定：把 15 秒心率乘 4 即为每分钟心率。然后代入下面公式，求出受试者的最大摄氧量。

最大摄氧量（毫升/公斤/分）=65.81 –（0.1847×心率/分）

4. 12 分钟跑法

（1）在标准 400 米跑道上，以起跑线为基点，每 50 米为一单位，将跑道分别划分为 8 个区域，并以数字标明区域。

（2）将测试对象分为两组，一组先行接受测验，另一组记录成绩。测验前受试者立于起跑线后，测验人员手持秒表，记录人员手持记录图（图 7-2）。听到开始口令后，受试者开始跑步，同时测验人员按表计时。

（3）在室外运动场上，受试者以稳定速度尽力跑完 12 分钟。12 分钟内完成的最远距离即为此项测验成绩。

（4）记录人员听开始口令后，在记录图上的起跑线上画一"×"记号，当受试者经过"×"记号时，立即在记录图圈数栏的数字上画一圆圈。在 12 分钟笛声响时，受试者停止的位置处，于记录图上画一"△"记号。然后将圈数和"△"记号所在的数字，填在记录图的计算公式上，计算结果即为 12 分钟跑的测验成绩。

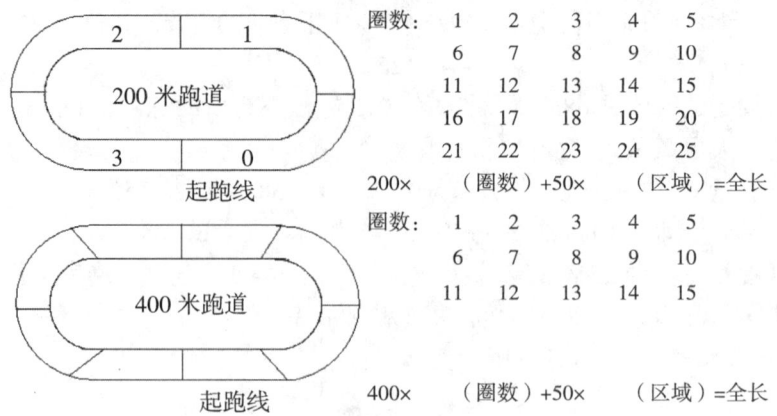

图 7-2 12 分钟跑场地与成绩记录图

（5）12 分钟跑测验完成后，换组进行。

根据表 7-5，推算最大摄氧量。

表 7-5 12 分钟跑成绩与最大摄氧量对照表

12 分钟跑成绩 （米）	最大摄氧量 （毫升/公斤·分）	12 分钟跑成绩 （米）	最大摄氧量 （毫升/公斤·分）
1000	14.0	2500	45.9
1100	16.1	2600	48.0
1200	18.3	2700	50.1
1300	20.4	2800	52.3
1400	22.5	2900	54.4
1500	24.6	3000	56.5
1600	26.8	3100	58.5
1700	28.9	3200	60.8
1800	31.0	33300	62.9
1900	33.1	3400	65.0
2000	35.3	3500	67.1
2100	37.4	3600	69.3
2200	39.5	3700	71.4
2300	41.6	3800	73.5
2400	43.8	3900	75.6

【注意事项】

1. 测量前，最好先对受试者做一简单的检查，以免发生意外。

2. 台阶测试中应注意观察受试者的运动节奏，如明显失调应立即停止测量。

3. 12 分钟跑测验中如受试者感觉极度疲劳，可慢走一会儿再跑，尽力在 12 分钟内维持跑步。测验人员在 12 分钟整时，立即鸣笛，跑步中的受试者听笛声后立即停止跑步，在原地活动肢体。

【运用与评价】

1. 最大摄氧量是评定人体有氧工作能力的重要指标之一，也可作为评定心肺功能的综合指标。最大摄氧量在运动实践中有较高的运用价值，常将其百分比强度作为制定训练计划的客观依据。目前在运动实践中已广泛运用这一指标，其主要在以下方面。

（1）评定运动能力：运动员在不同训练阶段和训练状态时最大摄氧量有所不同，尤其对耐力运动项目更为明显。最大摄氧量的增加与运动员运动能力的提高和运动成绩的好坏是一致的。

（2）选材指标：由于最大摄氧量遗传度较高，所以常作为选材的生理指标之一。从童年期到成年期的变化相对稳定，以11~12岁和16~17岁最为明显。因此，可由童年期的最大摄氧量推算成年期的最大摄氧量。

（3）评定运动员机能状态：当运动员身体状况下降和过度训练时，运动员心肺功能下降，在运动负荷未达到极量时，摄氧量已达到"极限"，最大摄氧量下降。而运动员状况较好时，达到最大强度负荷心输出量增加，肺通气量增加，氧利用率明显提高，呼吸深而频率较慢，体内氧需要量大部分得到满足，最大摄氧量升高。

（4）评定训练效果：最大摄氧量大小与训练负荷有关。通过最大摄氧量的测定可反映训练安排的合理性。合理的训练能提高运动员的最大摄氧量，但幅度较小，一般不超过20%。

2. 最大摄氧量的直接测量法可测出真正的最大摄氧量，但实验很费时间，对年幼及年长者不太适合，且需要比较复杂和昂贵的仪器设备，不宜进行大样本测定。所以，一般用于科学研究和高水平训练中。

3. 最大摄氧量的间接测量法有一定误差，但受试者不必运动至衰竭，有些方法不须使用特殊贵重仪器，且具有省事、省时的特点。因此，实践运用中常以12分钟跑法为主要方法，进行大样本最大摄氧量的测定。

【思考与探索】

1. 影响最大摄氧量的因素有哪些？起主要作用的是什么？
2. 为什么负荷增大时，肺通气量也增加，但单位时间的摄氧量却不一定随强度增大而增加？
3. 设计一个实验，比较不同性别和专项的最大摄氧量差异，并分析原因。

二、运动时能量代谢与机械效率的测定

【实验目的】

学会利用间接测热法来测定安静时和运动时能量代谢和机械效率。

【实验原理】

人体内的热量来自体内的糖、脂肪、蛋白质三大物质在体内氧化。三大营养物质在体内氧化时消耗氧，产生二氧化碳。而且，同量的不同营养物质在体内氧化时产生的二

氧化碳和所需要的氧是不同的。也就是说呼吸商（RQ）是不同的。因此，收集运动时的呼出气，分析其中的氧和二氧化碳的百分数，计算出总的耗氧量和二氧化碳的产生量，从而求出呼吸商，这样就可根据呼吸商求出营养物质在体内氧化时所产生的热量。

机械效率是肌肉完成的机械功与所消耗能量的比值。

【实验对象】

人。

【实验器材】

台阶（男50厘米、女43厘米高）、秒表、气体自动分析仪、自行车功量计、75%酒精棉球、体重计。

【实验步骤】

1. 安静时能量消耗的测定

（1）收集安静时的呼出气。受试者安坐不动，戴上呼吸口咀，将呼出气呼进气体自动分析仪，进行气体分析。然后求出连续3分钟平均每分钟安静时的肺通气量。

（2）进行气体分析。利用气体自动分析仪对所收集的气体进行气体分析。算出呼出气中耗氧百分比，以及呼出气中的二氧化碳百分比。

（3）算出每分钟耗氧量和二氧化碳的排出量。

每分钟耗氧量 = 每分钟肺通气量 × 耗氧%

每分钟二氧化碳排出量 = 每分钟肺通气量 × 呼出气二氧化碳%

（4）算出呼吸商（RQ）

$$呼吸商（RQ）= \frac{每分钟二氧化碳排出量}{每分钟耗氧量}$$

（5）利用呼吸商从表7-6中查出消耗1升氧所产生的热量（称氧的热价）。

表7-6 消耗1升氧气所产生的热量（氧的热价）

RQ	热量（千卡）	RQ	热量（千卡）	RQ	热量（千卡）
0.70	4.686	0.81	4.813	0.92	4.948
0.71	4.769	0.82	4.825	0.93	4.960
0.72	4.702	0.83	4.838	0.94	4.973
0.73	4.714	0.84	4.850	0.95	4.985
0.74	4.727	0.85	4.863	0.96	4.997
0.75	4.737	0.86	4.875	0.97	5.010
0.76	4.752	0.87	4.887	0.98	5.022
0.77	4.764	0.88	4.900	0.99	5.034
0.78	4.776	0.89	4.912	1.00	5.047
0.79	4.789	0.90	4.924		
0.80	4.801	0.91	4.936		

(6)求出安静时的每分钟能量消耗(单位:千卡/分)。

每分钟能量消耗=每分钟耗氧量×1升氧产生的热量。

2. 运动时能量消耗的测定

运动安排是:让受试者以30次/分的频率上下台阶(台阶高度男50厘米,女43厘米),连续做4分钟,用气体自动分析仪进行分析。

(1)分别求出耗氧百分比和呼出的二氧化碳百分比,算出运动时的肺通气量。

(2)分别算出运动时第一、二分钟和第三、四分钟的耗氧量和二氧化碳的排出量。然后求出呼吸商。

(3)分别算出运动时第一、二分钟和第三、四分钟的热量消耗,将二者相加,即得运动时总耗能量。

(4)求出运动的耗能量,由于运动时的总的耗能量包括运动所需要消耗掉的能量及安静时供人体各器官代谢活动所需要消耗掉的能量。因此,运动的耗能量=运动时总耗能量-安静时的耗能量。

3. 机械效率的计算

机械效率是肌肉所完成的机械功(有用功)与所消耗的总能量(总功)之比。在实验中只要计算出了运动时的能量消耗及输出的机械功,就能求得机械效率。测定步骤如下:

(1)机械功的计算

功=力×距离(千克·米)

力量=体重(克服体重做功的力)

距离=台阶高×登台阶的次数

(2)机械效率

功用焦耳作单位,热用卡作单位,它们之间的转换关系是:

1卡=4.186焦耳   1千克·米=9.8焦耳

我们生理学上用的大卡同卡的关系是:1大卡=1千卡

因此:

$$机械效率 = \frac{机械功(千克米÷427)}{运动的耗能量(千卡)} × 100\%$$

4. 用自行车功量计测运动时的能量消耗

用自行车功量计测运动时的能量消耗,其原理和方法与上述相同。安静时能量消耗测定及运动时的气体收集、分析和能量计算均与上述相同。所不同的是机械功的计算方法不同。输出功率可直接从测功计上读出来。

让受试者在自行车功量计上蹬自行车,将功率调到某一指定的数值运动一定的时间,然后根据运动的能量消耗及所输出的功率求出机械效率。计算方法同上。

【注意事项】

1. 避免受试者鼻孔或嘴角漏气。
2. 登台阶时,注意加强保护,以免发生事故,如有闭气感,应立即停止实验。

【运用与评价】

1. 直接测定机体所散发的热能设备非常复杂，间接测热法虽然准确性较直接法差，但由于简便实用，在一些准确性要求不太高的实验和测试中被经常采用。

2. 人体在安静时的氧气消耗，大概在 0.3 L/min 左右，最激烈运动时，可达 3.0 L/min 或更高水平。目前，所有运动员中，每分钟氧气消耗最多的，出现在 Bergh 有关越野滑雪选手的研究报告中。最高值如以绝对值表示，男女分别为 7.38 L/min 和 4.34 L/min。

3. 不同运动方式的能量代谢与机械效率的测定是设计训练计划和制定运动处方以及合理安排膳食的重要依据。

4. 尽管不同运动项目的能量供应具有各自的特征，但运动中不存在绝对的某一个单一能源系统的供能。训练中应针对项目供能特点，确定训练强度。

【思考与探索】

1. 不同强度运动时，能耗量有何区别和规律？为什么？
2. 某人每分钟 900kpm 的蹬自行车功量计运动，持续 5 分钟消耗多少能量？
3. 设计一个动物实验，观察甲状腺素对能量代谢的影响作用。

三、无氧阈（AT）测定

【实验目的】

1. 学习无氧阈的各种测定方法。
2. 掌握利用血乳酸、气体代谢各指标以及心率在运动负荷中的变化来判断无氧阈。

【实验原理】

无氧阈（AT）是指人体在递增负荷强度时，由有氧代谢供能开始转换成无氧代谢供能的临界点。无氧阈常以血乳酸含量达到 4mmol/L 时所对应的强度、通气量和心率来表示。

无氧阈用血乳酸的开始升高来表示叫乳酸阈（LT）。乳酸阈的测定一般是以乳酸—强度曲线为原理采用逐级递增负荷方法进行的。根据每级血乳酸值和相应的强度，在坐标纸上画出乳酸—强度曲线，取对应于 4mmol/L 血乳酸浓度的功率值，即乳酸阈功率。

由于完成运动负荷时个体之间具有不同的血乳酸动力学变化特点，如果全部采用 4mmol/L 血乳酸浓度及所对应的功率值作为乳酸阈值，必然忽视了个体差异性。因此，有学者提出了在血乳酸动力学变化曲线上标定个体乳酸阈（ILAT）的方法。

用通气和气体交换改变来表示的无氧阈称通气无氧阈（VO_2AT）。用心率和心搏量的上升斜率变化，引出的心率的拐点来表示称为心率无氧阈（BrP）。通过受试者逐级递增负荷运动来获得不同强度的心率和速度之间变化的曲线。在中等以下强度运动时，心率随速度的增加而呈直线上升。当达到一定强度时，速度比心率增加得更快，斜率减小，线性消失，心率—速度曲线出现转折，此转折点即为心率无氧阈。

【实验对象】

人。

【实验器材】

气体自动分析仪、自行车功量计、自动心率记录仪、血乳酸自动分析仪、常规采血装置。

【实验步骤】

1. 乳酸无氧阈测定法

（1）受试者戴上呼吸面罩，固定好遥测心率发射机。

（2）令受试者蹬自行车功量计做准备活动 1~2 分钟。

（3）实验开始后，受试者在自行车功量计上做逐级递增功率的定量负荷运动，共分 5 级，男子起始负荷为 100W，女子起始负荷为 50W，每级增加负荷 50W，每级负荷运动时间为 3 分钟。

（4）蹬车过程中连续记录每级实际完成的功率、肺通气量、摄氧量、心率等指标，并在第 2、3、4、5 级末取耳血。

（5）测出各级负荷时的血乳酸值。

（6）根据血乳酸值及所对应的各项生理指标，画出各指标的曲线图，找出曲线的拐点，此点所对应的血乳酸值、摄氧量、心率即是无氧阈的强度。

2. 个体乳酸阈测定法

（1）采用自行车功量计逐级递增负荷，起始负荷为 50W，每 3 分钟递增负荷 50W，一般递增不超过 6 级。

（2）分别测定安静时、各级负荷后即刻及恢复期第 2、5、8、10、15 分钟的血乳酸值。

（3）在坐标纸上画出乳酸动力学变化曲线（图 7-3），最后 1 级负荷后即刻的血乳酸值定为 A 点，由 A 点做水平线与恢复期曲线相交于 B 点，再由 B 点向负荷曲线做 1 条切线，切于 C 点。C 点所对应的纵坐标为个体乳酸阈乳酸浓度，对应的横坐标为个体乳酸阈强度。

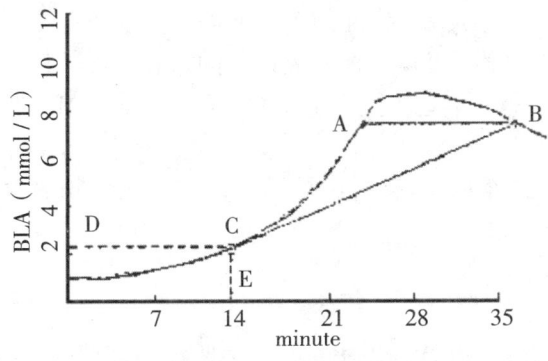

图 7-3　乳酸动力学变化曲线

3. 通气无氧阈测定法

（1）让受试者戴上呼吸口罩，先以相当于最大摄氧量50%的运动强度，做准备活动5~10分钟。

（2）受试者在自行车功量计上进行递增负荷运动，每2~3分钟增加负荷300~400千克/分。

（3）使用气体自动分析仪测定运动中气体代谢指标，指标包括肺通气量（VE）、摄氧量（VO_2）、二氧化碳排出量（VCO_2）和呼吸商（R）。

（4）当运动负荷达到一定强度后，出现以下情况即为通气无氧阈的判定标准：①VE、VCO_2出现非线性增加的拐点。②VE/VO_2突然增大，并且VE/VCO_2不下降。③呼吸商（R）出现突然增高的拐点（一般情况下RQ=1）。

4. 心率无氧阈测定法

（1）令受试者固定好遥测心率发射机，蹬自行车功量计做准备活动1~2分钟。

（2）实验开始后，受试者在自行车功量计上做逐级递增功率的定量负荷运动，共分5级，男子起始负荷为100W，女子起始负荷为50W，每级增加负荷50W，每级负荷运动时间为3分钟。

（3）蹬车过程中连续记录每级的功率、心率等指标。

（4）当运动负荷达到一定强度后，出现以下情况即为心率无氧阈的判定标准：①心率与运动负荷呈非直线增加。②心率维持一、二个负荷不变或呈非线性增加。③运动负荷增加心率却下降。

【注意事项】

用气体代谢测定VO_2AT时，一般采用逐次呼吸记录。

【运用与评价】

1. 无氧阈对耐力的评定及训练强度控制都有重要的应用价值。主要应用于：①评定运动员的运动能力和训练效果。当无氧阈负荷增大时，表明运动员的运动能力增强。②预测运动成绩。③安排有氧训练和无氧训练的强度。

2. 最大摄氧量虽然是评定耐力的可靠指标，但随着运动员耐力水平的不断提高，运动成绩不断刷新，运动员的最大摄氧量并没有相应提高。运动员耐力提高不但取决于心血管系统的改善，还与骨骼肌氧化代谢能力的提高有关。近年来，国内外已有人开始用无氧阈评定运动员的有氧耐力以及选择有氧训练的适宜强度，以改善和提高运动员的最大摄氧量。无氧阈时的最大摄氧量水平可以评定运动员的有氧耐力水平。其值越高有氧耐力越好。

3. 不同方法测定的无氧阈值间有一定差异。目前对无氧阈的含义和原理仍在不断的研究中。

【思考与探索】

1. 你认为无氧阈值与最大摄氧量相比，在训练监控中的哪一个更科学？为什么？
2. 分析比较乳酸阈、通气无氧阈、心率无氧阈的准确性和可操作性。
3. 设计一个实验，研究无氧阈值与最大摄氧量间的相关如何。

四、PWC_{170} 机能测验

【实验目的】

学习并掌握 PWC_{170} 机能测验的原理和方法。

【实验原理】

PWC 是英语 "Physical Work Capacity" 一词的缩写,可把它直译成"身体工作能力"。身体工作能力测验和最大摄氧量测验一样,是一种测量身体健康适应(Physical fitness)的现代方法。

在进行 PWC 测验时要求受试者在逐渐增大的运动负荷中,进行稳定状态的练习直至达到所要求的心率。在达到所要求的心率时,每分钟做功的数量(即功率)就是这一指定心率时的身体工作能力。大学年龄的人及运动员经常用每分钟 170 次的心率值,这种身体工作能力的测验叫做 PWC_{170}。

直接测定 PWC_{170} 的方法需要很长的时间,因此 PWC_{170} 的测验常采用间接测定的方法。间接测定法的理论基础是心率和功率在一定的负荷范围内(相当于心率在 120~180 次/分之间)成直线正比关系。

PWC_{170} 的间接测定方法是让受试者完成两个或两个以上不同功率的运动负荷(每次 6 分钟),在负荷末的最后 30 秒时测量心率,并描绘在坐标纸上(图 7-4)。例如在第一种负荷(600 千克米/分)中心率为 125 次/分(A 点),在第二种负荷(1200 千克米/分)中心率为 160 次/分(B 点),连接这两点得一直线,该直线向上延长与心率为 170 次/分的水平线相交(C 点),从 C 点做垂直线于横坐标交于 D。这个 D 点所表明的功率就是受试者的 PWC_{170}。在以下这个例子中 PWC_{170} 为 1360 千克米/分:

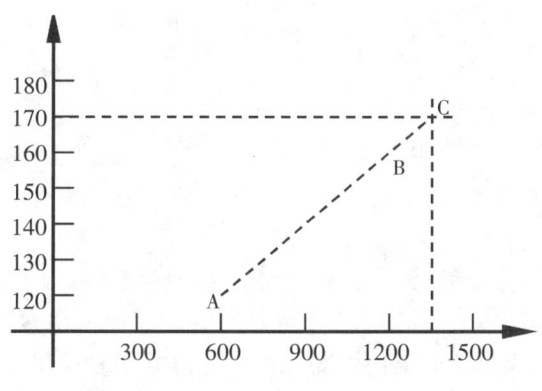

图 7-4 PWC_{170} 坐标图

PWC_{170} 也可以用弗·勒·卡尔普曼建议的公式计算。公式是由图形推导而来的。

$$PWC_{170} = N_1 + (N_2 - N_1)\left\{\frac{170 - f_1}{f_2 - f_1}\right\} \cdots\cdots 公式(1)$$

N_1 = 第一个负荷的功率(千克米/分)

N_2 = 第二个负荷的功率(千克米/分)

f_1 = 第一个负荷时的心率（次/分）

f_2 = 第二个负荷时的心率（次/分）

在进行 PWC_{170} 机能测验后，把所得的 N_1、N_2、f_1、f_2 的数据代入公式（1）便能很方便地计算出受试者的 PWC_{170} 的精确值。

此外，为了使第二个负荷时的心率尽可能地接近 170 次/分，可参考表 7-7 确定第二次负荷的功率。

表 7-7 测定 PWC_{170} 采用的负荷功率（千克米/分）（弗·勒·卡尔普曼，1977）

	女		男	
	第一次负荷	第二次负荷	第一次负荷	第二次负荷
运动员	300	600	600	1500
一般人	150	300	300	600

PWC_{170} 与最大摄氧量的相关极为密切（r = 0.703）。弗·勒·卡尔普曼提出一个由 PWC_{170} 推算最大摄氧量的回归方程式。

$VO_2max = 2.2PWC_{170} + 1070$……公式（2）

（用于运动员）

$VO_2max = 1.7PWC_{170} + 1240$……公式（3）

（用于一般人）

【实验对象】

人。

【实验器材】

自行车测功计、节拍器、自动心率记录仪、秒表。

【实验步骤】

1. 受试者着运动服。测验前至少一小时不应进食、饮水、吸烟。

2. 让受试者按第一个功率（男 600 千克米/分、女 300 千克米/分）开始蹬自行车。每次练习不超过 6 分钟，蹬踏频率为 50 周/分。

3. 在练习中的每一分钟的最后 30 秒，测定并记录心率。由于受试者只需工作到稳定状态，故不必每一次都准确地练习 6 分钟。在头 4 分钟内观察心率，当达到稳定状态后再继续蹬 30 秒，并同时测定及记录心率。假如由于发生某种故障未能取得心率材料，可再继续练习 30~60 秒。

4. 在从事第二种负荷的练习前，受试者可休息 5 分钟（坐在车上休息）。

5. 用第二种负荷重复测验，其他方法同上。

6. 画出心率—功率曲线，并找出 PWC_{170}。

7. 按照公式（1）计算 PWC_{170}。

8. 按照公式（2）或（3）计算 VO_2max。

9. 根据所测材料进行分析。

【注意事项】

1. 使用此法时，通常在运动开始 3 分钟之后，心率必须高于 120 次/分。最高心率必须低于 175 次/分，以减小评估误差。

2. 遇见老年人或健康不佳者，也可使用 PWC_{160} 或 PWC_{150} 等。

【运用与评价】

1. 这一实验是利用心率和输出功率之间的关系来评价一个人心血管—呼吸系统机能状况。由于此测验的信度与效度很高，因此，可用来预测最大摄氧量，而不必采用让受试者运动至筋疲力尽的最大运动能力的相关测验。

2. 依据弗·勒·卡尔普曼的资料，女运动员平均为 780 千克米/分，男运动员为 1520 千克米/分，而一般人分别为 580 和 1060 千克米/分。不同专项运动员的 PWC_{170} 也各有不同，其中耐力性练习为主的项目较高（表 7-8、表 7-9、表 7-10）。

表 7-8　各项运动员的 PWC_{170}（弗·勒·卡尔普曼，1977）

运动项目	千克米/分	千克米/每公斤体重/分
滑雪	1.760	25.7
滑冰	1.710	24.0
自行车	1.670	22.6
竞走	1.548	22.5
足球	1.523	21.7
冰球	1.428	20.1
篮球	1.425	18.7
摔跤	1.370	16.6
体操	1.044	16.5
一般人	1.027	15.5

表 7-9　中国优秀运动员（部分项目）PWC_{170} 试验正常值（男）　　（黄光民等）

项目	例数	PWC_{170} 绝对值 (kg·M/分)	PWC_{170}/kg (kg·M/分)	每搏功 W/P (kg·M/搏)	W/P·kg (g·M/搏·kg)
羽毛球	22	1632±45	24.7±0.66	9.0±0.20	130±4.0
足球	22	1760±40	24.2±0.54	9.3±0.15	132±2.0
中长跑	14	1569±46	23.8±0.08	8.9±0.17	130±4.0
短游	41	1563±24	22.7±0.30	8.6±0.09	123±1.0
乒乓球	33	1465±25	21.9±0.33	8.1±0.18	120±1.9
长游	8	1608±57	21.8±0.53	8.8±0.21	120±1.5
短跨	12	1433±35	20.8±0.60	8.1±0.15	118±3.0

项目	例数				
体操	13	1155±46	20.8±0.92	6.2±0.24	113±4.7
排球	21	1651±57	20.6±0.37	9.2±0.15	112±1.6
跑步	11	1342±53	19.4±0.73	7.4±0.21	105±2.4
投掷	10	1697±74	17.4±0.92	9.3±0.27	95±4.1

注：表中数据为均值±标准误。

表7-10　中国优秀运动员（部分项目）PWC_{170}试验正常值（女）　　　（黄光民等）

项目	例数	PWC_{170}绝对值 (kg·M/分)	PWC_{170}/kg (kg·M/分)	每搏功 W/P (kg·M/搏)	W/P·kg (g·M/搏·kg)
中长跑	11	1090±25	20.2±0.49	7.5±0.07	112±2.4
长游	15	1148±27	20.0±0.44	6.3±0.11	109±1.6
羽毛球	24	1129±35	19.4±0.61	6.3±0.16	108±2.8
体操	18	747±29	19.0±0.49	4.0±0.14	102±2.2
跑步	10	1096±60	18.8±1.01	5.8±0.20	98±3.0
短游	28	1012±17	18.6±0.24	5.6±0.08	103±1.5
篮球	15	1359±54	17.8±0.79	7.1±0.16	93±2.4
排球	21	1225±27	17.8±0.50	6.8±0.10	101±1.5
短跨	13	985±34	17.5±0.18	5.6±0.19	97±3.0
乒乓球	23	938±26	17.2±0.43	5.3±0.12	98±2.2
投掷	13	1263±42	15.5±0.52	6.7±0.16	82±2.5

注：表中数据为均值±标准误。

【思考与探索】

1. 设计实验，比较不同专项之间的差别。
2. 设计实验，用PWC_{170}的实验方法推算最大摄氧量，并对该方法作出评价。

第八章 无氧工作能力的测定

一、磷酸原代谢能力的测定

【实验目的】

掌握磷酸原代谢能力的测定原理和方法。

【实验原理】

磷酸原是无氧功率的物质基础,一切短时间、高功率运动(如冲刺、短跑、投掷、跳跃和足球射门等)活动能力均取决于磷酸原代谢能力。一般是通过10秒内的最大能力运动实验来完成。

【实验对象】

人。

【实验器材】

1. Sargent 纵跳试验法:体重计、纵跳计。
2. 玛加利亚(Margaria)跑楼梯试验:秒表、米尺。
3. 改良楼梯测定法:便携式反应时无氧功率测定仪。
4. Quebec 10 秒无氧功测定法:自行车功量计、电脑。

【实验步骤】

1. Sargent 纵跳试验法(图 8-1)

图 8-1 纵跳试验

（1）测出受试者体重。
（2）用纵跳计测出纵跳净高度。
（3）代入公式推算受试者的无氧功率。

无氧功率（公斤米/秒）= $\sqrt{4.9}$ ×体重（公斤）× $\sqrt{纵跳高度（米）}$

2. 玛加利亚（Margaria）跑楼梯试验

（1）选一楼梯处，令被测者做好准备活动，站在离楼梯 6 米处，用最快的速度跑向楼梯，要求跑楼梯时每步跨三阶，以最快速度跑上九层台阶。

（2）记录第三层至第九层台阶所需的时间（图 8-2）。

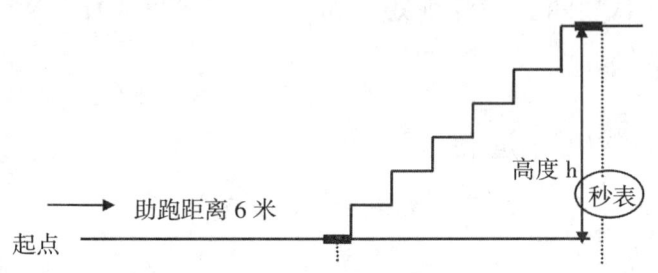

图 8-2 跑楼梯试验示意图

（3）记录下成绩。按下列公式用最好成绩计算出无氧功率：

无氧功率（kg·m.s^{-1}）= $\dfrac{体重（kg）×第三至第九级台阶垂直距离（m）}{第三至第九级登台阶时间（s）}$

（4）参照表 8-1 或表 8-2 进行评价。

表 8-1 无氧功率评分标准（男）

分类	年龄组				
	15~20 岁	20~30 岁	30~40 岁	40~50 岁	50 岁以上
差	113 以下	106 以下	85 以下	65 以下	50 以下
不好	113~149	106~139	85~111	65~84	50~65
中等	150~187	140~175	112~140	85~105	66~82
好	188~224	176~210	141~168	106~125	83~98
很好	224 以上	210 以上	168 以上	125 以上	98 以上

表 8-2 无氧功率评分标准（女）

分类	年龄组				
	15~20 岁	20~30 岁	30~40 岁	40~50 岁	50 岁以上
差	92 以下	85 以下	65 以下	50 以下	38 以下
不好	92~120	85~111	65~84	50~65	38~48
中等	121~151	112~140	85~105	66~82	49~61
好	152~182	141~168	106~125	83~98	62~75
很好	182 以上	168 以上	125 以上	98 以上	75 以上

3. 改良楼梯测定法

（1）选一楼梯处，将脚踏开关垫分别放在第二和第八阶上。如图 8-2 将测试仪连接好。

（2）令被测者做好准备活动，站在离楼梯 6 米处，用最快的速度跑向楼梯，要求跑楼梯时每步跨两阶。必须踩到脚踏开关垫上。一共测试 3 次。

（3）记录下成绩。按下列公式用最好成绩计算出无氧功率：

$$无氧功率（kg·m.s^{-1}）= \frac{体重（kg）\times 两脚踏开关垫间垂直距离（m）}{测试结果（s）}$$

（4）参照表 8-1 或表 8-2 进行评价。

4. Quebec 10 秒无氧功测定法

（1）受试者在自行车功量计上蹬车 5~10 分钟，做好充分的准备活动。

（2）受试者的阻力负荷设置为 0.09kp/kg 体重。

（3）受试者以 80rpm 的速度蹬车，测试者在 2~3 秒内将阻力加上，发出命令让受试者全力蹬车 10 秒。测试结果由电脑自动记录，指标包括最大功量（W 或 W/kg）、平均功量（W 或 W/kg）和疲劳指数（疲劳%）。

（4）休息 10 分钟后进行第二次 10s 测试。

（5）测试结束放松蹬车 2~3 分钟。

【注意事项】

1. Sargent 纵跳试验法简便易行，但精确性较差。
2. 楼梯测定法对年幼和部分妇女或老年人不太适宜，并在一定程度上受主观努力程度和身高腿长的影响。
3. 在测试过程中对受试者不断给予大声的口头鼓励。

【运用与评价】

1. 不同能源物质供能的输出功率不同，表现出的运动能力也不同，如 100 米跑、50 米游泳。跳跃、投掷等应尽量发展磷酸原系统供能能力。
2. 实践中应考虑运动持续时间的不同，所代表的能力也不同。这在解释和训练无氧能力时，是一个非常主要的概念。
3. 以上测验部位主要在大腿和下部躯干，因此不能适应于所有运动项目。

【思考与探索】

1. 比较和评价上述三种测量方法的优缺点。
2. 试设计一种新的测量方法，来替代 Sargent 纵跳试验法。

二、糖酵解代谢能力的测定

【实验目的】

掌握糖酵解代谢能力的测定原理和方法。

【实验原理】

糖无氧酵解供能是指由肌糖原无氧分解为乳酸时释放能量的过程。测定糖酵解代谢能力，一般是通过持续 30~90 秒的最大能力运动实验来完成。

【实验对象】

人。

【实验器材】

自行车功量计、电脑。

【实验步骤】

1. Wingate 测定法

（1）受试者在自行车功量计上蹬 2~4 分钟做准备活动，使其心率达到 150~160 次/分，其中 2~3 次（每次持续 4~8s）为全力蹬车。

（2）准备活动后休息 3~5 分钟。

（3）设置阻力，功率车阻力 = 系数×受试者体重（kg）

（4）正式试验开始后，受试者全速快骑，同时增加阻力，以便在 2~4 秒内达到规定负荷，并持续做 30 秒最快速度蹬车。测试结果由电脑自动记录，指标包括最大功率（W 或 W/kg）、平均功率（W 或 W/kg）和疲劳指数（疲劳%）。

（5）测试结束后放松蹬车 2~3 分钟。

2. Quebec 90 秒无氧功测定

（1）受试者在自行车功量计上蹬车 5~10 分钟，做好充分的准备活动。

（2）受试者的阻力负荷设置为 0.05kp/kg 体重。

（3）受试者以 80rpm 的速度蹬车，测试者在 2~3 秒内将阻力加上，发出命令让受试者全力蹬车 20 秒内尽量使蹬车速度达到 130rpm，并全力快骑至 90 秒。测试结果由电脑自动记录，指标包括最大功率（W 或 W/kg）、平均功率（W 或 W/kg）和疲劳指数（疲劳%）。

（4）测试结束放松蹬车 2~3 分。

3. 一次跑台试验法

（1）受试者以固定的速度（男子 22km/h、女子 20km/h）和坡度（男子 7.5%、女子 5%），在电动跑台上跑尽可能长的时间。取耳血，测定运动前安静、跑后即刻和恢复期第 3、4、5、6、7、8、10、12 分钟的血乳酸值。同时将尽最大能力跑的时间记录下来。

（2）这是一种非定量的最大负荷实验设计，其目的是最大限度地刺激乳酸生成。由于负荷强度高，且需竭尽全力完成，所以，糖酵解代谢能力得以最大动员，乳酸生成量最多。负荷强度大，需采血次数多，用以获得乳酸峰值。

（3）评价方法：跑台尽全力奔跑的时间越长，产生乳酸峰值越高。求跑后的最高血乳酸值（ΔLAmax，为运动后血乳酸峰值减去安静值）。ΔLAmax 值高，表明运动员的无氧酵解和耐受酸性环境的能力强。分析结果时，要注意把最大跑动时间和最大乳酸值二者结合评定。最大跑动时间反映做功能力，最大乳酸值代表糖的酵解能力。从事速度耐力项目优秀运动员，在非极限定量负荷下乳酸生成相对较少。而在极限负荷中则可完成更大的功和达到更高的乳酸峰值。

【注意事项】

1. Wingate 测定法中，规定负荷的阻力系数上肢和下肢是不同的。用上肢摇柄时，成年男性为 0.058，女性为 0.050；用下肢蹬车时，成年男性为 0.083，儿童和女性为 0.075。单位为 kg 体重。

2. 根据不同的测试要求，可将测试时间选取为 15 秒、30 秒、40 秒和 1 分钟的测试规程。

3. 在测试过程中对受试者不断给予大声的口头鼓励。

【运用与评价】

1. 不同能源物质供能的输出功率不同，表现出的运动能力也不同，如 400 米跑、100 米游泳等应尽量发展糖酵解系统供能能力。同时中长跑、马拉松跑、1500 米游泳、球类运动等也要有良好的糖酵解供能能力，因为它是变速、加速、冲刺时能量的来源。竞技运动能力越强的运动员，其无氧功率也越大。

2. 评定中，常选用 3 个指标：①最大功量（W 或 W/kg）：最高无氧功率一般以第一个 5 秒表示，其能量来源于 ATP、CP 的分解。②平均功量（W 或 W/kg）：平均无氧功率为各阶段功率的平均值，能量来源于 ATP、CP 的分解及糖酵解。③疲劳指数（疲劳%）：无氧功率递减率是表示无氧供能条件下的疲劳程度指数，其计算方法为：疲劳指数（%）=（最大功量 – 最小功量）/ 最大功量 × 100%。

3. 与其他方法相比，Wingate 测定法更具有挑战性，在体能的要求上比较大，对于体能不好的人，可能不太适应。但是其测验结果丰富，因此较适宜于对运动员进行测定。

【思考与探索】

1. 比较分析磷酸原代谢能力测定和糖酵解代谢能力测定的主要区别和相互关系。

2. 分析上述糖酵解代谢能力测定是否适应自己的专项特点。如不适应，试拿出解决方案。

第九章 机体运动疲劳测定

一、骨骼肌系统机能判断疲劳

【实验目的】

了解骨骼肌系统疲劳的测定方法,掌握用肌力来判断疲劳的方法。

【实验原理】

运动疲劳时,可引起骨骼肌产生一定的变化,如肌力下降、肌肉变硬、肌肉围度增加等,因此可测试肌肉的这些指标变化来进行疲劳的测定。

本实验只介绍肌力判断疲劳法。疲劳时参与工作的肌肉(或肌肉群)力量会下降。因此,测定工作前后的肌肉力量,可判断参加工作的肌肉是否出现疲劳(肌力明显下降且不能及时恢复,平均值低于运动前或连续下降)和疲劳的深度(次日晨甚至连续几天不能恢复)。

【实验对象】

运动员或一般人。

【实验器材】

背力计、握力计、单杠。

【实验步骤】

1. 背肌力的测定

采用背力计测定背部肌肉力量。测量时受测者站在背力计踏板上,两手握住把柄,两膝伸直,用力向上拉。此时指示盘上的指针所指的数字刻度,即为受试者的背力数值。连续测量三次,取最大数值并记录下来。

在工作前、后各测一组,然后进行比较、观察肌力在工作前后的变化,判断有无疲劳出现和疲劳的深度。

2. 握力的测定

测量时受试者手持握力计,侧平举,用最大力量握握力计。这时指示盘上的指针所指示的数字刻度,即为受试者的握力数值。注意测握力时不要挥动上肢。左右各测三次,记录最大值。

在工作前,后各测一组,然后进行比较、观察肌力在工作前后的变化,判断有无疲劳出现和疲劳的深度。

3. 臂力的测定

受试者两臂与肩同宽，两手正握单杠悬垂于单杠上，然后屈肘拉身体向上。要求受试者的下颌超过单杠的水平面算达标一次。每次的间隔时间为 2~3 秒钟。记录其完成的次数。

在工作前、后各测一组，然后进行比较、观察肌力在工作前后的变化，判断有无疲劳的出现和疲劳的深度。

【注意事项】

1. 软组织受伤、急性扭伤、严重出血、关节活动受限等不宜进行上述测试。
2. 测试前应进行讲解和动员，并安排适宜的工作。

【运用与评价】

1. 肌肉疲劳的定量分析在康复医学、运动医学和神经肌肉疾病的临床估价中均有重要意义。肌力判断疲劳的方法简单易操作，但无法十分有效地排除受试者主观心理因素作用的不确定性。为此有人提出以最大电刺激肌力作为肌肉疲劳程度的效标。

2. 有报道认为，中枢疲劳时，肌力可明显下降。电—机械延迟增长。但是也有学者对摔跤、举重、投掷运动员的实验中发现，结果与一般规律相反，训练后的握力较训练前没有下降，反而上升。因此，一般肌力指标在评价疲劳及恢复状况时值得考虑；如果需用肌力指标，必须根据专项特点和具体情况加以分析。应用中要注意指标的具体适用范围、影响因素，尽可能排除相关因素的影响，从多角度采用多项指标，全面反映心理、生理各方面基本状态。

【思考与探索】

1. 你认为背肌力、握力、臂力抗疲劳能力有无区别？受哪些因素的影响？
2. 如果肌力在一组工作后没有下降，其原因会是什么？
3. 结合专项设计一个实验，测量主要肌肉疲劳时的运动负荷。

二、神经系统和感觉机能判断疲劳

【实验目的】

掌握根据神经系统机能和感觉机能的变化判断疲劳的方法。

【实验原理】

神经系统是控制和协调全身各种机能活动的主要调节系统。由于运动而导致疲劳时，机体神经系统机能和感觉机能水平降低，使机体各种反射活动能力下降。因此，可以根据运动前后神经系统反射活动变化和感觉机能的下降程度来判断疲劳。

【实验对象】

人。

【实验器材】

反应时测定仪（或反应时尺）、血压计、触觉计、闪频仪、秒表。

【实验步骤】

1. 反应时简易测定法

用反应时测定仪（或反应时尺）测量简单反应时。

在工作前、后各测一组，然后进行比较、观察反应时在工作前后的变化，判断有无疲劳出现和疲劳的深度。

2. 血压体位反射

（1）受试者取坐姿，安静 5 分钟后测量血压。

（2）受试者随即平卧在诊断床上，保持卧姿 3 分钟。

（3）使受试者返回坐姿（推受试者背部，使其被动坐起，），立即测定血压，每 30 秒测一次，共测 2 分钟。

在 2 分钟内完全恢复为正常，说明没有出现疲劳。

在 2 分钟内恢复一半以上为调节机能欠佳，说明出现了轻度的疲劳。

完全不能恢复者为调节机能不良，说明疲劳较深。

3. 皮肤空间阈

实验人员持触觉计（可用圆规代替），拉开一定幅度，将其两端以同样的力轻触被试者皮肤（如前臂）。让受试者闭目诚实地回答自己感到的是"两点"还是"一点"。将受试者回答是两点的最小距离作为皮肤空间阈值。疲劳时该阈值较安静时大 1.5 倍以上者，为轻度疲劳；2 倍以上为重度疲劳。

在工作前、后各测量一次，然后根据两次的结果进行比较，以判断是否有疲劳出现。　测定部位：手指指腹、足趾趾腹、掌心部、足前掌、前臂内侧。

4. 闪光频率融合

有关内容已在第六章神经系统和感觉机能的测定中介绍。

【注意事项】

测量皮肤空间阈，在工作前后进行测定时，要在同一部位进行测定。以防止造成测量误差。

【运用与评价】

1. 运用神经系统和感觉机能判断疲劳的方法较适应于中枢性疲劳，在应用中应考虑运动项目的特点而选择地进行。

2. 研究报道，射箭运动员闪光融合值在完成定量的模拟练习后有一定程度的下降，平均为 0.98，但下降值从总体上没有显著意义（$P>0.05$）。从测试结果发现有 14.3% 的人在运动后即刻的 FFF 值高于运动前，其余都有下降，下降幅度存在个体差异。分析认为射箭运动员出现上述 FFF 升高现象可能是练习后唤醒水平升高所致。

【思考与探索】

1. 你认为上述神经系统机能和感觉机能的变化判断疲劳的方法分别适合于哪些运动项目册测试？为什么？
2. 环境因素（如噪音）对上述测试有无影响？测试时如何控制？
3. 睡眠不足对以上测试结果会有何影响？

三、心肺功能判断疲劳

【实验目的】

掌握根据心肺功能判断疲劳的方法。

【实验原理】

由于运动而导致疲劳时，心肺功能随之变化。因此，可以根据运动前后心肺功能变化来判断疲劳。实践中主要采取肺活量、心率和心电图等指标判断疲劳，进行运动员机能评定和训练监控。

【实验对象】

人。

【实验器材】

肺活量计、自动心率记录仪（或秒表）、心电图仪。

【实验步骤】

1. 肺活量

连续测定 5 次肺活量，每次间隔 30 秒，将 5 次测定值在坐标纸上制图。运动前后各进行 5 次肺活量测定进行对比。疲劳时肺活量一次比一次下降。

2. 基础心率

（1）测量运动前的基础心率。
（2）让受试者进行一定负荷的运动。
（3）测量次日的基础心率。
（4）评价：基础心率如比平时增加 5~10 次/分以上，则为疲劳。

3. 心电图

（1）让受试者进行一定负荷的运动。
（2）测受试者心电图，进行观察。
（3）如心电图异常变化、T 波下降或倒置、S-T 段下移，并出现肌电干扰（肌肉放松也不消失），则为心肌疲劳。

【注意事项】

1. 测试前应进行讲解和动员。

2. 运动负荷的安排要适当，必须保证一定的运动强度和运动量。

【运用与评价】

1. 心肺功能判断疲劳的方法，常用于实验室研究。
2. 肺活量测量是一种非特异性的、受主观影响、且相对不敏感的简便、实用的方法。吸气肌疲劳使吸气容积降低，呼气肌疲劳使呼气量减少，因此，呼吸肌疲劳致肺活量降低。在肺功能处于正常的压力—容积关系时，只需要适当的压力即可使全肺膨胀，因此肌力的降低实际上在肺活量降低之前。因此，肺活量降低表明呼吸肌已经出现疲劳。
3. 有人采取心电图积分加权法对运动性疲劳的监测是对疲劳监测指标进行了量化分析，认为此法不失为一种简便、经济、准确可靠的非创伤性监测方法。
4. 在心电图有诊断意义的指标中，T波的变化出现最早，是心肌急性疲劳的标志特征，因而对T波的监测显得更为重要。T波升降角差的缩小反映心肌供氧的变化；及时纠正训练负荷不会导致运动员的过度疲劳。

【思考与探索】

1. 分析比较上述心肺功能判断疲劳的方法的测量准确性。
2. 查阅资料了解基础心率受哪些因素的影响。在疲劳判断实验中应如何处理。

四、血液、尿液指标判断疲劳

【实验目的】

了解血液、尿液指标在疲劳判定中的重要作用，掌握常用指标的评定方法。

【实验原理】

运动员在一次训练课或长时间大运动量训练后，一些血液、尿液指标会发生相应变化，如不能在一定的时间内及时恢复，出现疲劳现象或过度疲劳现象，会影响后续的运动训练。

本实验只介绍已被训练实际广泛接受和采纳的简单的血液指标（血红蛋白、血尿素氮）、尿液指标（尿蛋白、尿胆原）的测定方法。

【实验对象】

人。

【实验器材】

半自动生化分析仪、尿液十项分析仪（或分光光度计）。

【实验步骤】

1. 血液指标判断疲劳
（1）血红蛋白（Hb）

先在训练前对运动员取微量血 30μl（不同的半自动生化分析仪所需血量不同），用半自动生化分析仪进行测定安静值，以便对照。运动员大运动量开始时，进行第二次测定（一般易出现 Hb 下降）；经过一个阶段训练后，再进行第三次测定。如 Hb 回升，表示这一阶段运动不疲劳。过度疲劳时，Hb 不回升甚至会有下降趋势。

（2）血尿素氮

分别在一次长于 30 分钟的训练前后和次日晨对运动员取微量血 30μl，用半自动生化分析仪进行测定。以次日晨起血尿素氮水平在 8.0mmol/L 以上为疲劳，持续几日超过 8.0mmol/L 或持续升高为过度疲劳。

2. 尿液指标判断疲劳

（1）尿蛋白

分别在阶段训练前、每次训练后和次日晨对运动员多次取尿样，用尿液十项分析仪进行测定。如运动后比原来负荷后的值突增 3~4 倍，为疲劳现象；晨安静时，持续几日处于较高水平或持续升高为疲劳。

（2）尿胆原

分别在一次大运动量训练前后和次日晨对运动员取尿样，用尿液十项分析仪进行测定安静值，作为运动值和恢复值的对照。运动后次日晨取样，尿胆原水平在 4~6mg% 为疲劳，持续几日超过 4~6mg% 为过度疲劳。

【注意事项】

1. 用血尿素氮评定一次运动负荷量中，一般运动时间大于 30 分时，其水平才明显增高。

2. 运用中应考虑血尿素氮等的个体差异，评价时要注意横向和纵向分析相结合。

【运用与评价】

1. 由于血、尿取样方便，无损伤或损伤少，易为运动员接受，而且测定简易和快速，便于在运动中反复测定。在评定运动员机能时，经常综合运用 Hb 和尿胆原指标，使评定结果更具可靠性。

2. 国内外研究发现，大运动量开始时，Hb 下降，这种下降是由于血红细胞破坏加速所引起的。但坚持一段训练后，身体逐渐会适应，血红蛋白又上升，这时运动员能表现出较好的成绩。如果运动员 Hb 持续下降，则需采取调整运动量或其他针对性措施。

3. 血尿素氮安静时为 3.2~7mmol/L。血尿素氮在评定机能状态时，可概括出三种变化类型：

（1）在训练整个周期中晨起时血尿素氮含量不变或变化不大，说明运动量较小，对身体刺激不大。

（2）在训练周期开始时血尿素氮上升，到达高峰然后逐渐下降至正常，说明运动量足够大，但身体能适应。

（3）在训练周期中血尿素氮逐日上升，说明运动量过大，身体不能适应。

因此，在训练期除了大运动量后次日晨测定血尿素氮外，也可每天或隔天进行测定，来评定身体机能状态。

4. 正常人尿中蛋白质含量很少，常在10mg%以下。许多研究表明，运动负荷强度越大，尿蛋白量也明显增多。研究同时发现，同一运动项目，比赛后尿蛋白明显高于平时训练。另外，尿蛋白还与环境、年龄、情绪等有关。在一次激烈运动后，尿蛋白排泄量在运动后15分钟才达到最高值，4小时后基本消除。因此在比赛后测定尿蛋白时，应当让运动员休息15分钟后再取尿。

5. 不同项目的运动员对尿胆原的反应水平也不同。例如，对游泳运动员观察的结果表明，运动员在早晨起床后尿胆原如果在3mg%以上时，即有主诉疲劳感。

【思考与探索】

1. Hb测定疲劳的方法是否适用于一次大强度训练？为什么？
2. 为什么血尿素氮测定适应于大于30分钟的运动疲劳判断？
3. 膳食对上述哪些疲劳测定会有影响？

五、主观感觉法

【实验目的】

学习使用主观感觉法来判断疲劳的出现和疲劳等级。

【实验原理】

随着疲劳的发生，时间再生能力下降。根据不同疲劳程度时，时间再生能力的变化可以进行疲劳程度的判断。

人体运动时的主观体力感觉与工作负荷、心功能、耗氧量、代谢产物堆积等多种因素密切相关，因此，运动时的自我体力感觉是判断运动性疲劳的重要标志。瑞典生理学家冈奈尔·鲍格（Guenzel. Borg）制定了判断疲劳的主观体力感觉等级表（RPE），使原来粗劣的疲劳定性分析变为较精确的半定量分析。

随着疲劳程度的加深，人体会自我感觉出一些不适的症状。症状越多，表明疲劳逐渐加深。根据这一原理，生理学家制定了疲劳自觉症状测定表，以测定运动时疲劳的深度。

【实验对象】

人。

【实验器材】

秒表、功率自行车或电动跑台、主观体力感觉等级表、疲劳自觉症状测定表。

【实验步骤】

1. 时间法判断疲劳
(1) 让被试者看秒表的秒针走动1分钟。
(2) 受试者闭眼开始实验，令每隔20秒举手做信号，做15~20次。

(3) 实验人员记录受试者举手信号的间隔时间，计算出平均值（m）及标准差（δ）。根据上两值算出动摇度（δ/m）。若动摇度在 0.03~0.079 为Ⅰ度精神疲劳；0.08 以上为Ⅱ度精神疲劳。

2. 主观体力感觉判断疲劳

(1) 受试者在功率自行车或电动跑台上做递增负荷运动，同时观察主观体力感觉等级表。

(2) 运动中每增大一次强度，或间隔一定时间，受试者便指出自我感觉等级。

(3) 每级负荷所指出的等级乘以 10，即为受试者完成该负荷的心率，同时还可推算出运动时所做的功及最大摄氧量。

(4) 可以分别在疲劳前后测定同样负荷的运动，如果机体出现疲劳，RPE 等级也会相应增加。

表 9-1 主观体力感觉等级表

RPE	主观体力感觉
6	安静
7	非常轻松
8	
9	很轻松
10	
11	轻松
12	
13	稍费力
14	
15	费力
16	
17	很费力
18	
19	非常费力
20	

3. 询问表格法——询问疲劳的主观症状

(1) 安排受试者进行不同的脑力活动和体力活动。

(2) 根据疲劳自觉症状测定表询问运动员疲劳时的主观感觉。一般来说，体力活动后，A 项内容较多，总数也多；脑力活动后，B、C 项较多。根据体力或脑力活动疲劳的不同特点，参考表中各指标总数越多，疲劳程度越深。

表 9-2　疲劳自觉症状测定表（中西光雄）

A 身体症状	B 精神症状	C 神经感觉症状
1. 头沉	1. 脑子不清醒，头昏眼化	1. 眼睛疲劳，眼冒金星，眼无神
2. 头痛	2. 思想不集中，厌于思考问题	2. 眼发涩、发干
3. 全身懒倦	3. 不爱动，不爱说话	3. 动作不灵活，动作出错误
4. 身体某处无力，身体某处疼，身体某处抽筋	4. 针扎似的疼	4. 脚跟发软，脚步不稳
5. 肩发酸	5. 倦	5. 味觉改变，味觉厌腻
6. 呼吸困难、气短	6. 精神涣散	6. 眩晕
7. 腿无力	7. 不积极	7. 眼皮或其他肌肉跳动
8. 没有唾液，口发干、发黏	8. 很多事想不起来	8. 听觉迟钝，耳鸣
9. 打哈欠	9. 做事没有信心，做事出错多	9. 手脚发颤
10. 出冷汗	10. 对事情放心不下，事事操心	10. 不能安静

注：体力活动后在 A 栏里出现症状较多，其总的症状出现也较多。

　　脑力活动后，在 B、C 两栏里出现症状较多，其总的症状出现也较多。

　　强迫性的工作出现症状多，而有兴趣的工作出现症状较少。

【注意事项】

测试前应进行讲解，鼓励受试者采取积极的态度。

【运用与评价】

1. 主观感觉法的测试结果不可避免要受到受试者的态度和惰性等心理影响，因此，较适宜于进行受试者主动要求进行测试或自我测试。训练中则主要采取主观感觉法和客观生理指标结合起来评定运动员的机能状况，以达到更准确、更客观。

2. 有人针对睡眠剥夺对主观疲劳程度的影响进行了研究。结果受试者睡眠剥夺后视简单反应时显著延长，疲劳评价问卷的总评分非常显著地高于剥夺前。

研究表明，射箭运动员在进行递增的练习中随练习组次的增加，自我感觉疲劳程度呈现一定的规律性，即波浪式上升趋势，在完成多组箭后疲劳的主观感觉明显提高。

【思考与探索】

1. 设计一个新的实验方法，利用疲劳时主观感觉的变化来进行疲劳的判断。
2. 三种方法的相关性如何？请将实验数据进行处理。

第十章　身体素质的测定

一、肌肉力量测定

【实验目的】

1. 掌握测量肌肉力量的原理。
2. 了解力量素质的一些常用简易测定法及测量意义。

【实验原理】

人体所有运动几乎都是对抗阻力而产生的。力量是肌肉在工作时克服内外阻力的能力，它与其他素质有着密切的关系，对增长肌肉耐力、发展速度、提高灵敏等素质起着重要作用。

力量测量一般采用测定肌肉的最大负荷来进行，由于人体肌肉单独收缩完成某一动作的很少，所以往往不能确切评定某一块肌肉的力量，而是某一肌群的力量。测量方法一般分为相对力量和绝对力量两种。相对力量是以受试者在测验中所承受的负荷量与其自身体重之比作为成绩的一种测量方法，如背肌力测量，下推拉测量等。绝对力量是以受试者在测验中所承受的最大负荷量作为成绩的一种测量形式，如竞技举重、功率举重测验等。

测定肌肉力量的方法很多，作为对各项运动有意义的力量，主要是脊柱和髋关节的屈肌力量，两腿、两臂及背部的伸肌力量，以及胸大肌的力量。

【实验对象】

人。

【实验器材】

米尺、握力计、背力计、体重计、秒表、哑铃等。

【实验步骤】

（一）握力（图10-1）

1. 根据受试者手掌的大小，调节握力计握把的间距至感觉合适为宜。
2. 受试者手放在体侧，握时不许挥动上肢，用最大力量紧握握力计，记录读数。

图10-1　握力测试

3. 使指针回零，左右手各测三次，取最大的一次。

4. 分别将左右手的最大值除以自身体重，计算相对握力。

（二）臂屈肌力

1. 依受试者情况，选择适当重量的杠铃片开始测试。

2. 受试者两脚开立，两手与肩同宽反握杠铃，使之悬垂于大腿前方。屈肘上弯杠铃至肘关节全屈，然后恢复原位。

3. 记录负荷。

4. 调节负荷，重新进行上述测量，直至不能完成动作为止。

5. 取最大值除以体重，计算相对臂屈肌力。

（三）臂伸肌力

1. 依受试者情况，选择适当重量的杠铃片开始测试。

2. 受试者两脚开立，双手屈肘握杠，将杠铃放于胸前。用力上推杠铃至肘关节伸直，然后恢复原位。

3. 记录负荷。

4. 调节负荷，重新进行上述测量，直至不能完成动作为止。

5. 取最大值除以体重，计算相对臂伸肌力。

（四）背力（图10-2）

1. 受试者双足站在背力计的底盘上，调节拉杆高度至受试者膝盖上缘。

2. 令受试者上体前倾，双手正握拉杆，身体用力上抬。要求肘、膝关节伸直，不要猛然用力。

3. 使指针回零，测三次，取最大值。

4. 以最大值除以体重，计算相对背力。

（五）腿力

1. 受试者双足站在背力计的底盘上，调节杆高度至受试者膝盖下缘（由受试者调整）。

2. 令受试者上体保持稍前倾姿势不变，双手一正一反握拉杆，膝关节由屈曲至伸直，用力上抬。

3. 使指针回零，测三次，取最大值。

4. 以最大值除以体重，计算相对腿力。

图10-2 背力测试

（六）腰腹肌力量

1. 依受试者情况，选择适当重量的杠铃片开始测试。

2. 受试者仰卧于垫，颈部落在杠铃片上，双手紧握杠铃片，屈膝成90°，用力收腹使身体坐起。

3. 记录负荷。

4. 调节负荷，重新进行上述测量，直至不能完成动作为止。

5. 取最大值除以体重，计算相对腰腹肌力。

【注意事项】

1. 选择负荷时应充分考虑受试者的身体情况。

2. 测量前应做好准备活动。

3. 严重疼痛、关节活动受限、严重出血、急性扭伤等不得测量。

【运用与评价】

1. 随着运动的不断发展，现代比赛已不是单一的技术与战术的角逐，而是技、战术，体能，智能与心理状态等各方面的综合较量。在高水平比赛中，运动员除了要具备高超的技术和熟练的战术配合以外，尤其需要良好的体能，即良好的身体素质作保证。由于运动水平的高度发展，对身体素质的要求也越来越高，运动员必须重视力量素质的训练，只有具备良好的力量素质才能适应比赛中激烈的身体对抗，从而在比赛中充分发挥出技术与战术的威力。

2. 运动员力量测定是运动训练的主要元素，其科学性和准确性直接影响着训练效果的成败。目前，力量测定已成为科学选材、训练监控以及制定运动处方的重要依据。

3. 上述方法多为左右肢体一起测定，适用于某些对称运动项目，如举重、径赛等。对有些非对称运动项目（如网球、乒乓球、投掷等），有些肌力也可进行单侧肢体测试。同时对称性运动项目中，如分别进行左右肢体单独测试，有利于发现力量薄弱的具体原因，一般人左右肢体相互比较，左右两侧相差在 10%~15% 以内即是正常差异。

4. 力量素质的增长具有很强的年龄特点，在各年龄均可进行力量训练，关键在于科学及时地进行评定。训练中主要应考虑运动员能够承受负荷的最大可能性，采用何种方法训练应有针对性，如年龄小可多做弹跳、伸展肢体、支撑性练习，并以中、小负荷为主，在运动中进行练习尽量不采用那种大负荷且需要身体长时间紧张静力性练习。

【思考与探索】

1. 在肌力测定中为何要除以体重？是否所有项目都必须如此评价？应用实践中如何把握？

2. 除上述方法外，综合专项特点试列出或设计其他的力量测定方法。

二、速度测定

【实验目的】

1. 掌握测量速度的原理。
2. 了解速度素质的一些常用简易测定法及测量意义。

【实验原理】

速度素质是指人体进行快速运动的能力。速度在运动中表现为三种形式：反应速度、动作速度和周期性运动的位移速度。

反应速度指人体对刺激发生反应的快慢，如短跑从发令到起动的时间，它主要由反应时及条件反射的巩固程度来决定。单纯地测量反应速度比较困难，所以采取尽量减小动作的方法近似代表反应时。反应时常被用作评价心理素质进行科学选材和判定疲劳等生理状态的参考指标。

动作速度指完成单个动作的时间长短，如投掷运动员的器械出手速度。它的快慢主要由肌肉的爆发力、肌纤维兴奋性及条件反射的巩固程度来决定。可以用不同肌肉的交替收缩速度来评定人体神经系统兴奋和抑制协调能力。

位移速度指周期性运动中往往以单位时间通过的距离，或通过一定距离所用的时间来表示，如游速、跑速等。它的大小由前两种速度来决定。在体育实践中常进行位移速度的测量来反映人体的速度素质。位移速度的测量包括定距离法和定时间法两类。

【实验对象】

人。

【实验器材】

发令旗、哨子、秒表、冲刺带、动作频率计数器、金属敲击棒、反应时仪。

【实验步骤】

（一）反应速度（见反应时测量）

（二）动作速度测量

1. 两手快速敲击（图10-3）

（1）调节金属触板与其髂骨同高。

（2）受试者两手各执一支金属棒，用食指按着棒的前端（以免敲击时棒杆弹动）。

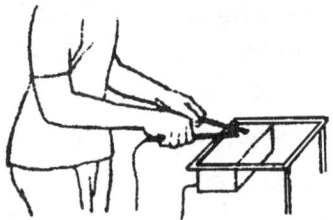

图10-3 两手快速敲击测量图

（3）听令后，两手快速交替敲击。

（4）记录计数器的数值。测三次，取最佳成绩。

2. 脚掌轻踏

（1）受试者坐于凳子上，小腿垂直于地面，两脚自然分开。

（2）听令后，快速使两脚掌交互抬起、放下，要求脚跟不能离开地面。

（3）10秒令止后，记录动作频率计数器频率数。

（4）测三次取最大值。

（三）位移速度测量

1. 30米跑（50米、60米、100米跑）

（1）受试者至少两人一组，以站立姿势起跑。

（2）听信号后快速跑向终点。不得抢跑或窜道，否则重测。

（3）一人发令，一人计时和记录。

（4）测两次，取最短时间。

2. 4秒冲刺跑（6秒冲刺跑）

（1）将50米跑道从第20米起，每隔1米画一标距线。

（2）受试者可用任何方式起跑。听令后，迅速跑向前方。

（3）听到停跑哨声后，立即停在原地。

（4）记下受试者的跑动距离。

（5）测两次，取最大距离。

【注意事项】

1. 有些测量要进行练习操作或准备活动。
2. 位移速度测量时，要求受试者不能穿钉鞋。
3. 每次测量后，测试者切记回表。

【运用与评价】

1. 速度素质是运动技能形成的基础之一，主要与神经系统和肌肉系统等有关。目前普遍认为速度素质与遗传关系密切，青春发育期充分发展后，很难再提高。速度在许多项目中起着很重要的作用，有些项目速度的快慢直接关系到成绩的好坏和比赛的成败，如跑、游泳、自行车等，以及足球的带球突破，排球的短平快，篮球的快攻和跑投篮等。

2. 不同属性的速度测试不能互相取代，即位移速度不能用反应速度或动作速度来代替。在实践中测定速度素质，主要指位移速度，多采用定距计时的方法。对于不同的测试对象可采取不同的测试距离，如儿童可采用30米冲刺跑，而成年人可采用60米或100米冲刺跑。

3. 根据儿童少年生长发育规律，10~13岁速度发展最快，女子10岁后增长加快，13~14岁渐趋平稳；男子13岁有较大的增长，18~19岁趋于稳定。儿童少年神经系统灵活性好，是发展速度素质的最佳时期，适合于动作频率快、反应迅速的练习，如短距离跑、乒乓球、游泳等；对于负氧债高的运动项目应适当控制，对耐力等需要长时间的紧张性运动项目，应加以适当限制。

【思考与探索】

1. 上述方法分别适用于评价哪些项目运动员的身体素质？
2. 你认为速度素质的选材和训练，哪一个更重要？为什么？

三、耐力测定

【实验目的】

了解耐力素质的一些常用简易测定法及测量意义。

【实验原理】

耐力是指人体长时间进行肌肉工作的能力。耐力的分类及命名十分庞杂。其中按运动时的外在表现可划分为速度耐力、力量耐力、静力耐力和一般耐力等。

力量耐力是指肌肉长时间对抗疲劳的能力，即肌肉在长时间内进行收缩活动的能力。

速度耐力是指人体的较长时间内快速运动的能力。

静力耐力是指肌肉在长时间内进行静力性收缩的能力。

一般耐力是指人体进行一般工作的抗疲劳能力。

【实验对象】

人。

【实验器材】

秒表、哨子、发令枪、距离标志牌、皮尺等。

【实验步骤】

（一）力量耐力

1. 俯卧撑

（1）受试者俯身两手撑地，手指向前，两手相距与肩同宽，两腿伸直，前脚掌着地，身体保持平直。

（2）屈臂使身体下降至肩与肘平齐，两肘与头部成正三角形，躯干保持伸直。

（3）然后用力撑起至双臂伸直。

（4）反复进行，做至力竭为止。计正确完成动作的次数。

2. 引体向上

（1）受试者跳起双手正手握杠，调整两手与肩同宽，呈直臂悬垂状态。

（2）静止后，两臂同时用力上拉身体，至下颌超过横杠上缘为完成一次。

（3）恢复原位。

（4）反复进行，做至力竭为止。计正确完成动作的次数。

（二）速度耐力

400米跑（内容略）。

（三）静力耐力

通常以一个固定动作姿势，以其自身或另加一定负荷进行测量。可采用马步、手倒立、屈臂悬垂等测量所保持的时间。

（四）一般耐力

1. 1500米跑（内容略）。

2. 12分钟跑（或6分钟、9分钟跑）

（1）受试者以站立姿势站在起跑线后，听哨声起跑，再听哨声即停在原地。

（2）跑到12分钟时，测试者发停跑令。

（3）记录员记下地点，然后丈量、计算距离。

【注意事项】

1. 测量前应做好宣传工作。

2. 耐力测量均测一次，每次测量后应让受试者注意放松。

【运用与评价】

1. 耐力素质是运动技能形成的基础之一，主要循环系统、呼吸系统、神经系统和肌肉系统等的机能直接相关。一般耐力是基础，专项耐力是在一般耐力基础上发展起来的。

2. 耐力水平的奠定在青春发育期，特别是自然增长最快的阶段，男性在 12~16 岁，女性在 11~13 岁。但是在青春发育期后，仍有一定提高潜力。在儿童时期具有一定有氧供能能力，所以强度不大的有氧训练是青春发育期阶段的最佳训练方法，儿童和少年对一般耐力有一定适应能力，但大强度的耐力训练对心脏发育不利，容易造成心肌肥厚，使心输出量减少。一些优秀中长跑运动员，都是从儿童开始进行训练，然而必须是以全面身体训练为宗旨进行合理安排，儿童少年经常从事耐力训练，既可使心肌纤维增多，心壁增厚，又可使心容积增大，这对心肌力量的增长有重要意义，并可为今后的耐力训练打下良好的基础。

3. 不同运动项目所要求的耐力类型也不同，训练中主要从供能角度，分为有氧耐力训练和无氧耐力训练安排运动负荷。

【思考与探索】

1. 根据耐力的分类，对自己的专项进行分析，提出评定和训练方法。
2. 根据各年龄段人群的生理特点和大众健身需求，分析应如何选择和进行耐力训练。

四、柔韧性测定

【实验目的】

1. 掌握柔韧素质的一些常用简易测定法及测量意义。
2. 了解电子关节角度测试仪的测定方法和功能。

【实验原理】

柔韧性是指人体某个关节或关节组的活动幅度。决定柔韧素质的因素主要有：
（1）运动器官的结构，包括关节的骨结构、现状等。
（2）关节周围组织的体积大小，包括关节周围的肌肉体积等。
（3）跨过该关节的软组织的伸展能力，包括肌肉、肌腱、韧带和皮肤等的伸展能力。
（4）另外还取决于神经系统支配骨骼肌的机能状态，特别是中枢神经系统调节对抗肌之间的协调性的改善，以及对肌肉收缩和放松的调节能力的提高。

关节的运动幅度是有可能发生变化的。一种情况是受到限制，导致关节不能正常的弯曲或伸展，也就是我们通常所说的关节"僵硬"；另一种情况是关节过于柔软。对正常人来说，两种极端均不可取。

柔韧性常可分为绝对柔韧性和相对柔韧性。从运动角度考虑，有些专家将其分为动性柔韧和静性柔韧。动性柔韧是指快速移动肢体或从事快而反复动作的能力，如人在跑步运动中，关节的摆动角度。

【实验对象】

人。

【实验器材】

1. 坐位体前屈测试仪、皮尺、桡度测量尺、木棍等。
2. 电子关节角度测试仪。

【实验步骤】

（一）常用简易测定

1. 坐位体前屈（图 10-4）

（1）受试者坐在垫上，背及臀部紧靠在一垂直面上，两腿并拢，膝关节保持伸直状态，脚尖向上，脚底蹬于基面上，双手尽量伸直。测试时，受试者身体尽量前倾并缓慢以指尖推动游标。

图 10-4　坐位体前屈测试

（2）读出游标滑动的距离并记录。测三次。

2. 踝关节背屈

受试者面向墙站立，脚跟着地，身体前倾。要求下颌、前胸及双手触墙。两膝必须伸直，脚跟不能离地。测量下巴距离地面的高度，减去脚尖至墙壁距离，所得的差数越小，则屈踝功能越好。

3. 旋肩（图 10-5）

身体直立，双脚与肩同宽，两肩在胸前充分伸直，握棍，直臂由前向后旋肩，测量两手拇指之间的距离。用此距离减去肩宽等于旋肩指数，该指数越小，肩带柔韧性越好。

图 10-5　旋肩测试

4. 背伸（图 10-6）

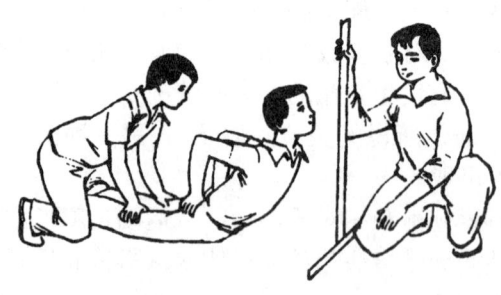

图 10-6　背伸测试

受试者俯卧，测验者压住受试者的腿部，让受试者尽量高抬头部，测量下颌距地面的高度，数值越大说明腰背的柔韧性越好。

5. 小腿内外旋测试

双膝固定、伸直,双脚跟并拢,尽量使双脚前掌向外分开,测量两脚之间前夹角的大小。测量时注意不可使脚的任何部位离开地面。

6. 前后(或左右)劈腿

(1)受试者由前后(左右)分腿站立开始,两腿滑落成前后(或左右)分腿坐姿势,两臂侧平举。

(2)测试者置尺的零端于地。当受试者臀部下落至最低点时,迅速上移引尺直至触及两腿分叉处。要求受试者两腿保持伸直。

(3)测量三次,记录量尺的读数,取量大值为成绩。

(二)电子关节角度测试仪的测定方法

以 CYBEX ED1320(图 10-7)为例,其测试分为单关节角度测试和多关节角度测试:

1. 单关节角度测试

可对各关节的角度变化进行测定。如图 10-8 是肘关节屈伸的最大运动幅度测试,其步骤为:

(1)按下开关(ON),显示屏显示"888"等待 2~3 秒后,显示变为"---",即可开始设置。

(2)按下"RESET"键,清除记录,将仪器测量模式设置为"单关节角度测试"(Single Joint Motions)。

(3)将定位器(Hand-Held Unit)附于运动环节(前臂)上,并随该环节运动。

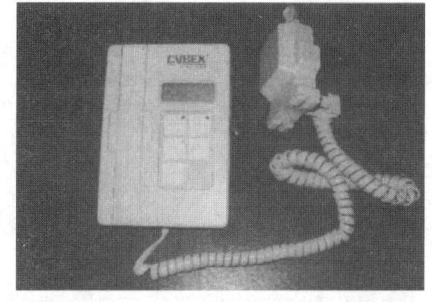

图 10-7 电子关节角度测试仪

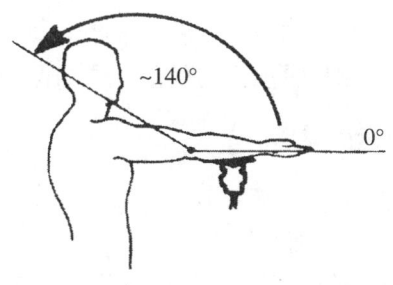

图 10-8 单关节角度测试

(4)令受试者做好被测准备,在关节初位时(A),按下手执定位器上的"ENTER 键",显示屏显示变为"一",表示测试准备开始。待受试者姿势固定后,显示屏显"一"消失,按下定位器上的"ENTER 键",仪器自动记为 0°。

(5)令受试者屈肘并固定时(B),再按一次"ENTER 键"。

(6)记录显示屏上的角度,测试结束。

2. 多关节角度测试

可对各关节的角度变化进行测定。如图 10-9 是脊柱屈的运动幅度测试,其步骤为:

(1)按下开关(ON),显示屏显示"888",等待 2~3 秒后,显示变为"---",即可开始设置。

(2)按下"RESET"键,清除记录,将仪器测量模式设置为"多关节角度测试"(Compound Motions)。

(3)令受试者直立,做好被测准备:将定位器置于第一测试点上(图 A),按下

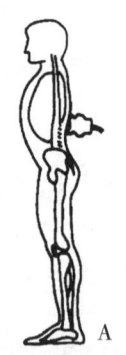  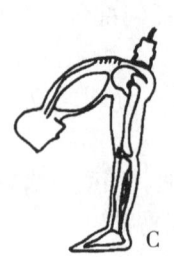 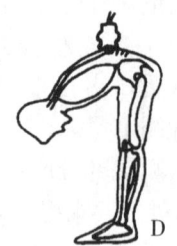

图 10-9 脊柱屈的运动幅度测试

"ENTER 键"。

（4）再将定位器置于第二测试点上（图 B），按下"ENTER 键"。

（5）定位器置于第二测试点上位置不动（图 C）；令受试者屈脊柱至稳定后，再按次"ENTER 键"。

（6）最后将定位器置回于第一测试点上（图 D），按下"ENTER 键"。

（7）记录显示屏上的角度，测试结束。

【注意事项】

1. 测量前应注意做好准备活动。
2. 测量时动作勿猛抬，或加保护。

【运用与评价】

1. 柔韧素质是许多运动项目必备的身体素质，良好的柔韧性可使人体动作灵活、不易受伤。而在体操、武术、技巧、艺术体操、跨栏、跳水等项目上，柔韧性好更可以表现出动作的舒展、潇洒和优美，使动作刚柔并济。

2. 柔韧素质同年龄的关系非常密切。少年儿童骨骼弹性好，可塑性大，且关节韧带伸展性好，容易拉长，所以发展柔韧素质最好从幼年开始。柔韧素质的练习要持之以恒。不能三天打鱼两天晒网。练习时要做好准备活动，不可用力过猛，以防受伤。动作的幅度、速度、力量要逐步增加。发展身体素质的方法很多，锻炼时应根据自己的身体状况，选择适宜的练习方法循序渐进。

3. 一些专家认为应将"柔韧性"改为"动作范围"。实质上无论如何称呼，柔韧性是指某一关节绕某一轴的最大运动幅度或多个关节绕某一轴的最大运动幅度。

4. 不同关节有不同的最大运动幅度，不同动作有不同的动作范围。不同运动项目，如田径选手、体操选手、武术选手等对关节的最大运动幅度要求也不同。因此，在运用中必须强调运动员应当具备的关节最大运动幅度，以适应所参与项目。

5. 运动员的关节最大运动幅度不是"越大越好"，而是"适应最好"。

【思考与探索】

1. 查阅《普通人群体育锻炼标准》中的柔韧测定方法，分析这些方法的测试目的。

2. 针对专项，设计一个柔韧测定实验方案。
3. 用电子关节角度测试仪进行多关节角度测量有何实际意义？

五、灵敏测定

【实验目的】

了解灵敏素质的一些常用简易测定法及测量意义。

【实验原理】

灵敏是指人体在复杂的条件下，迅速、准确、协调地变换身体姿势、运动方向和随机应变的能力。它与速度、力量、体型、肥胖、疲劳和神经类型等因素有关。

【实验对象】

人。

【实验器材】

秒表、哨子、粉笔、卷尺、竹竿、象限跳跳垫与挡板等。

【实验步骤】

1. 立卧撑测验

测定身体由立姿经下蹲及俯撑姿势，再恢复到立姿的变化速度。

由站立姿势开始，受试者听到"开始"的口令以后，迅速屈膝、弯腰、下蹲，两手在足前撑地，两腿向后伸直成俯撑，然后再收腿经过屈蹲恢复成站立的姿势。共进行10秒钟，计算受试者完成动作的得分。

以10秒钟内完成正确动作的次数作为测验成绩。把整个动作分为四个部分，每部分计1分。

第一部分：站立→下蹲，手撑地。

第二部分：下蹲→俯撑。

第三部分：俯撑→下蹲。

第四部分：下蹲→站立。

在测验过程中，凡有在俯撑时两腿弯曲及站立时身体不直者均要扣除1分。

2. 侧跨步测验

令受试者两腿位于中线位置，当听到"开始"口令后，向右跨步，到右脚触及端线，再收回右腿成开始姿势。然后再向左跨步，到左脚触及端线，再收回左腿成开始姿势。在10秒钟内统计完成动作的得分。脚越过标记线得1分，触及端线得2分，脚收回时，越过标记线得3分，回到中线得4分，计算10秒钟内能得多少分（图10-10）。

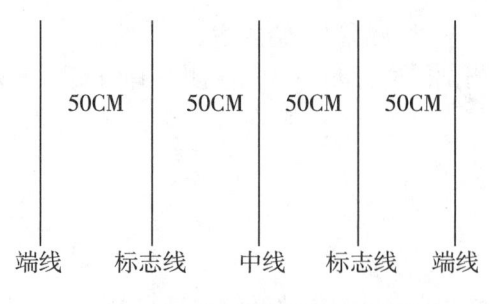

图 10-10　侧跨步测验场地图

3. 象限双脚跳测验

受试者听到"开始"口令后，按照图 10-11 象限的顺序，做双脚同时并跳（转体与不转体均可），顺序是由起点 1→2→3→4→1……直到听到"停止"的口令停止，计算 10 秒钟内跳的次数。

计算在 10 秒钟内双脚准确落在象限内的次数，作为测验成绩，每跳一个象限可得 1 分。如果踏线或者跳错了象限，每次扣 0.5 分。

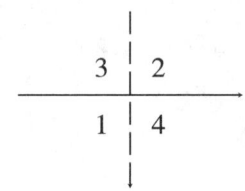

图 10-11　象限双脚跳顺序图

表 10-1　象限双脚跳评分标准（为普通大学生试用）

男（次）	女（次）	评分
33.0~100.0	33.0~100.0	5
25.0~30.5	27.0~32.5	4
13.0~24.5	14.0~26.5	3
7.0~12.5	8.0~13.5	2
0.0~6.5	0.0~7.5	1

附：改良的由计算机控制的"象限跳"测试仪器与方法

（1）计算机随机给出的一组象限跳跃区域顺序

受测者双脚同时快速地在规定时间内，按顺序依次在跳垫上跳跃各象限区域（图 10-12），循环往复，直至时间到。计算机判别并记录跳正确和跳错区域的总次数。测试开始、结束和跳错顺序有提示音提示。

（2）设置挡板

为充分体现灵敏、迅速、准确、协调地改变体位、转换动作及变换身体姿势和方向的随机应变能力，在象限的"十字"线上放置了

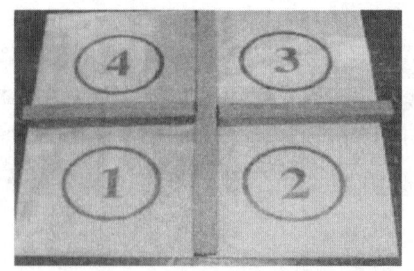

图 10-12　象限跳跳垫与挡板

10cm 高度的条形海绵挡板，以增加跳跃的难度，确实区分出灵敏素质良好的运动人才。在跳跃过程中，不允许踩踏、碰擦该条形海绵挡板。

（3）评价标准的制定

运用 C++ 语言，对评价标准进行了程序设计。评分标准有：

a. 普通高校体育教育专业体育加试评分标准。

曾在江苏省普通高校体育教育专业体育加试中试用。跳跃顺序随机，跳跃时间为 20 秒。

表 10-2　改良的象限跳评分标准

男　子		女　子	
分值	成绩	分值	成绩
25	47	25	42
24	46	24	41
23	45	23	40
22	44	22	39
21	43	21	38
20	42	20	37
19	41	19	36
18	40	18	35
17	39	17	34
16	38	16	33
15	37	15	32
14	36	14	31
13	35	13	30
12	34	12	29
11	33	11	28
10	32	10	27
9	31	9	26
8	30	8	25
7	29	7	24
6	28	6	23
5	27	5	22
4	26	4	21
3	25	3	20
2	24	2	19
1	23	1	18

b. 输入国家体育总局 2003 年颁布《普通人群体育锻炼标准》中有关象限跳测试的评分标准。

c. 输入上述普通大学生有关象限跳测试的评分标准。

4. 侧滑步跑测验（图 10-13）

测定身体向前、向后及侧身移动的灵敏性。让受试者站在起点上，当听到"开始"口令以后，沿着图 10-13 的顺序和动作要求，迅速移动身体。

记录完成一圈所需要的时间。但要求受试者在侧跑时背部必须与所跑的方向成垂直线，并不得采用交叉步跑。

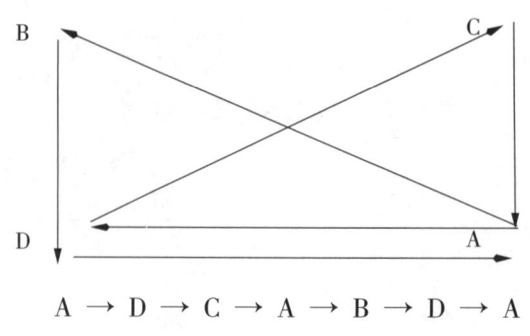

A → D → C → A → B → D → A

图 10-13　侧滑步跑路线图示

5. 灵敏跑测验

要求受试者在 40 秒时间内跑 8 字。8 字两端的顶距为 4.5 米横距 2 米，共跑三次，每次间隔 2 分钟。只记录后两次跑的成绩，取其平均值。

6. 穿梭跑测验

立两根竿子，竿距为 6 米左右。要求受试者在 40 秒钟之内进行往返跑。共跑三次，每次间隔 2 分钟。只记录后两次跑的成绩，取其平均值。

【注意事项】

1. 测量前应做好准备活动。
2. 应根据不同人群选择不同测量方法。

【运用与评价】

1. 灵敏素质是多种运动技能和身体素质在运动中的综合表现，是一种较为复杂的素质。它既与神经的灵敏性反应有关，又与力量、速度、协调性等素质有密切关系。因此也可以说它是一项综合性素质。

2. 灵敏素质在许多技巧性强、技术复杂、动作多变和无固定动作组合的运动项目中，显得尤为重要。如高台跳水时优美的翻腾动作；似海鸥一样忽高忽低，时隐时现的冲浪运动；足球运动员带球过人射门；篮球比赛中的切入、急停、空中投篮；以及障碍赛跑、击剑、摔跤、武术等都要求人们迅速判断，不断改变和控制身体姿势，维持平衡，随机应变。

3. 灵敏素质具有明显的项目特点，如体操运动员的灵敏主要表现为对身体姿势的控制和转换动作的能力，球类运动员的灵敏则主要表现为对外界环境变化做出及时反应的能力。因此，在测定中应充分考虑项目的特殊性。

4. 发展灵敏素质首先要发展基本技术和基本技能，然后在千变万化的环境中进行练习，借以提高分析机能、判断和运用反应的灵敏程度。灵敏素质在少年儿童时期发展较快，可增加灵敏素质练习，从小开始，长期坚持系统训练，打好基础。

【思考与探索】

1. 查阅《普通人群体育锻炼标准》中的灵敏测定方法，设计一组适合老年人群的新方法。
2. 在训练中如何处理灵敏和其他素质（如速度、力量）之间的关系。

六、平衡测定

【实验目的】

了解平衡素质的一些常用简易测定法及测量意义。

【实验原理】

平衡是指人体维持身体稳定姿势的能力。人体内调节平衡感觉的是内耳的三个半规管、椭圆囊和球囊所组成的位觉器官，人体的平衡能力取决于身体对来自前庭分析器、肌肉、肌腱、关节内的本体感受器以及视觉等对各方面刺激的协调能力。

在体育运动中常用的平衡测量分为静态平衡测量和动态平衡测量。

【实验对象】

人。

【实验器材】

秒表、平衡木、木板条等。

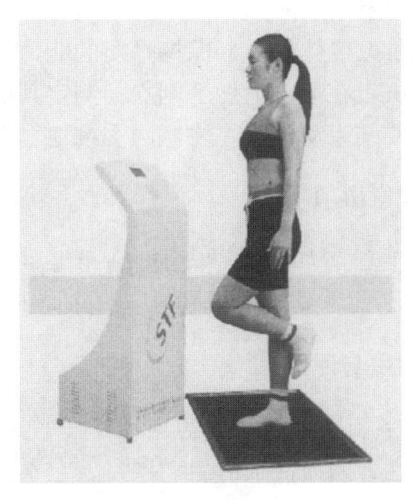

图10-14　闭眼单脚站立

【实验步骤】

1. 睁眼动力平衡能力的测验

让受试者在3.8厘米宽的平衡木上往返行进4次，记录总时间及掉下来的次数。

2. 睁眼静力平衡能力的测验

让受试者用优势腿在地面上提踵站立，记录站立时间。

3. 闭眼单脚站立的测验（图10-14）

让受试者闭眼，用优势腿在地面上提踵站立，记录站立时间。

4. 鹤立测验（图10-15）

测验受试者用优势腿站立时人体的静态平衡能力。

图 10-15　鹤立测验

受试者用优势腿站立，另一腿的脚置支撑腿的膝关节处，双手叉腰。当听到"开始"口令后，尽量使自己的身体保持不动，一直到不能坚持为止。如果出现下述三种情况中的任何一种，即算作失败：（1）支撑脚发生移动；（2）叉腰的双手离开叉腰的位置用双臂来帮助维持平衡；（3）另一脚离开膝关节。

计算从开始到失去平衡之间的时间。共做三次，以维持平衡时间最长的一次作为测验的成绩。

5. 头手倒立测验

测量改变体位后，保持平衡的能力。

让受试者在垫子上做头手倒立，测定其倒立时间。

当要结束动作时，注意两手推地、低头、收腹，向前滚翻，以免受伤。

6. 手倒立测验

测量改变体位后，保持平衡的能力。

受试者在垫子上做手倒立，测定其倒立时间。

当要结束动作时，注意两手推地、低头、收腹，向前滚翻，以免受伤。

【注意事项】

1. 受试者如在 3 秒内失去平衡，可重新开始测量。
2. 平衡木或闭眼测量时应清除周围杂物，避免碰伤。

【运用与评价】

1. 平衡能力对完成各项动作非常重要，尤其是武术、体操、射击等运动。如射击是静力性、耐力性强的运动项目，它不仅要求射手具有较高较好的感觉、视觉机能，也要求有极好的平衡稳定能力。

2. 平衡的测定也可用于疲劳和衰老的测定。如与运动前相比，平衡能力有明显下降，则为疲劳现象；如与个人记录的正常水平相比，中老年人在某一时期开始出现平衡能力下降，且无恢复现象，则可能为衰老的出现。

【思考与探索】

1. 分析比较睁眼和闭眼对平衡的影响。

2. 声音对平衡有无影响？为什么？如何认识和应对赛场噪音对平衡的作用。

七、协调测定

【实验目的】

了解协调能力的一些常用简易测定法及测量意义。

【实验原理】

协调能力是指人体各部分肢体或肌肉在动作中的配合能力。协调能力的测量常被用于心理素质的评价。

【实验对象】

人。

【实验器材】

双手调节器（图 10-16）、计时器、花纹图案板、坐标纸、秒表、木板等。

图 10-16　双手调节器

【实验步骤】

（一）手动作协调性

1. 测试者先将双手调节器上的笔尖调整到花纹图案的一端作为起点。

2. 要求受试者用双手分别握住摇柄，听到开始口令后，使笔尖在双线凹槽中快速移动，从一端移到另一端。如果移动过程中指针离开花纹凹槽的轨道，接触两边的金属片时，指示灯会亮，记为一次失误。

3. 返回，记录时间和失误次数。连续测三次。

（二）手脚动作协调性

1. 准备 4 块木板（15 厘米×15 厘米），两块放在桌上，两块放在地上，两块木板之间的距离为 30 厘米。

2. 让受试者面向桌子坐好，两手分别靠近桌上的两块木板，两脚分别靠近地上的两块木板。

3. 当受试者听到"开始"的口令后，用手（食指）和脚（脚掌），按下列顺序，以最快的速度反复接触木板：左手→右脚→右手→左脚，持续 1 分钟。

4. 记录正误次数，每触错一个部位，算作 1 次错误。共测 3 次，每次间隔 1 分钟。

5. 上一组测验完成后，进行第二组测验。在进行第二组测验时，加上语言刺激，即让受试者在做动作的同时背诵：左手→右脚→右手→左脚。

材料分析：①分别计算测试中每分钟接触木板正确与错误的次数。计算 3 次，每分钟接触木板正确与错误的总次数。②比较第 1 分钟和第 3 分钟正、误数值的差异。③比较第一组和第二组测验 3 分钟所得的正误次数，何称为好。

【注意事项】

可让受试者先对仪器和方法熟悉后再测。

【运用与评价】

1. 本测验方法还可加大难度，如改变触板的顺序为：右脚→左手→左脚→右手等，以及在疲劳状态下进行测试，并可在要训练前后及不同训练水平与不同性别、年龄的学生中进行测试对比。

2. 灵敏有两种表现形式，一是一般灵敏性，通常以起动、急停、起跑、躲闪、维持平衡、改变动作姿态等形式表现出来；二是专项灵敏性，常与专项技术的机敏、灵巧、准确等有密切联系。

3. 大脑皮质的分析综合能力、神经过程的灵活性、运动技能的巩固程度和外周神经机能的改善，构成了灵敏素质的决定因素。而且，灵敏素质的发展需以速度、力量、柔韧、平衡、协调等综合素质能力作为基础和前提条件。

【思考与探索】

1. 对该实验的测试方法或测试仪器的准确性进行评价。
2. 协调素质的影响因素有哪些？结合专项特点，应如何进行训练？

第十一章　身体成分的测定

【实验目的】

1. 了解测量身体成分的意义。
2. 掌握测定身体成分的各种测量方法。

【实验原理】

人体主要由水、脂肪、蛋白质、矿物质和糖类等物质组成。各种成分组成了人体的总重量，即体重。人体各成分的相对平衡对有机体正常的生命活动和维持健康水平是极为重要的。所以，对身体各成分的测量一直受到医学领域的重视。

脂肪成分一直是身体成分测试的主要内容。另外，随着科技水平的提高，骨矿物质的测定手段也逐渐发展并得到应用。

而活体脂肪成分只能通过间接法进行。间接法主要包括水下称重法、电阻法、超声波法、皮褶厚度法、CT、双光子法以及核磁共振法等。本实验只介绍目前常用的三种方法：①水下称重法通过对身体密度和比重进行测量，从而推算身体的脂肪体重和去脂体重。该测量是基于对尸体的瘦体重和脂肪组织的比率进行测量后分析其相对关系而得出的。②人体内的脂肪约2/3属于皮下脂肪，因此，采用皮脂厚度法精确地测量皮脂厚度以估计皮下脂肪量来推测全身脂肪含量，在理论上是可以接受的。③生物电阻抗分析法是测量电流通过身体的脂肪和非脂肪组织时，根据其传导速率不同来推断人体去脂体重和脂肪组织的重量。

骨密度测定法是根据超声束通过骨组织，测定人体骨的超声速度（SOS）和宽波段超声衰减（BUA），并根据测定的超声参数计算定量超声指数（QUI）和骨矿物质密度（BMD），进而得出T评分（T-Score）与Z评分（Z-Score）等参数值，用于评价骨质量与诊断骨质疏松症。

【实验对象】

人。

【实验器材】

1. 脂肪成分的测定

（1）水下称重法：体重计、水下称重计（含坐椅和铅块）、肺活量计。
（2）皮脂厚度法：皮脂厚度计（图11-1）。

 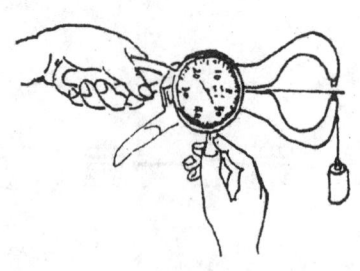

图 11-1 皮脂厚度计

（3）生物电阻抗分析法：VENU9.9 杰文人体成分分析仪。

2. 骨密度的测定

Sahara 骨密度测定仪。

【实验步骤】

1. 脂肪成分的测定

（1）水下称重法（图 11-2）

残气量的测量

测出受试者的肺活量，男子的残气量相当于肺活量的 24%，女子的残气量为肺活量的 28%。

身体密度的测量

①测量受试者体重。

②令受试者穿尼龙游泳衣，下水前应上厕所，以排除膀胱内的积尿和肠内堆积的粪便。

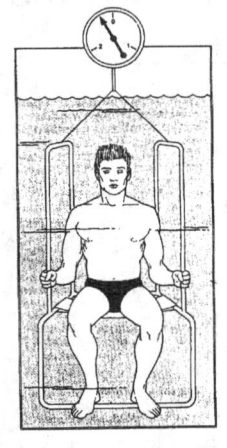

图 11-2 水下称重法

③受试者使用肥皂洗刷身体，并浸湿泳衣。

④记录下水前坐椅和铅块等的重量。

⑤受试者下水，先站立着，用手拉开泳衣，使泳衣内气泡完全排出，而后，坐在椅上，夹上鼻夹，学在水中吐气，空中吸气。

⑥确定椅子已全湿，以及所有椅子上的空气均已排出。

⑦受试者慢而用力吐气，直到再没有空气可吐出为止。闭气 5 分钟，然后开始正常呼吸。受试者学习水中吐气后，上水面吸一或二口气。在水中最大用力吐气时身体前倾，靠近大腿，在无气可吐时闭气并默数数字，直到记下水中体重，拍水箱通知为止。

⑧在上一步骤受试者吐尽肺内气体后，如体重计指针不再上下振动，记录水中体重。如指针不停地上下振动，可记录中间值。

⑨记录 8~12 次水中重量，中间间隔时间视受试者的感受和意愿而定，通常 5~6 次呼吸即可。

⑩再一次测量坐椅等附件重量，以核对是否与上次一致。

水的密度

知道水温后，查表找出该温度下水的密度（表 11-1）。

表 11-1　水温与密度对照表

温度（℃）	密度（g/cc）	温度（℃）	密度（g/cc）
21	0.9980	31	0.9954
22	0.9978	32	0.9951
23	0.9975	33	0.9947
24	0.9973	34	0.9944
25	0.9971	35	0.9941
26	0.9968	36	0.9937
27	0.9965	37	0.9934
28	0.9963	38	0.9930
29	0.9960	39	0.9926
30	0.9957	40	0.9922

身体密度的计算

$$身体密度 = \frac{地面上的体重（kg）}{\frac{地面上的体重（kg）- 水中体重（kg）}{水的密度（kg/ml）} - 残气量（ml）}$$

体脂百分比的计算

主要有两个公式：

$$F\% = \left(\frac{4.57}{D_b} - 4.142\right) \times 100\%$$

$$F\% = \left(\frac{4.95}{D_b} - 4.50\right) \times 100\%$$

D_b 为体密度。

2. 皮脂厚度法

（1）调试

测量前应将校验砝码挂于钳口，将指针调整至红色标记刻度的 15~25 毫米范围内。

（2）测量方法

受试者自然站立，暴露测试部位。测试者选准测量点，用左手拇指和食指、中指将皮褶捏起，右手持皮脂厚度计将卡钳张开，卡在捏起部位下方约 1 厘米处，待指针停稳，立即读数并做记录。测量三次取中间或取其中两次相同的值。测量误差不得超过 5%。以毫米为单位，取小数点后一位记录。

（3）测试部位及走向（图 11-3）

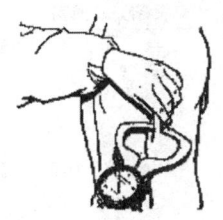

①

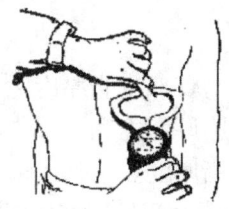

②

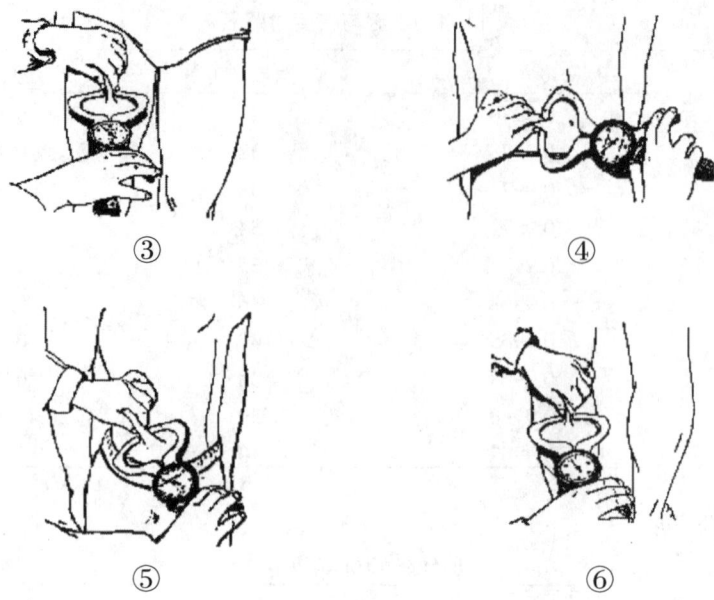

图 11-3 测量部位

①臂部：肩峰与上臂后面鹰嘴连线中点。皮褶走向与肱骨平行。
②肩胛部：肩胛骨下角下约 1 厘米处。皮褶走向与脊柱成 45°角，方向斜下。
③大腿部：大腿前部股骨中点处。皮褶走向与股骨平行。
④腹部：脐水平线与锁骨中线相交处。皮褶走向水平。
⑤髂部：髂嵴上缘与腋中线相交处上方约 1 厘米处。皮褶走向稍向下方。
⑥小腿部：小腿腓肠肌肌腹中上部。
（4）计算身体成分
（1）计算身体密度（D_b）：将测得皮脂厚度数值代入体密度推算回归方程式表（表 11-2），计算体密度。

表 11-2 体密度推算回归方程式

年 龄	男 子	女 子
9~11 岁	$D_b=1.0879-0.00151X_1$	$D_b=1.0794-0.00142X_1$
12~14 岁	$D_b=1.0868-0.00133X_1$	$D_b=1.0888-0.00153X_1$
15~18 岁	$D_b=1.0977-0.00146X_1$	$D_b=1.0931-0.00160X_1$
成 人	$D_b=1.0913-0.00116X_1$	$D_b=1.0879-0.00133X_1$
成 人	$D_b=1.0863-0.00176X_2$	$D_b=1.0709-0.00105X_2$
成 人	$D_b=1.0872-0.00205X_3$	$D_b=1.0711-0.00164X_3$

D_b 为体密度。
X_1 为肩胛部与臂部皮脂厚度之和。
X_2 为腹部皮脂厚度之和。
X_3 为髂部皮脂厚度。
（2）计算体脂百分比（F%）、体脂重（F）、瘦体重（LBW）

$$F\% = \left(\frac{4.57}{D_b} - 4.142\right) \times 100\%$$

$F = W（体重）\times F\%$

$LBW = W（体重） - F$

3. 生物电阻抗法

（1）受试者着运动短裤和背心，赤足站立于脚电极上。

（2）依照电脑语音提示，输入个人资料。

（3）令受试者手握手电极，静止不动。

（4）测试者按开始键，开始测试。

（5）按打印键输出结果，或传送至电脑进行数据处理。

2. 骨密度的测定

（1）按动仪器上的"On"键，机器自检。

（2）仪器自检通过后，根据提示在传感垫上涂抹耦合凝胶。

（3）按动"Open"键。

（4）让受试者将赤裸的脚放入仪器，并用位置固定器固定。

（5）按动"Measure"键，开始测定。

（6）测定结束后，控制面板屏幕将显示估计的骨密度（BMD）结果和相应的T值。

（7）按动"Print"键，仪器自带打印机开始打印测定结果。

（8）根据测定结果进行骨质评价。

【注意事项】

1. 水中称重受试者必须空腹，水温最好维持在35~36℃，接近身体温度。

2. 运用皮脂厚度法时，每次测试前将指针调至零点，捏起皮褶时，不要将皮下其他组织一同提起或用力过大；测量后，应缓慢松开皮褶厚度计，以免影响压强。

3. 使用生物电阻抗法时，须空腹，并且避免测试前激烈运动。

【运用与评价】

1. 在体育领域中，主要对人体脂肪含量进行测量与评价。除个别运动项目外，长期从事运动的人及运动员体脂百分比较一般人低。

2. 脂肪过少的人，说明营养不良或有某种疾病。而脂肪成分过多者，往往伴随肥胖现象，说明运动不足、营养过剩或有某种内分泌系统的疾病。如果男子超过25%，女子超过30%，可视为肥胖。通过身体成分的测量评价，可了解人体的营养状况，科学地指导膳食和预防某些疾病以及正确认识"减肥"。

3. 水下称重法在间接测定法中信度较高，是目前被认为最准确的测量方法之一，但其设备和测试方法稍复杂，多用于体育科学研究中。皮脂厚度法简便易行，仪器轻便容易携带，适宜于群体测量。最近，生物电阻测量法经科学研究报告证明有效性也较高，操作简便而且安全快捷（不到1分钟），已受到体育界人士越来越多的关注。其他方法由于仪器昂贵或过程复杂，而在一般测量中不易推广。

4. 骨密度是评价人体骨矿物质含量，可了解人体骨质状况，对骨质疏松症（osteoporosis，OP）的早期诊断、监测骨量减少、预测骨折危险性以及对治疗效果进行监测都具有重要的意义。具体评价如下：

（1）骨质疏松症分为三大类：第一类为原发性骨质疏松症，此类又分为两型，即Ⅰ型（绝经后骨质疏松症）和Ⅱ型（老年性骨质疏松症）。这是伴随着年龄的增长或妇女绝经后发生的一种"生理性"退行性病变，是中老年人群中最为常见的疾病之一和目前防治的重点。第二类为继发性骨质疏松症，是由其他疾病或药物等因素所诱发的骨质疏松症，当诱因消除后，骨质疏松症可以明显改善。第三类为特发性骨质疏松症，常见于8~14岁的青少年或成人。这类患者多伴有家族遗传史，女性多于男性。也有人把妇女妊娠及哺乳期所发生的骨质疏松症列入特发性骨质疏松症的范围。

（2）根据国际骨质疏松基金会（IOF）发表的研究报告显示，每五名老年男性中就有一名骨质疏松症患者。事实上男性步入中年（40岁以后），体内的睾酮类固醇激素分泌也呈下降趋势，骨质同样在逐渐缓慢丢失中。因此，男性发生骨质疏松症的危险性是存在的，但发生年龄一般要比女性晚10~15年。

（3）导致骨质疏松症的危险因素主要有：①遗传因素；②营养失衡：长期钙摄取不足及维生素D缺乏，长期进食高纤维素食物，以及有偏食、畏食习惯的人都有可能引发骨质疏松症；③活动量不足；④不良嗜好：长期酗酒、吸烟以及嗜食含咖啡因的食物如咖啡、浓茶、可乐、汽水等的人；⑤服用某些药物：长期服用某些药物如类固醇激素、利尿剂、抗生素、抗血液凝固剂以及接受化学治疗等，都易导致骨密度下降。

（4）中国女性骨密度参考范围（表11-3）

表11-3 中国女性骨密度参考值

年龄	Est. BMD(g/cm²)		QUI/Stiffness		BUA(dB/MHz)		SOS(m/sec)	
	平均值	标准差	平均值	标准差	平均值	标准差	平均值	标准差
25	0.569	0.098	102.1	15.6	78.9	13.6	1562.7	25.7
35	0.550	0.098	99.0	15.6	77.7	13.6	1556.4	25.7
45	0.524	0.098	95.0	15.6	74.0	13.6	1550.4	25.7
55	0.470	0.098	86.4	15.6	67.1	13.6	1536.2	25.7
65	0.416	0.098	77.8	15.6	60.2	13.6	1522.2	25.7
75	0.382	0.098	72.5	15.6	56.1	13.6	1513.5	25.7

（5）骨质疏松症的诊断标准

骨质疏松症是以骨量减少，骨组织显微结构退化为特征，以致骨脆性增高而骨折危险性增加的一种全身性骨病。女性诊断标准：①正常：T值＞-1；②骨量减少：T值在-1~-2.5之间；③骨质疏松症：T值＜-2.5；④严重骨质疏松症：T值＜-2.5，同时伴有一个以上部位的骨折。群体测量和前瞻性研究表明女性诊断标准可用于男性，即T值＜-2.5可诊断骨质疏松，但目前T值＜-2.5还不能用于所有男性。

【思考与探索】

1. 比较不同人的各部位皮脂厚度/脂肪%的大小，分析脂肪分布是否有规律。
2. 仔细研究皮脂厚度法，对测试内容及其评价提出你的意见。
3. 根据对肥胖机制的理解，请你为一个假定肥胖者设计合理的运动处方。
4. 试对骨质疏松症的形成原因进行分析。
5. 运动对骨密度有何影响？

附　录

附录一：度量衡对照表

公制计量单位进位和换算表

类别	英 语 名 称	缩写符号	汉语名称	对主单位的比	折合市制
长度	millimicron	mμm	毫微米	1/1,000,000,000	
	micron	μm	微米	1/1,000,000	
	centmillimetre	cmm	忽米	1/100,000	
	decimllimetre	dmm	丝米	1/10,000	
	millimetre	mm	毫米	1/1,000	=3市厘米
	centimetre	cm	厘米	1/100	=3市分
	decimetre	dm	分米	1/10	=3市寸
	metre	m	米	primary unit 主单位	=3市尺
	decametre	dam	十米	10	
	hectometre	hm	百米	100	
	kilomere	km	公里	1,000	=2市里
	mille marin		海里	1,852	=3.70市里
面积	centimetre earre	cm²	平方厘米	1/10000平方米	
	decimetre earre	dm²	平方分米	1/100平方米	
	metre earre	m²	平方米	主单位	=9平方市尺
	kilometre earre	km²	平方公里	1/1,000,000平方米	=4平方市里
重量和质量	milligram (me)	mg	毫克	1/1,000,000	
	cenligram (me)	cg	厘克	1/100,000	
	decigram (me)	dg	分克	1/10,000	
	gram (me)	g	克	1/1,000	
	decagram (me)	dag	十克	1/100	
	heclogram (me)	hg	百克	1/10	
	kilogram (me)	kg	千克	primary unit 主单位	=2市斤
	quintal	q	公担	100	=200市斤
	metric ton	MT 或 t	公吨	1,000	=2,000市斤
容	microlitre	μl	微升	1/1,000,000	
	millilitre	ml	毫升	1/1,000	
	centilitre	cl	厘升	1/100	
	litre	l	升	primary unit 主单位	

	decalitre	dal	十升	10	
量	hectolitre	hl	百升	100	
	kilolitre	kl	千升	1000	
	millimetre cube	mm^3	立方毫米	1/1,000,000,000	
	centimetre cube	cm^3	立方厘米	1/1,000,000	
	decimetre cube	dm^3	立方分米	1/1,000	
	metre cube	m^3	立方米	primary unit 主单位	= 27 立方市尺

附录二：常用试剂配制

一、试剂配制的程序和方法

1. 将试剂的名称、组成和所需数量写好。

2. 查对所需药物的瓶签，同时观察药物有无变质、潮解、风化、变色等现象，是含结晶水还是无水品，含结晶水多少等等。

3. 称量：称量时根据要求选用不同的天平。

4. 称药用的器皿：可用表面皿、称量瓶或不吸水的清洁纸张，如玻璃纸、蜡纸等。不可用污秽的或会吸水的纸称量。称量时用专用钳子取放，不可用手取放称量瓶或纸。一般试剂称量完后即应配制。

5. 试剂称妥后，置于烧杯内，加少量水溶解，用玻璃棒搅拌后将玻璃棒紧靠烧杯口，使溶液沿玻棒流入定量瓶。以少量水洗涤烧杯，一并加入定量瓶内，最后加水至刻度。为了工作方便，一般实验室将有些试剂先配成浓溶液或称贮存液。使用时再加以稀释后使用。

6. 取用试剂方法：一般试剂应使用清洁的吸管或加入滴定管中取用。经常用且用量较大的试剂，最好用虹吸装置，以固定的滴定管或吸管加量。切忌经常变换用不洁的、不干燥的和规格不一和吸管直接自瓶内吸取和放回液体。

7. 配制试剂过程中尚应注意下列事项：

（1）一般均应以蒸馏水或离子交换水配制。

（2）根据需要量配制，一般不要配得过多。

（3）试剂一经取出，一般不宜放回原瓶，以免因吸管或药匙不洁而污染整瓶试剂。

（4）配制试剂所用玻璃器皿应十分清洁，洗涤时最后一次均应用蒸馏水洗涤。

（5）试剂瓶签上写明药物的名称、浓度、配制日期等内容。

（6）试剂用后要加塞塞紧，塞子不得沾染桌面上的污物。

（7）强碱试剂宜用塑料瓶盛装。如用玻璃瓶盛装，塞上应涂凡士林，以防日后打不开瓶塞。

二、溶液浓度的表示和配制

溶液浓度的表示可用百分浓度、克分子浓度（Mmol/L）和当量浓度（N）、毫克当量浓度（mEq/L）表示。百分浓度即每100毫升溶液中所含溶质的重量，例如克%等。克分子浓度（M）是在1000毫升溶液中含有以克分子量计的溶质的浓度叫作克分子浓度。例如磷苯二钠的分子量为218.08。1克分子磷酸苯二钠为218.08克，故取磷酸苯二钠218.08克加水溶解至1000毫升，即为1M磷酸苯二钠溶液。以此类推，当量浓度（N）和毫克当量浓度（mEq／L）是在1000毫升溶液中含有以克当量计的溶质，这种浓度叫作当量浓度；含有以毫克当量计溶质的浓度叫作毫克当量浓度。下面例举当量盐酸溶液的配制和当量氢氧化钠溶液的配制，并附常用酸和常用碱当量溶液的配制表。

1. **当量盐酸溶液配制法**

已知盐酸当量为36.46，但日常的盐酸为氯化氢的水溶液，其含量是以重量百分浓度计算的，而且一般盐酸只含35%~37%，其比重在1.19左右。因此，先将其换算成毫升数后才便于配制。换算时按下式计算：

$$\frac{\text{分子量}}{\text{化合价} \times \text{比重} \times \text{浓度（w/w）}} = \text{（毫升）}$$

例如浓盐酸的比重为1.19，含量为37.6%（W／W），分子量为36.46，则计算式为：

$$\frac{36.46}{1 \times 1.19 \times 0.367} = 84 \text{毫升}$$

配制时取浓盐酸84毫升，加水至1000毫升，即为近似当量盐酸溶液。最后用标准碱液进行标定。

常用酸当量溶液的配制

酸	化学式	分子量	比重	百分浓度 W／W	实际含量 g／ml	相当于当量数	欲配当量溶液1000毫升时所需毫升数
冰醋酸	CH_3COOH	60.08	1.06	99.6	1.06	1.75	57
磷 酸	H_3PO_4	98.00	1.71	85.0	1.45	15、30、45（依反应而定）	67 以 15 当量计
盐 酸	HCl	36.46	1.19	37.6	0.44	12	83
硝 酸	HNO_3	63.02	1.42	70.0	0.99	16	64
硫 酸	H_2SO_4	98.08	1.84	97.8	1.78	36	28
标定方法						浓度计算	
用已知浓度相近的标准碱液（当量碳酸钠液）进行标化；吸取标准碱液10毫升，加甲基橙指示剂1滴，用酸液滴至终点（红色）						酸当量 = $\frac{\text{碱当量} \times \text{碱体积}}{\text{酸体积}}$	
甲基橙指示剂	甲基橙（pH3.4~4.4）在酸性溶液中呈红色，在碱性溶液中呈黄色，0.1%的水溶液每10毫升标定溶液中加1滴						

2. **当量氢氧化钠溶液的配制**

先配制50%氢氧化钠溶液1000毫升。配制时要注意，当氢氧化钠加入水中时，要不断搅拌，并将烧瓶置于冷水中，以免高热而使容器破裂（切勿用量筒来溶解氢氧化钠，防止在高热情况下量筒破裂）。溶液配好后，静置数日，待碳酸盐类沉淀后，取上清液100毫升加于1000毫升量筒中，以水稀释至刻度。以0.1%酚酞作指示剂，用当量草酸校正。例如取当量草酸溶液10毫升，滴定时消耗氢氧化钠溶液9.5毫升，则950毫升此氢氧化钠溶液中需加水多少才成当量溶液呢？可按下式计算：

$$\frac{\text{取标准酸（碱）液量}}{\text{碱（酸）液总量}} \times \text{未标定的碱（酸）液总量} - \text{未标定的碱（酸）液总量} = \text{需加水量}$$

即：$\frac{10}{9.5} \times 950 - 950 = 50$（毫升）

即此氢氧化钠溶液 950 毫升加水 50 毫升便成当量溶液

三、常用计算公式：

1. 百分浓度（W／W）与当量浓度的换算

$$\text{百分浓度} = \frac{\text{当量浓度} \times \text{分子量}}{\text{比重} \times 10 \times \text{化合价}}$$

$$\text{当量浓度} = \frac{\text{百分浓度} \times \text{比重} \times 10 \times \text{化合价}}{\text{分子量}}$$

常用碱当量溶液的配制

碱	化学式	分子量	当量	比重	%	实际含量 g/ml	相当于当量数	欲配当量溶液1000毫升时所需毫升数
氨水	NH_4OH	35.05	17	0.9	28	0.25	15	67
氢氧化钠	NaOH	40.0	40	配制方法见前述			
氢氧化钾	KOH	56.1	56.1	配制方法同 NaOH			

标定方法	浓度计算
用已知浓度相近的标准碱液（当量草酸液）进行标化；吸取标准碱液 10 毫升，各滴加酚酞指示剂 2~3 滴。用碱液滴至淡红色为终点	$\text{碱当量} = \frac{\text{酸当量} \times \text{酸体积}}{\text{碱体积}}$
酚酞指示剂	甲基橙（pH8.2~10）在酸性溶液中呈无色，在碱性溶液中呈红色，0.1%的90%乙醇溶液每 10 毫升标定溶液中加 1~5 滴

例：浓度为 38%，比重 1.16 的盐酸（分子式 HCl，分子量 36.5）其当量浓度是多少？

$$\frac{38 \times 1.16 \times 10 \times 1}{36.5} = 12.07$$

该盐酸的当量浓度为 12.07

2. 毫克百分浓度（W／V）与毫克当量／升（mEq／L）浓度的换算：

血中电解质的浓度多用毫克当量／升表示，有的也用毫克%表示，其换算关系如下：

$$\text{毫克当量／升} = \frac{\text{毫克\% } \times 10 \times \text{原子价}}{\text{原子量}}$$

$$\text{毫克\%} = \frac{\text{毫克当量／升} \times \text{原子量}}{10 \times \text{原子价}}$$

例：322毫克%的钠是多少毫克当量/升？

$$\frac{322 \times 10 \times 1}{23} = 140 \text{毫克当量}/\text{升}$$

3. 百分浓度（W/V）与克分子浓度的换算

$$\text{克分子浓度} = \frac{\text{百分比浓度} \times 10}{\text{分子量}}$$

$$\text{百分浓度} = \frac{\text{克分子浓度} \times \text{分子量}}{10}$$

例：0.1克分子磷酸氢二钠（分子量为358.2）溶液，换算成百分浓度是多少？

$$\frac{0.1 \times 358.2}{10} = 3.58\%$$

4. 当量浓度与克分子浓度的换算

当量浓度 = 克分子浓度 × 化合价

$$\text{克分子浓度} = \frac{\text{当量浓度}}{\text{化合价}}$$

常用生理溶液的成分配制

成 分	任氏液	乐氏液	台氏液	生 理 盐 水	
	用于两栖类	用于哺乳类	哺乳类小肠	两栖类	哺乳类
氯 化 钠	6.50克	9.0克	8.0克	6.5~7.0克	8.5~9.0克
氯 化 钾	0.14克	0.42克	0.2克	-	-
氯 化 钙	0.12克	0.24克	0.2克	-	-
碳酸氢钠	0.20克	0.1~0.3克	1.0克	-	-
碳酸二氢钠	0.01克	-	0.05克	-	-
氯 化 镁	-	-	0.1克	-	-
葡 萄 糖	2.0克	1.0~2.5克	1.0克	-	-
蒸 馏 水	加至1000ml	加至1000ml	加至1000ml	加至1000ml	加至1000ml

生理溶液的基础液浓度及配制法

成 分	浓度（%）	任氏液	乐氏液	台氏液
氯 化 钠	20	32.5ml	45.0ml	40.0ml
氯 化 钾	10	1.4ml	4.2ml	2.0ml
氯 化 钙	10	1.2ml	2.4ml	2.0ml
碳酸二氢钠	1	1.0ml	-	5.0ml
氯 化 镁	5	-	-	2.0ml
碳酸二氢钠	5	4.0ml	2.0ml	20.0ml
葡 萄 糖	-	2.0ml	1.0~2.5ml	1.0ml
蒸 馏 水	-	1000ml	1000ml	1000ml

附录三：常用麻醉药剂量表

常用麻醉药剂量表

药　物 （常用浓度）	动　物	给药法	剂量（mg/kg）	维持时间（h）	备　注
戊巴比妥钠 （1%~5%）	犬、猫、兔	I.V.	30	1~2	
		I.P.	30	1~2	
		I.H.	50	1~2	
	豚鼠	I.P.	45	1~2	
	大鼠	I.P.	45	1~2	
	小鼠	I.P.	45	1~2	
硫喷妥钠 （5%）	犬、猫	I.V. I.P.	20~30	0.25~0.5	抑制呼吸，I.V.宜慢，应临用时配
	兔、大鼠	I.V. I.P.	30~50	0.25~0.5	
乌拉坦（20%）	猫、兔	I.V. I.P.	90~1000	2~4	毒性小，较安全
	大鼠、小鼠	I.M.	1300	2~4	
	蛙	淋巴囊	2000	2~4	
氯醛糖（2%）	猫、兔	I.V. I.P.	80	5~6	安全，肌松不全
	大鼠	I.V. I.P.	80	5~6	
氯醛糖乌拉坦合剂	猫、兔	I.V. I.P.	氯75，乌750	5~6	

注：I.V.静脉注射　I.P.腹腔注射　I.M.肌肉注射　I.H.皮下注射

主要参考书目

1. 王瑞元、熊开宇编著.实用运动生理学实验.北京:北京体育大学出版社,1997
2. 解景田、谢申铃主编.生理学实验.北京:高等教育出版社,1987
3. 沈岳良主编.现代生理学实验教程.北京:科学出版社,2002
4. 全国体育院校教材委员会审定.体育院校通用教材《运动生理学》.北京:人民体育出版社,2002
5. 冯连世、李开刚主编.运动员机能评定常用生理生化指标测试方法及应用.北京:人民体育出版社,2002
6. 冯连世、冯美云、冯炜权主编.优秀运动员身体机能评定方法.北京:人民体育出版社,2003
7. 秦岭、胡声宇等主编.体育生物医学基础研究与进展.北京:人民体育出版社,2001
8. 柏晓玲编著.实用运动生理实验.北京:人民体育出版社,1989
9. 牟秀荣、解孝义等主编.运动生理生化实验技术.哈尔滨:哈尔滨工程大学出版社,1995
10. 石作砺、于葆主编.运动解剖、运动医学大辞典.北京:人民体育出版社,2000
11. 杨则宜著.药物与竞技运动.北京:人民体育出版社,1993
12. 田野主编.运动生理学高级教程.北京:高等教育出版社,2003
13. 林正常著.运动生理学实验指引.台北:师大书苑有限公司,1995
14. 邓群根主编.生理学实验指导.北京:人民卫生出版社,1997
15. 陈其才、严定友、吴政星编著.生理学实验.北京:科学出版社,1995
16. 徐玉明编著.运动人体科学实验.北京:人民体育出版社,2000
17. 朱思明主编.生理学实验指导.北京:人民卫生出版社,1997
18. 陈克敏主编.实验生理科学教程.北京:科学出版社,2001
19. 浦钧宗、高崇玄、冯炜权等著.优秀运动员机能评定手册.北京:人民体育出版社,1989
20. 王健主编.运动生理学研究技术.杭州:浙江大学出版社,2001
21. 邓树勋、王健主编.高级运动生理学——理论与应用.北京:高等教育出版社,2003